한 자

—기원과 그 배경—

시라카와 시즈카 지음 | **심경호** 옮김

일러두기

1. 중국의 인명, 지명 등은 한자음을 그대로 표기하였다.
2. 국립국어원 외래어 표기법에 따라 일본어를 표기하였다.
3. 중요 용어에 대한 역자 주석 전체를 본문 뒤에 배치하였다.
4. 서적 제목은 겹낫표(『』)로 표시하였다.
5. 갑골문의 복순(卜旬)과 획상(獲象)은 그 내용을 보고 임시로 이름을 붙였다. 금문은 청동기 명문(銘文)이다. 모공정이나 극종 등은 그 기물의 이름이다. 모씨가 만든 정, 극씨가 만든 종이라는 뜻이다. 금문의 도판 중, 권두사진이나 표제지, 그리고 사진 14 및 사진 16 등은 문장이 길기 때문에 위쪽에 아라비아 숫자로 행수를 표시했다. 본문 중에, 上下(권두사진 9-15), 文(사진 31 · 4), 德(4장 표제지 9-2)과 같은 식으로 그 자형이 소재하는 곳을 표시했다. 앞의 숫자는 사진 번호, 뒤의 숫자는 행수, — 이하의 아라비아 숫자는 위에서부터 헤아려서 글자가 위치한 자릿수를 나타낸다.

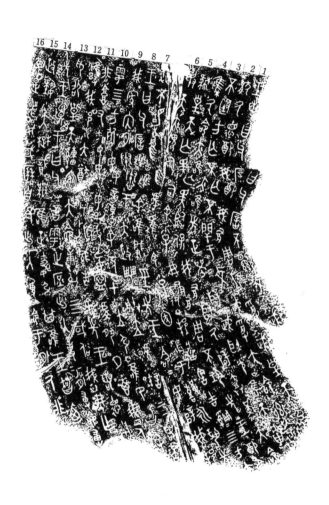

금문. 모공정(毛公鼎) 서주 후기. 왕실의 위기 때,
모공에게 보상(輔相)의 임무를 명했다는 사실을 기록했다

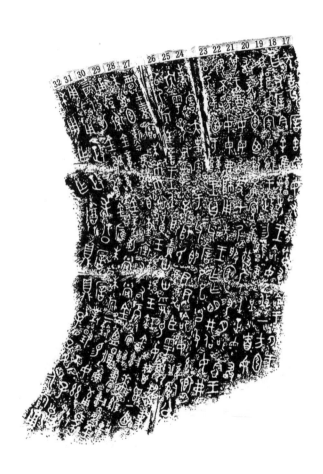

모공정 석문(헤이본샤 『서도전집』 제1권)

32 31 30 29 28 27 26 25 24 23 22 21 20 19 18 17

休 筆 正 用 朱 郪 以 事 乃 不 于 茻 我 邦 父 先

歲 筆 遣 甬 圭 乃 孛 祭 肸 昜 沔 彔 我 曷 父 告

用 勤 街 闓 爾 旒 祭 大 卣 于 毋 毋 迺 毋 余 父

作 政 金 金 斲 寶 于 有 史 于 毋 毋 故 秋 雖 今 舍 命

作 政 喊 蓮 虎 市 王 吾 王 豪 顥 市 故 鯀 于 鶨 母

毛 金 金 宴 蔥 身 小 于 曰 用 在 家 政 先 有

尊 府 袞 橫 取 師 父 父 先 乃 善 勿 王 始

公 唇 朱 裹 玉 責 氏 即 曆 王 服 效 命 妻

髙 唇 髮 右 瓚 世 虎 巳 作 鳳 友 乃 女 命

孛 祈 金 厄 玉 銞 臣 命 曰 明 夕 英 西 命

于 對 二 蓋 盉 錫 女 乃 俗 敬 母 凤 □ 一 于

子 對 揚 錫 斲 車 雲 女 兹 女 念 方 王

孫 天 女 魚 畫 來 朕 敷 司 卿 事 圃 母

永 子 莊 荀 餐 鄉 一 亯 王

寶 皇 朱 馬 金 戠 公

한나라 화전(畫塼, 그림벽돌). 용을 부리는 남자.
중화민국 초 나진옥(羅振玉)이 엮은 『고명기도록(古明器圖錄)』 권2에 수록되어 있
다. 머리에 쓰고 있는 관(冠)은 마왕퇴(馬王堆) 제1호묘의 흑지채회관개판(黑地彩繪
棺蓋板)에서 신령의 천상 세계에 거처하는 신선이 쓴 것과 같다. 『좌전』에서 말하는
환룡씨(豢龍氏)의 모습을 그린 듯하다

목차

사진 목록

갑골문 복순(卜旬). 무정기(武丁期)

제1장
상형문자의 논리

말과 문자

"태초에 말씀이 계셨다. 말씀은 하나님과 함께 계셨으니, 말씀은 하나님이셨다"라고 요한 복음서에는 적혀 있다. 확실히 처음에 말이 있었고 말은 신이었다. 말이 신이 있다는 깃은 사람이 말에 의하여 신을 발견하고 신을 만들어내었기 때문이다. 말이 수십 만 년에 달하는 인간생활을 통하여 만들어낸 가장 위대한 유산은 신화였다. 신화의 시내에는 신화가 곧 현실의 근거이자 현실의 질서를 받쳐주는 원리였다. 사람들은 신화 속에서 이야기되는 원리에 따라 생활했다. 모든 중요한 행위는, 신화적 사실을 의례로서 반복하며 재현하는, 즉 실제로 수행하여 습득하는 형식으로 행해졌다.

신화는 이렇게 늘 현실과 중첩되는 까닭에 거기에는 시간이 없었다. 서술자의 전승은 과거를 이야기하는 것이 목적이 아니라, 바로 지금 일어나는 일의 근거를 제시하기 위한 것이었다. 하지만 고대 왕조의 성립으로 왕의 권위가 현실 질서의 근거가 되고 왕이 현실 질서를 통제하는 자로서의 지위를 차지하게 되자 사정은 달라졌다. 왕은 본래 신의 매개자로서의 권위를 지녔지만, 권위를 더욱 쌓아올리려면 그 근거가 될 만한 사실의 증명이 필요했다. 신의 뜻을, 혹은 신의 뜻에 근거하는 왕의 행위를, 그저 말로 전승하는 것이 아니라 무언가의 형태로 시간에 정착시키고 또 사물에 정착시켜 사실화하여 제시할 필요가 있었다. 그럼으로써 왕이 현실의 질서자라는 근거가 성립되었던 것이다.

이러한 요구에 응하고자 문자가 생겨났다. 그리고 또 그로부터 역사가 시작되었다. 문자는 신화와 역사의 접점에 선다. 문자는 신화를 배경으로 하며 신화를 이어받아 역사의 세계에 정착시켜 나가는 역할을 떠맡았다. 따라서 원시의 문자는 신의 말로서, 신과 함께 있는 말을 형태화하고 현재화하기 위해 생겨난 것이다. 만일 성서의 글을 더 잇는다면, "다음에 문자가 있었다. 문자는 신과 함께 있었고 문자는 신이었다"라고 할 수 있으리라. 문자는 본래 신과 교섭하여 신을 드러내기 위한 것이었다. 그리고 동시에 신의 대리자인 왕이 권위를 확립하는 데 도움을 주는 것이었다.

인류가 말을 사용하기 시작한 시기는 아마 수십 만 년 전의 일이었을 것이다. 20세기 초에 북경 교외의 주구점

(周口店) 유적지에서 서너 차례에 걸쳐 북경원인이라 불리는 고대인 뼈가 발견되었다. 지층으로 볼 때 50만 년 이전의 사람 뼈라고 간주된다. 그 해골을 조사해보니, 언어 중추가 발달하고 감각 영역이 현저하게 확대된 사실을 확인할 수 있었으므로, 필시 이미 상당수의 어휘를 사용하고 있었으리라고 생각된다. 또한 섬서성 남전(藍田)에서 북경인보다 약 십만 년 이전으로 추정되는 고대인 뼈가 출토되었다. 그보다 앞서 황하 상류의 올도스 지대에서는 3, 40만 년 이전의 것으로 추정되는 올도스인의 유골이 나오고, 또 북경원인이 발견된 주구점 유적지의 언덕에서도 약 10만 년 이전의 것으로 추정되는 산정동인(山頂洞人)의 유골이 나왔다. 중국 북부의 동서에 걸쳐, 시기적으로는 상당히 간격이 있지만, 수십만 년에 걸친 인류생활의 흔적을 살필 수 있다는 것은, 이 지대의 문화가 무척 오래되었음을 보여준다고 할 수 있다. 현대와의 연계성은 전혀 알 수 없다고는 해도 그 일대에서는 어쨌든 언어생활이 이미 영위되고 있었을 것이다.

　말의 오래된 역사에 비하여 문자의 역사는 매우 짧다. 가장 오래된 문자로 간주되는 이집트의 히에로글리프(hieroglyph)[1]와 수메르 설형(楔形)문자의 원형으로 간주되는 상형문자가 성립한 시기는 기원전 31세기경으로 추정되므로, 5천 년 이전의 일에 불과하다. 한자의 성립은 그보다 더욱 나중의 일이다. 자료를 통해 확인할 수 있는 그 시기는 대체로 기원전 14세기경이라고 추정된다. 약 3천 3, 4백 년 이전의 일이다. 중국의 문화는 그 이후 눈부시게 발전했다. 그 문화의 중심을 이루는 것은 늘 문자였다. 중국의 문화는 어떤 의미에서는 문자의 문화였다. 한자가 지닌 여러 특질이, 중국 문화를 더욱 풍부하게 해주었다. 한자를 벗어나 중국 문화를 생각할 수 없을 정도이다. 그리고 한자는 중국의 문화만이 아니라 주변 여러 민족에도 영향을 미쳤다. 그 범위에는 한자문화권이라고 말할 만한 하나의 문화권이 형성되었다.

　고대의 선진적인 문화 지대에서는 히에로글리프나 설형문자를 비롯한 많은 문자들이 탄생했다. 그 문자들은 모두 상형문자였다. 하지만 이 상형문자들은 비교적 이른 시기에 차례차례 멸망하고 말았다. 오직 한자만이 지금도 여전히 불사조처럼 살아남아 있다. 이 거대하면서도 왕성한 생명력은 쉽사리 고갈되지 않는다. 만일 이 문자의 배후에, 문자 이전의 상상할 수 없이 길고 긴 '말' 시대의 기억이 남아 있다고 한다면, 한자의 체계는 이 문화권에 있어서 인류의 족적을 관통하여 그 역사를 여실하게 보여주는 단층면이라고 할 수 있으리라. 또 그런 의미에서 한자는 인류에게 귀중한 문화유산이라고 할 수 있다.

고대문자의 운명

한자를 제외한 다른 고대문자는 모두 일찍 소멸해버려, 지금은 그저 죽은 문자로서, 고대학의 연구대상으로 간주될 뿐이다. 가장 오래 사용된 설형문자나 이집트 문자도 기원 전후에 잇달아 자취를 감추었다. 인더스의 고대인도 문자, 바빌로니아 동방의 엘람(ELAM)인이 남긴 엘람 문자, 크레타 섬의 미노아 성각문자 등도, 모두 이른 시기에 없어졌다. 그것들은 모두 상형, 혹은 상형에서 음절화된 문자였다.

고대문자가 이렇게 덧없이 멸망한 원인으로는 우선 그 민족과 문화의 멸망, 혹은 단절이라는 사실을 생각할 수 있다. 또는 이집트가 헬레니즘 문화에 정복되어 고유의 문자 체계를 스스로 포기한 경우와 같은 예들도 있었다.

여하튼 역사와 문화의 단절이 문자의 멸망을 초래했다고 말할 수 있으리라. 그 점은 한자가 여전히 오늘날까지 살아 있는 이유를 단적으로 설명하는 사실이기도 하다. 민족과 그 언어가 멸망하지 않더라도 문자는 그 문화가 패배하면 멸망한다. 그로 인해 지난날에는 자기 문화의 상징이었던 고대문자를, 이제는 스스로 읽을 수 없게 된다. 비교적 근래의 사실로서는 4백 년 전까지 사용되던 마야 문자를 예로 들 수가 있다. 인디오가 남긴 이 이색적인 문자는, 인디오 자신들은 이미 망각하고 말았으며 근년 소련의 연구자가 암호 해독법의 하나인 탐색이론(search theory)을 응용하여 해독했다고 한다.

이집트의 히에로글리프는 뒷날 차츰 간략체로 바뀌어 히에라틱(Hieratic)과 데모틱(demotic)이 유행했다. 이 고대문자들은 발견된 이후 모두 상당히 오랫동안 해독법을 찾을 수가 없었다. 1799년 그리스 문자와의 대역을 새긴 로제타석이 로제타 하구에서 발견되어 비로소 그 단서를 얻었는데, 그럼에도 해독에는 여전히 반세기 가까운 연구자들의 노력이 필요했다. 설형문자의 경우는 1621년에 서너 개 문자가 해독되었을 뿐, 그 뒤 진전이 없다가 1879

년 아시리아어와의 대음표가 발견됨으로써 가까스로 해명의 단서를 얻을 수 있었다. 미노아(Minoan) 선문자 B(Linear B)는 발견 후 50여 년이 지나서 마이클 벤트리스(Michael George Francis Ventris)가 기적적으로 해독에 성공했다. 하지만 인더스 문자나 그 밖의 고대문자는 아직 해독되지 못했다.

고대 상형문자의 멸망 원인을 문자 그 자체의 원시성에 있다고 보는 통념이 널리 퍼져 있다. 그 문자가 사회 진보에 적응할 힘이 없었기 때문이라고 간주하는 것이다. 이 진화론적인 견해는 반드시 사실과 부합하지는 않는 듯하다. 이집트 문자가 음표화된 것은 시나이 반도의 철광 채굴에 종사하던 노예들이 자신들의 언어를 표기하기 위해 이 문자를 음표적으로 차용한 일에서 시작되었다고 한다. 또 설형문자도 아시리아인이나 바빌로니아인이 표음문자로 전용함으로써 표음화했다고 한다. 한 문자가 상이한 언어 체계에 표음적인 요소로만 차용된다고 하는, 이른바 우연한 기회가 문자의 음표화를 촉진시킨 셈이다.

이러한 사실들을 통해 고대의 상형문자인 한자가 아직 살아남아 있는 이유로는 두 가지를 생각해볼 수 있다. 첫

째, 앞서 말했듯이, 이 민족의 역사와 문화가 단절되지 않았다는 사실, 그들이 일찍이 문화적 패배를 당한 일이 없다고 하는 사실이다. 둘째로, 그들의 언어를 표기하는 방법으로 이 문자를 대체할 만한 적당한 것이 없다고 하는 사실이다. 이집트 고대문자가 쉽게 알파벳에 지위를 양보했던 이유는, 그 언어를 표기할 때 음표화에 치명적인 어려움이 없었기 때문일 것이다. 하지만 한자는 단음절어를 사용하는 중국인에게 가장 적합한 표기법이며, 알파벳화는 그 언어의 성질로 보아 대단한 어려움을 수반한다. 게다가 이 나라의 방대한 고전 유산은 그렇게 표기법을 바꾸었다가는 단절의 위험에 직면하게 될 것이다. 이 두 가지 이유는 일본의 경우에도 어느 정도 해당한다. 그 점에서는 일본도 한자를 사용하는 민족으로서, 중국과 공통의 과제를 짊어지고 있는 것이다.

용골의 문자

1899년 즉 지난 19세기의 마지막 해에 발견된 갑골문자는 20세기를 위한 위대한 선물이었으며, 고고학상으로는 은나라 유허의 발굴이라는 커다란 수확에 단서를 제공

했다.[2] 그 해 5월 의화단 사건이 일어나고 다음 해에는 북청사변으로 발전하여, 중국은 근대화의 커다란 파동에 휘말렸다. 당시 국자감 좨주(祭酒)의 지위에 있었던 왕의영(王懿榮)은 말라리아 발작으로 고통을 겪어, 그 특효약으로 팔리고 있던 용골을 구하여 복용했는데, 우연히 그 뼛조각에 문자 비슷한 형태가 있는 것을 확인했다. 식객 유철운(劉鐵雲)과 둘이서 자세히 조사해보니, 그것은 의문의 여지 없이 지금까지 본 적이 없는 고대문자였다. 왕의영은 고대 금석학에 정통한 학자여서, 비용을 아끼지 않고 그것들을 사들였다. 그 다음 해 의화단 사건의 책임을 지고 자살하고, 유품은 유철운의 손에 위탁되었다.

용골은 출처도 알려지지 않은 채, 자잘하게 분쇄되고, 문자는 거의 삭제되어 있었다. 용골인 이상, 인공의 흔적이 있어서는 안 되었으므로 약포에 들어가기 전에 문자는 제거되었던 것이다. 용골의 출토지는 안양(安陽) 소둔(小屯) 부근이었다. 원하(洹河)에 임한 소둔의 완만한 경사지에 이어지는 경작지의 그리 깊지 않은 지층에서 고생물 유골 비슷한 것이 농민의 보습 끝에 걸려 가끔 채굴되었다. 농민들은 이것을 고대의 용골이라고 일컬으며 약포에 팔아넘겼는데, 다수의 문자가 새겨져 있는 것은 오래된 우물에 버리고 소수의 글자가 있는 것은 그 흔적은 삭제하고 출처를 비밀로 하여 약포에 팔아넘겼다. 하지만 이윽고 글자가 새겨져 있는 것이 고가로 구입되어 한 글자에 2엔이라는 식으로 값이 붙어나자, 그들은 앞다투어 이것을 채굴했다. 이렇게 해서 유철운에게 눈 깜짝할 사이에 수천 조각의 유품이 모였다. 앞서 서술한 북경원인의 출토지인 주구점 유적지도 약포에서 취급되던 고생물 골편이 단서가 되어 발견된 것이다. 중국에서 고고학상의 2대 발견이 모두 용골이라 일컬어지는 한방약에 의해 단서를 얻었다는 사실은 중국다운 이야기 발단이라고 할 만하다.

유철운은 수집한 수천 조각 가운데 문자 자료로 유용하다고 생각한 1,058 조각을 골라 묵탁(墨拓)을 만들어 『철운장구(鐵雲藏龜)』 6책으로 간행했다. 광서 계묘년(광서 29년, 1903년) 9월, 유철운의 서(序)를 첨부했다. 서문에 의하면 이 갑골들은 하남성 탕음현(湯陰縣) 부근에서 출토되어 산동 유현(濰縣)의 상인 범유경(范維卿)이 왕의영에게 가져온 것이었다고 한다. 유현의 조집재(趙執齋)도 열심히 복편(卜片)을 수집하여 왕의영에게 팔아넘겼다. 유철운이 수집한 것 가운데 3천 여 조각은 조집재에게서 입수한 것이라고 한다. 아마 용골의 문자 이야기가 일찌감치 유포되어 호사가들이 몰래 수집하려고 손을 쓰고 있었을 것이다. 중국에서는 문자의 기원과 관련해서 신구(神龜)가 글을 싣고 하수(河水)에서 나다났다고 하는 전설이 있다. 용골 문자는 그러한 고대문자의 재발견에 부합하는 이야기이다.

『철운장구』가 간행된 이듬해 1904년, 벌써 손이양(孫詒讓)이 그 해독을 시도하여『계문거례(契文擧例)』1권을 저술하고 다음 해에는『명원(名原)』을 저술하며 문자학적인 고찰을 가했다. 발견된 이래 불과 5년밖에 지나지 않았다. 얼마 안 되어 일본에서도 하야시 다이스케(林泰輔)가 자석(字釋)과 자서(字書)로 정리를 시도했고, 그에 자극을 받은 나진옥(羅振玉)이『은허정복문자고(殷墟貞卜文字考)』를 집필했다. 1910년 무렵의 일이었다. 출토 후 10년 만에 이들 문자가 거의 해독되기에 이르렀던 셈이니, 이는 다른 고대문자 해독의 역사와 비교하면 경탄할 만한 속도였다. 하지만 그것은 결코 기이한 일도 부자연스런 일도 아니었다. 이를테면 손이양은 일찌감치 은·주의 청동기 명문(銘文)을 연구하여 이미『고주습유(古籀拾遺)』(1888년 간행)라는 고

석(考釋)의 책을 낼 만큼 고
대문자에 정통한 대가였으
며, 출토 자료는 이 금문(金
文)이라는 문자들과 거의 같
은 자형이었다. 글의 내용
을 이해하는 데 적지 않은
난관이 있었다고 해도 문자
고석의 기초는 충분히 마련
되어 있었던 것이다. 더 나
아가, 한자는 성립 이래 캘

사진 1_ 갑골문 획상(獲象)

리그래피의 서체가 변천했다고 해도 그 기본적 구조는 변
화하지 않았으며, 또 글자의 용법도 줄곧 달라지지 않았
다. 문자로서 같은 계열을 유지해왔다. 한자는 원시부터
현대에 이르기까지 일관된 생명을 유지해온 유일한 문자
체계이다.

복사의 본질

사진 1의 골편 조각을 살펴보자. 글의 윗부분이 없어졌
지만, 오른쪽부터 읽어보면, "비가 올 것인가?", "아마 비

가 오리라. 그 저녁, 정말로……", "오늘 저녁 비가 올 것인가", "코끼리를 포획할 것인가" 등 여러 말이 새겨져 있다. 이 문자들은 은·주의 청동기 명문, 이른바 금문에 대한 지식이 없어도, 후한의 허신(許慎)이 만든 문자학 책『설문해자(說文解字)』[3]로 문자학을 공부한 사람들이라면 쉽게 읽을 수 있는 글자들이다. 전각(篆刻)이나 서도를 배운 사람들이라면 더욱 쉬울 것이다. 코끼리를 포획하는 일에 대해, 날씨를 곁들여 점친 내용이나. 코끼리는 당시 야생하고 있었다. 육조시대 무렵, 강남에는 여전히 코끼리 무리의 서식지가 있었다.

점에는 짐승 뼈 말고도 거북의 배 껍질도 사용했다. 손발을 내미는 갑교(甲橋) 부분을 잘라 열어젖혀서, 그 좌우에 긍정과 부정 두 형식의 복사(卜辭)를 기록하고, 안쪽 부분에 찬(鑽)이라 하는 세로 고랑을 만든 다음, 옆에 작(灼)이라 하는 둥글고 옴폭한 구멍을 뚫어, 그 부분을 고열로 구우면, 찬의 표면에는 세로선, 작의 표면에는 가로선이 생긴다. 이 형태를 문자로 삼은 것이 복(卜)이다.

사진 2의 거북 판에는 오른쪽에 "병진(丙辰), 복(卜) 남(敵)이 정(貞)한다. 나는 서년(黍年)을 받을(受) 것인가", 왼쪽에

사진 2_갑골문 수년(受年)

"병진, 복하여 남이 정한다. 나는 아마도 서년을 받지 못할 것인가. 4월"이라는 점복의 말을 새겼다. 각각 다섯 곳에 걸친 찬작(鑽灼)의 흔적이 복자(卜字) 형태로 나타나 있다. 1부터 5의 숫자가 표시되어 있으니, 5회 연속해서 점복했던 것이다. 문제의 중요성에 따라서는 점복의 수가 더 많은 것도 있다. 이 거북 판에 보이는 문자는 결코 읽

기 어려운 것이 아니다. 다만 '정(貞)한다'라는 글자는 처음
에 한참 해독하지 못했으나, 얼마 지나지 않아 그것은 정
(鼎)의 상형자로서 정(貞)이란 글자라는 사실,『설문해자』에
서 정(貞)을 '복문(卜問, 점복하여 물음)'이라 훈(訓)하고 있다는 사실
로부터, 정문(貞問)의 의미라는 것을 알게 되었다. 또 남(㱙)
과 같이 정(貞) 자의 아래에 놓여 있는 한 글자가 복문을
관장하는 정인(貞人)의 이름이란 사실도 뒷날 이해하게 되
었다. 그리고 이 정인이 시기에 따라 다르다는 사실, 그
에 따라 복편의 시대를 정할 수 있다는 사실도 알게 되었
다. 물론, 그렇게 밝힐 수 있었던 것은, 조직적인 발굴 조
사로 풍부한 자료들이 출토되어, 층위의 관계 등도 알 수
있게 된 이후의 일이다. 중앙연구원의 조사원으로서 소
둔의 발굴에 참가했던 동작빈(董作賓)은 그 출토 상태, 같은
복판에 다수의 정인 이름이 기록되어 있는 것들의 동판(同
版) 관계, 새겨진 어휘의 내용, 글자 흔적 등에 따라 시기
구분을 시도하여, 복사의 시기를 전후(前後) 5기로 구분했
다.『대구사판고석(大龜四版考釋)』(1931년),『갑골문단대연구례
(甲骨文斷代研究例)』(1933년)로 그 분기설을 완성하고,『은력보
(殷曆譜)』(1945년)에 이르러 역보(曆譜)로까지 연구를 발전시켰

다. 동작빈에 의하면 복사의 시대는 제1기의 은경(殷庚, 기원전 1384년)부터 은나라 말 제신(帝辛, 기원전 1112년)에 이르기까지 273년에 이른다.

앞서 든 두 조각의 갑골은 무정(武丁) 시기의 것이다. 제1기는 무정기보다 조금 오래되었으리라 생각되는 것(사진 4 좌)도 포함한다. 하지만 무정의 백부에 해당하는 반경(殷庚)보다 이른 시기의 것은 없다. 반경은 그 지역에 처음으로 도읍을 옮긴 왕이다. 즉 갑골문자는 한자로서 가장 오래된 자료이며, 한자는 이러한 정복(貞卜)을 위해 제작되었다고 생각된다.[4]

복사에는 그 성질상 내용이 간단한 것이 많고, 그 글은 대부분 정형적이다. 정복은 점복한다는 일보다도 오히려 하나의 의례로 거행했다고 여겨지는 면이 있다. 하지만 때로는 상당히 복잡한 문장을 이룬 것도 있다. 1장 표제지의 사진에는 장문의 세 마디가 새겨져 있고, 모두 구의 끝에 다음 일순십일(一旬十日)의 길흉을 점복하고 있다. 이른바 복순(卜旬)의 말이다.[5]

계유의 날, 정인 남(㕢)이 점복하여, 다음 일순에 이변이 없을지 점쳤다. 왕은 이에 두 가지 판단을 보였다. 하나는 이상이 없지만, 또 다른 하나의 복조(卜兆)에 대해서는 유(兪)에 수(祟, 탈)가 있을 것이리라, 고생하는 일이 있으리라. 5일째 정유(丁酉)의 날, 왕이 조왕(祖王) 중정(中丁)을 제사 지내려고 할 때, 하마터면 재난에서 떨어실 뻔했다. 성(聖)의 제사 터에 있을 때의 일이다. 10월.

계미의 날, 정인 남(嶽)이 점복하여, 다음 일순에 이변이 없을지 점쳤다. 왕은 복조를 보고, 간다면 화변이 일어나리라고 점단(占斷)했다. 6일 무자(戊子)의 날에, 왕자 자궁(子弓)이 죽었다. 11월.

계사의 날, 정인 남(嶽)이 점복하여, 다음 일순에 이변이 없을지 점쳤다. 왕은 복조를 보고, 수(祟, 탈)가 있으므로, 신의 뜻에 따라 불(祓)을 하라고 명했다. 다음 갑오의 날, 왕이 사냥에 나가서 시우(兕牛)를 쫓아가자, 따르고 있던 소신 재(載)의 거마(車馬)가 험로에 빠져 기울고, 왕의 수레를 몰고 있던 왕자 자앙(子央)도 수레에서 떨어졌다.

복사는 훗날 왕의 다음 일순의 시기를 정화하는 정례의 의례가 되었으나, 그보다 옛날에는 실제로 점복을 위해 거행했다. 점복의 결과는 왕이 무축(巫祝)의 장으로서 스스로 판단을 내렸다. 그리고 그 판단은 이처럼 반드시 현실로 이루어져, 그 올바름이 증명되었다.

　　만일 복사가 점복만을 위한 것이라고 하면, 길흉을 미리 점치는 것만으로 충분했을 터이다. 어떤 면에서는 점복의 언사를 새길 필요가 없었으리라. 그럼에도 점복의 언사를 새겨서, 왕의 점단(占斷)의 말을 새기고, 나아가 그 일이 사실로 입증된 것까지 새긴 이유는 과연 무엇인가? 거기에는 의심의 여지가 없이, 무축의 장으로서의 왕의 점단에 잘못이 없었음을 기록으로 남겨두고자 하는 의식이 작용했다. 이렇게 새긴 복사들에는 거의 다 붉은 안료를 바르고 중요한 것에는 주(朱)를 더했다. 그저 기록으로 남기겠다는 의식만이 아니라, 거기에 제시된 점단의 신성성을 보존하고자 하는 목적이 있었을 것이다. 그러한 신성화의 방법을 취한 이유는, 말하자면, 무축의 장으로서의 왕의 신성성을 과시하기 위함이 아니었을까 한다. 고대에 말은 언령(言靈)으로서 영적인 힘을 지녔다. 하지만 말은 그 자리에 머물러 있게 할 수가 없다. 왕의 신성성을 증명해 보이기 위해서라도, 말의 영적 주술력을 한층 효과적인 것으로 만들어 지속시키기 위해서라도, 문자가 필요했다. 문자는 말의 영적 주술력을 거기에 투영하여 지속시키기 위한 것으로서 태어났다.

짐승 뼈에 의한 점복은 문자가 없던 시대부터 이미 행하고 있었다. 은의 오래된 시기의 유적지라고 간주되어왔던 산동의 성자애(城子崖), 또 안양에 들어가기 이전의 하남의 정주(鄭州) 옛 성터 등에서도 복골은 출토됐지만, 문자는 기록되어 있지 않다. 문자가 없어도 점복은 가능했던 것이다. 하지만 갑골에 문자를 새기고 신성화의 수단으로도 이용한 것은, 문자가 본래 어떠한 목적으로 제작되었는가 하는, 고대인의 의식을 잘 말해준다. 문자는 말의 주술력을 흡수하여 정착시키고 지속시키기 위한 것이었다. 또 그렇게 함으로써 왕의 신성화에 기여하고자 문자는 만들어졌다. 신화에 의해 지탱되던 왕조의 권위가 현실의 왕의 신성성으로 그 비중이 옮겨졌을 때 문자를 필요로 했던 것이다.

상형문자의 원리

앞서 예로 든 갑골문은 모두 회화적인 수법으로 적혀 있는데, 고대문자 모두가 상형문자였던 것은 아니다. 한자를 상형문자라고 하지만, 상형적인 방법만으로 문자의 체계를 구성하는 것은 불가능하다. 상형이 제시할 수 있는 것은 거의 형태 있는 것에 제한된다. 이를테면 코끼리 포획의 언사(사진 1)에서 雨(우), 夕(석), 象(상)은 상형이다. 하지만 이 경우에도 雨(우)의 자형에는 상당한 추상화가 확인되며, 夕(석)은 月(월)과의 대비로 그 의미가 명확해진다. 獲(획)은 새 隹(준)을 붙잡은 형태이므로, 이것을 짐승의 포획에 상용하는 것은 확대 용법이다. 또 그 글자는 隹(추)와 손 又(우) 두 요소의 결합으로 이루어져 있으므로, 조자법으로 보자면 이른바 회의(會意)이다.

不(불), 其(기), 之(지), 允(윤), 今(금)은 모두 형상이 드러내는 본래의 의미를 벗어나서 사용되었다. 不은 꽃의 받침, 其는 키(쓰레받기), 之는 다리를 떼어 앞으로 나갈 때의 출발점, 允은 아마도 사람의 팔을 뒤로 묶은 형태, 今은 단지(壺) 모양 그릇의 뚜껑의 상형이다. 이 문장에서는 이들 문자들의 음만을 사용하여 말을 표시하고 있다. 글자의 구조는 상형인데, 그 용법은 표음적이다. 이렇게 그 음만을 차용하는 것이기에, 가차(假借)이다. 이 문장에서는 9개의 글자 가운데 상형은 3자, 회의는 1자이고, 나머지는 모두 가차이다. 당시의 글에서 이미 가차 용법이 대단히 많았고 또 중요했다는 점을 알 수 있다. 이러한 가차의 방법, 즉 글자의 표음적 용법의 발견에 의하여 문자의 체계가 성립한다. 고대의 문자는 상형문자이지만, 가차에 의한 표음적 표기법의 발견, 즉 상형의 원리를 초월한 지점에 문자가 성립하는 것이다.

상형문자인 고대문자가 상형의 원리를 초월한 지점에 성립한다고 하는 것은 모순이라고도 할 수 있다. 거기에 문자 성립의 한 가지 비밀이 있다. 형체가 있는 것은 도상을 가지고 표시할 수가 있다. 동작하는 것이나 관계적 표시도 상형이나 지사(指事) 혹은 그 조합에 의하여 목적을 달성할 수가 있을 것이다. 하지만 관념적·추상적인 것, 형식어의 표시는 그러한 방법들로 표기하는 것이 불가능하다. 상형문자의 경우, 문자로서의 성립 요건은 일정한 형태에 있어 그 음과 의미를 표시할 수 있어야 한다. 음(音)과 의(義)가 늘 일정한 형태와 결합되어 나타난다는 것이나 다름 없다. 이 관계가 일단 확립되면, 그로부터 형과 음만을 추출하는 일, 즉 표음화가 가능하게 된다. 문자가 말의 전 체계에 대응하는 것으로서 성립하려면 이러한 표음화가 이루어지지 않고서는 그 체계를 성립시킬 수 없다. 상형문 자는 그 표음화의 방법을 발견함으로써 성립한 것이다.

상형문자라고 일컬어지는 히에로글리프는 상형문자인 까닭에 갑골문과 마찬가지로 약 3천의 문자가 있었으나, 그에 더해 음을 차용하여 사용하는 약간의 문자와 24개 의 알파벳도 있었다. 이러한 표음문자에 의하여 형식어를 표기할 수 있었다. 널리 알려져 있는 이집트의 나르메르 (Narmer) 왕의 바레트(Barrette, 머리핀)에도 왕의 이름은 그러 한 방법으로 표기했다.

문자의 차용이 관습적으로 고정되면 그 가차의(假借義)만 알려지고, 글자의 형상이 나타내는 본래의 의미가 상실되 는 경우가 있다. 不(불), 其(기), 之(지), 今(금) 등이 그 예라고 할 수 있다. 본래의 대명사도 가차 이외에 표기 방법을 지 니지 못했으므로 다른 글자를 차용했다. 我(사진 3)[6]는 본래 톱의 형태인데, 동음이기 때문에 자아의 我(아)로 사용되었 다. 我(아)에는 이미 톱의 용의를 남겨두고 있지 않다. 뒷날

사진 3_인두각사(人頭刻辭).
사람 머리에 새겨서 붉은색을
칠했다. 의우(義友)는 그 추장
의 이름일 것이다

톱 鋸(거)의 글자가 만들어졌
지만, 그것은 자형이 나타
내는 의미와는 아무 관계도
없는 형성(形聲)의 글자이다.
我(아)가 톱의 형태라는 사실
은 그 자형을 봐도 알 수 있
다. 義(사진 3)와 羲(희)가 희생

羊(양)을 톱으로 발라내는 형태를 나타낸다는 점을 통해서
도 확인할 수가 있다.

東(1장 표제지)과 같이 방위를 나타내는 일도 가차자를 이
용해서 이루어졌다. 東(동)은 위아래를 묶은 주머니 형태
를 나타내는 글자인데, 음이 같기 때문에 동서의 東(동)으
로 사용되었다. 뒷날 그 원뜻이 잊히고, 주머니 글자로는
橐(탁, 전대)이 만들어졌다.[7] 石(석)이 그 음부이며, 다른 부분
은 여전히 위아래를 묶은 주머니 형태이다. 원래 글자와
의 관련이 여전히 남아 있는 예이다. 방위의 글자는 모두
이러한 가차자로, 西(서)는 籠(농), 南(남)은 南人(남인) 苗(묘)족
이 사용하는 南任(남임)이라 불리는 북의 형태, 北(북)은 배
후(背後)를 나타낸다. 北(북)만이 자형과의 관계를 여전히 남

기고 있는 글자이다.

상형에 의한 문자 표기에는 자연히 한계가 있다. 상형적인 방법 가운데 上下(권두사진 9-15)이나 本來(본래) 같은 관계적인 표시를 지사라고 하는데, 이것들을 합하여『설문』에 수록되는 것은 7백자에 못 미칠 정도의 수이다. 또 상형자를 조합한 회의자는 거의 6백자이고, 나머지는 모두 음부를 첨부한 형성자이다.『설문』에 수록된 9,353자에 대하여, 상형과 지사의 둘이 차지하는 비율은 14%에 지나지 않는다. 뒷날 한자의 수는 차츰 증가하여, 위(魏)의『광아(廣雅)』[8] 18,151자, 양(梁)의『옥편(玉篇)』[9] 22,726자, 당(唐)의『광운(廣韻)』[10] 26,194자, 명(明)의『자휘(字彙)』[11] 33,179자, 청(淸)의『강희자전(康熙字典)』[12]에 이르러 42,174자를 수록하기에 이른다. 이체자(異體字) 등을 더하면 7천 여 자가 더 많아진다. 문자가 증가하여도 글자의 기본인 상형과 회의의 글자는 증가하는 일이 없고, 그것들이 전체에서 차지하는 비율은 한층 낮아진다. 그럼에도 불구하고 한자를 상형문자라고 일컫는 이유는 표음의 방법이 본래 음표문자를 따르지 않고 여전히 원시의 표의문자를 사용하기 때문이다.

고대문자의 조형

상형문자는 물론이고 그 복합에 의하여 만들어진 회의 문자도 도형을 위주로 하는 문자이다. 따라서 글자의 입의(立義)를 아는 것은 비교적 용이하리라 생각할지 모르지만, 사실은 꼭 그렇지만도 않다. 이를테면 사진 4(왼쪽 중앙)에 보이는 王(왕)은 도끼 鉞(월)의 머리 부분의 형태인데, 왕의 글자에 사용한다. 이것은 王(왕)을 鉞(월)과 동음으로 불렀기 때문에 발생한 가차인지, 그렇지 않으면 鉞(월)의 머리 부분이 왕권을 표시하는 상징적인 의기(儀器)여서 이 글자로 왕을 표시한 것인지, 어느 쪽인지를 결정하기가 어

사진 4_갑골문 왕(王)과 월(鉞). 정(貞)의 오른쪽은 왕(王). 가장 오래된 자형. 오른쪽은 월(鉞). 조각 장식이 많은 의식 기구이다.

렵다. 다만 이 경우, 王(왕)의 자형과 상당히 비슷한 옥제의
월(鉞)이나 상감이나 문양을 많이 가한 비실용적인 청동의
월두(鉞頭)가 여러 건 발견되었기에, 의기설을 취해야 한다
고 생각한다. 같은 예로서, 士(사, 선비)의 신분을 나타내는
士(사진 30·4-4)가 병기의 칼날 부분을 의기화한 器(기, 그릇)의
상형이라는 것, 또한 부권을 나타내는 父(사진 9)를 도끼 斧
(부)를 지닌 형태로 쓰고 금문에서는 때때로 월(鉞)을 지닌
형태로 나타낸다는 점에 의해, 그 사실이 입증된다. 왕이
왕권을 나타내는 의기인 월두의 상형이라고 하는 해석은,
이렇게 고고학적 견해나 같은 계열의 문자 구조를 비교하
는 절차를 통해 비로소 결정할 수 있다. 마찬가지로 청동
기문화를 지닌 크레타섬의 고대문화에서도 비슷한 의기
가 왕권의 상징으로 옥좌 앞에 놓여 있었다는 사실, 또 일
본의 이즈모(出雲)계에서 동검(銅劍)·동모(銅鉾)가 그 지배권
을 상징하는 것이었다는 사실도 비교에 참고할 수 있다.

  복합문자의 예로, 年(사진 2, 좌우의 끝 글자)의 글자를 살펴보
기로 하자. 『설문해자』에 의하면 年(년)은 禾(화, 벼)와 千(천)
의 합자이며, 禾(화)는 성부라고 간주된다. 하지만 年(년)과
禾(화)는 음이 다르며, 또 이러한 자형의 결합 방식은 형성

자에서는 일반적이지 않다. 이 글자는 회의로 보아야 할 여지가 많다. 게다가 이 글자는 禾(화)를 따르는(禾를 구성요소로 하는) 형태가 아니며, 하부가 人(인)의 형태이다. 그렇다면 이 글자는 禾(화)를 머리에 이고 있는 人(인)의 형태일 것이다. 禾(화)는 아마도 벼의 신령(稻魂)을 나타내며, 年(년)은 이 禾(화)를 머리에 써서 화 신령으로 분장한 사람이 기년(祈年)의 무용을 추는 모습이라 생각된다. 이와 같은 계열의 것으로 委(위, 맡기다)가 있다. 委(위)에 대해『설문해자』는 禾와 女의 회의의 글자로 보아, '위수(委隨)이다'라고 훈을 부여했다. 위수(委隨)는 또한 위사(委蛇)라고도 하여, 춤추는 화려함을 뜻하는 말이다.[13] 이것도 벼 신령을 상징하는 무용가일 것이다. 기년의 의례는 그 생식력을 자극하려는 주술적 의미에서 남녀에 의한 모의 의례 방식으로 널리 거행되었다. 따라서 年(년)과 委(위)는 도작 의례에서 벼 신령으로 분장한 남녀 두 신이 춤추는 모습을 나타낸 것이라 생각된다. 그래서 年(년)은 햇곡식이 익은 것을 의미하고, 委(위)는 수확을 쌓아올리는 뜻으로도 쓰인다. 이렇게 문자의 조형에는 고대의 농경의례가 그 배후에 있다는 사실을 알 수 있다.

이 기회에, '文字'라는 말의 각 글자에 대해 한마디하고자 한다. 흔히 文(문, 글월)이란 상형문자 같은 단체(單體)의 문자를 가리키고, 字(자, 글자)는 증가의 의미인 자생(滋生)을 뜻하여, 회의나 형성 같은 복체문자를 가리킨다고 간주된다. 하지만 그것은 뒷날의 용법으로, 문자의 원의는 그것과는 별도이다. 文(사진 31·4)은 문신(文身)을 뜻하는 글자였다. 文(문)은 사람의 흉부에 문신을 더한 상형의 글자이다. 시체를 성화(聖化)하기 위한 의례로서 더해진 것이었으리라. 그러므로 선조(先祖)라고 할 때 문조(文祖)·문고(文考)·문모(文母) 등으로 이 글자를 더해 부른다.[14]

字(자)는 가묘(家廟, 사당) 안에 子(자)가 서 있는 형상을 나타낸다.[15] 子(자)가 태어나서 일정한 기간이 지나면 새로운 가족으로서 선조에게 보고하고, 가묘에 참배시키는 가입식(加入式)을 행한다. 그때 부를 이름을 정하는데, 그 이름이 자(字)이다. 일본에서는 문자를 ナ(나, 이름)라고 불렀다. 한자는 마나(眞名), 가나(カナ)는 가명(假名)이라는 식이다. 名(명)의 윗부분은 고기 肉(육)의 생략형으로 제육을 뜻한다. 아래의 口형은 축사(祝詞)를 넣는 기물이다. 그 가입식 때 축사를 올리고 名(명)을 고했다.

문신에도 가입식이라는 의미가 있었다. 子(자)가 태어나면 서둘러 이마에 먹 따위로 문신을 그린다. 産(산, 낳다)의 윗부분은 이마의 문신이다. 성인을 彦(언, 선비)이라고 한다. 彡(삼)은 이마 문신의 아름다움을 나타내는 기호적 글자이다.[16] 중국에서는 '美士(미사)'라 하고, 일본에서는 '히코'라고 한다. 그것을 그리는 부분을 顔(안, 얼굴)이라고 한다. 대개 이마 부분을 가리키는 말이다. 産(산)과 彦(언)의 위쪽에 立 형태로 보이는 부분은 옛날에는 産이나 彦처럼 文(문)의 형태로 적었다. 이것을 근거로 보면 사체에 더하는 문신도 가입식을 의미했다. 즉, 조상신으로서 조령(祖靈)의 하나가 됨을 의미하는 가입식이었다.[17]

이러한 사실들은 고대문자의 형상이 각각의 의례나 습속, 고대적인 관념 위에 성립했으며, 그 조형 속에 엄밀한 의미가 포함되어 있었음을 드러내준다. 『설문해자』에서는 名(명)은 夕(석, 저녁)의 어스름 속에서 얼굴이 분명하게 보이지 않으므로 입 口(구)로 이름을 대는 것을 의미하는 것이라고 밝히는데, 이런 식의 해석은 일단 알기는 쉽지만 엄숙한 원리에 기초한 고대문자의 조형을 올바로 파악하는 방법이 아니다.[18]

문자의 기원에 관한 연구에는 우선 갑골문이나 금문을 통해 그 본래의 올바른 자형을 파악해야 한다. 그리고 그 형상이 의미하는 바를 당시의 관념이나 사유 방법에 따라 이해하지 않으면 안 된다. 상형자는 얼른 보기에는 이해하기 쉬울 듯해도, 그 내포하는 의미를 파악하기 위해서는 주도면밀한 고대학 방법을 활용하지 않으면 안 되는 것이다.

한자의 고향

고대 오리엔트의 문화는 상당히 오래되어, 오리엔트에 태어난 고대문자는 거의 기원전 31세기까지 소급할 수가 있다고 한다. 한자는 확실하게는 기원전 14세기로 소급하는데 그친다. 그렇지 않아도 문화일원설을 따르는 서양 학자들 가운데는, 모든 문화를 오리엔트에서 발원한다고 생각하는 사람들이 많았다. 그래서 한자도 이를테면 설형문자가 유입된 것이 아닌가 하고 생각하기도 했다. 리히트 호펜(Ferdinand von Richthofen)이나 라쿠페리(Lacoupérie) 등은 일찌감치 그 가능성을 주장했으며, 아시리아학 연구자 볼(C.J. Ball)[19]은 더 나아가 그 주장을 실증하고자 했다. 뒷날 스웨덴 지질학자 앤더슨(J. G. Anderson)이 산서와 섬서의 유적지를 발견하고 그 토기문화가 서부 아시아의 아나우 (Anau)·스사(Susa)의 채색토기에 기원한다고 논하기도 해서, 한때 문화동점설(文化東漸說)이 유력시되었던 적도 있다. 이것들은 은허 유적지가 발견되기 이전의 일이었으므로, 일종의 가설로 취급해도 좋지만, 은허의 과학적 발굴 조사가 이루어진 이후에도 여전히 그러한 주장을 하는 사람들이 있었다. 특히 갑골문·금문의 연구자로서 커다란 업적을 남긴 곽말약(郭沫若)[20]이 그 유력한 주장자라는 사실은 어쩌면 의외이다.

곽말약은 볼이 한자 帝(사진 13)가 설형문자 ⚹로부터 나왔고, 그 음 din-gir의 제1 철자는 帝(제, 임금)의 음에 가까우며, 星(성, 별)의 빛을 본뜬 글자로 神(신)을 의미하여, 형·성·의 모두 일치한다고 주장했던 설에 찬성했다. 그리고 이렇게 중요한 문자가 일치하는 것은 양자의 밀접한 관계를 시사해준다고 여겼다. 하지만 이런 식의 고립적 유사를 찾는다고 한다면 한자는 3천 글자에 달하는 상형자를 지닌 히에로글리프와 한층 더 유사한 사례들을 찾아낼 수 있을 것이다. 이 점을 논한 단행본 서적도 나왔을 정도이다. 하지만 두 문자 체계의 관계라는 측면에서 말하자면, 우연적이거나 고립적인 유사는 중요하게 여길 수 없다. 帝(제)와 같은 종교적 관념에 관한 글자라면 종교적 관념에 관계된 모든 문자들을 망라하여 같은 식의 대응관계를 증명하지 않고서는 영향 관계는 주장할 수가 없다.[21]

오리엔트와 중국의 고대문화 사이에 본래 아무 관계도 없었다는 것이 아니다. 뒷날의 실크로드 같은 교통로는 의외로 이른 시기부터 열려 있었을 것이다. 중국에서는 목성을 세성(歲星)이라 부르는데, 목성이 12년마다 하늘을 일주한다고 하는 지식은 바빌로니아나 페르시아에서 얻은 것이어서, 세성의 소재를 나타내는 이름은 바빌로니아 계에서 온 번역어이다. 『초사(楚辭)』에 수록된 「이소(離騷)」의 작자라고 일컬어지는 굴원(屈原)은 그 시편의 첫 부분에서 자신이 섭제격(攝提格)의 해에 태어났다고 노래했는데, 그 이름은 대황락(大荒落)이나 적분약(赤奮若) 등 기이한 명칭들과 함께 외래어의 음역이라는 사실을 쉽게 알 수 있다. 하지만 그러한 지식의 이입은 전국시대 이후의 일이므로 그 지식이 한자의 성립에 영향을 주었다고는 생각할 수 없다. 세성의 歲(권두사진 31-2)는 복사(卜辭)에서 제사 이름으로 나타나며, 희생물을 가르는 커다란 도부(刀斧)의 형태로 적혀 있다. 서주 시기의 금문에도 그 글자가 보이며 『서경』의 용례와 함께 여전히 제사 이름으로 사용되고 있다. 연세(年歲)의 뜻으로 사용되는 것은 춘추시대 이후 제나라 금문에 비로소 나타난다. 제사 이름에서 온 전의(轉義)일 것이다.

한자의 고향이 중국이란 사실은 자명하다고 할 수 있나. 하지만 학설로서 그 점을 실증하고자 한다면 구체적으로 한자가 성립한 풍토적·문화적 배경을 밝히지 않으면 안 된다. 그래서 그러한 문화의 여러 국면을 문자의 형상 혹은 구조를 바탕으로 증명하는 일이 필요하다. 이를테면 文(문)이 문신의 풍속을 배경으로 성립한 것이라면 그 배경이 되는 문화는 고대에 문신 풍속이 행해졌던 지역의 것이지 않으면 안 된다. 문신 풍속은 동아시아를 중심으로 하는 태평양 연해 종족들 사이에 널리 분포하며, 내륙에는 존재하지 않는다. 年(년)이 곡령(穀靈)이고 그 계열의 문자들을 통해 도혼(稻魂)을 제사 지내는 농경의례가 글자의 배후에 있다고 본다면, 그러한 농경의례가 분포하는 동남아시아 일대의 문화가 그 기반에 있었다고 생각할 수 있다. 재보의 관념이 貝(패, 조개)로 표시되고, 서주 시대 금문에 보이는 왕실의 사여(賜與)가 동방 여러 종족에 대해 거의 貝(패)를 사용했다는 점, 그 貝(사진 28)가 자안패(子安貝)[22]의 형상을 나타낸다는 점에서, 자안패가 유통하는 범위를 그 문화권으로 간주해야 할 것이다. 만일 북방 샤머니즘의 관념이 무축(巫祝)의 풍속을 나타내는 여러 글자들에 의해 상정된다고 한다면, 한자의 성립을 논할 때 북방 샤머니즘과의 교섭도 고려해야 할 것이다. 주저(呪詛, 이하 저주로 통일) 의례의 하나로서 머리를 베어 제사하는 참수 제효(斬首祭梟)의 풍속을 放(방)이나 縣(현)·邊(변) 등의 자형들을 통해 알 수 있다고 한다면,[23] 후대까지도 그 풍속이 행해졌던 동남아시아 여러 민족과의 관계도 무시할 수가 없다. 이 문제를 생각할 때 중요한 자료는 친족 칭위(稱謂), 수(數), 일상어 등 기본어휘이며, 또 지리적 환경을 나타내는 말들이다. 이를테면 아침 朝(조)(사진 16·4-12, 4장 표제지 10-8)가 옛날에는 月(월)이 아니라 조수(潮水)를 나타내는 水(수)의 형태를 따른 것이었다는 점에서 말하면, 이 글자는 조수 간만(干滿)의 지식을 지닌 연해 종족의 손에서 만들어진 것이라고 보아야 한다. 또 남방을 나타내는 南(남)(2장 표제지

2, 4장 표제지 15-2)이 옛날 南人(남인)이라고 불렀던 묘족(苗族)의 신성기물인 북의 형태라는 점으로 미루어, 당시 강회(江淮) 유역 사이에서 남인과 접촉하는 자들이 南(남)을 나타내는 문자로 이 글자를 선택했다고 보아야 할 것이다. 이 사실들을 필자는 본서에서 다소나마 언급하고자 한다. 이로써 한자가 본래 연해종족이었던 은(殷) 사람의 손으로 만들어진 것이며, 이 문화권 고유의 것이었다는 사실을 확인할 수 있을 것이다.

한자의 고향 문제는 고대문화권의 특성상 일본의 고대문화와도 적지 않은 관련이 있다. 고대문자의 연구는 일본 고대문화와 함께 종교민족학이나 민속학의 과제로 다뤄야 비로소 정당한 위치를 찾게 될 것이다.

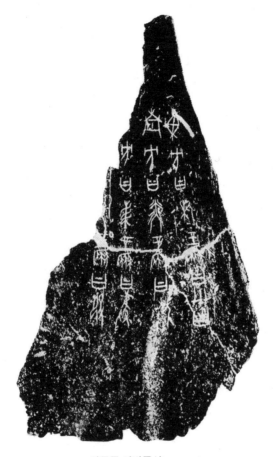

갑골문 사방풍신(四方風神)

제2장
신화와 주술

바람의 살랑거림

언어의 마지막 시대에 신화가 있었다. 그리고 신화는 고대 문자의 형상 안에도 그 자취를 남겼다. 그 무렵, 자연은 신들의 것이었고, 정령이 깃든 곳이었다. 초목조차도 말을 한다고 일컬어지듯이, 초목에 살랑대는 바람도 신의 방문이었다. 사람들은 그 속에 있으면서 신과의 교감을 구하고 자연과의 조화를 바랐다. 거기서는 사람들도 또한 자연의 일부이지 않으면 안 되었다.

사람들은 풍토(風土) 속에 태어나 그 풍기(風氣)를 받아들이고 풍속(風俗)에 순응하며 살아갔다. 그것들은 모두 '부여된 것'이었다. 풍기(風氣) · 풍모(風貌) · 풍격(風格) 등 인격에 관련되어 개인적이라고 생각되는 것들조차 모두 풍의 글자를 첨부하여 부르는 이유는 풍이 그 모든 것을 규정한다고 생각했기 때문이다. 자연의 생명력이 가장 보편적 형태로 그 존재를 사람들로 하여금 의식하도록 하는 것, 그것이 풍이었다. 사람들은 풍을 자연의 숨결이자 신의 방문이라고 생각했던 것이다.

2장 표제지 사진에는 사방의 방신과 그 풍신의 이름이 기록되어 있다.

동방을 析(석)이라고 한다. 風(풍)을 劦(협)이라고 한다. 남
방을 夾(협)이라고 한다. 풍을 光(비)라고 한다. 남방을 韋
(위)라고 한다. 풍을 彝(이)라고 한다. 북방을 □라고 한다.
풍을 殴(수)라고 한다.

사방에는 각각 그 방위를 맡은 신이 있어, 그 지역 풍토
는 그 신이 지배했다. 하지만 광대한 풍토에 신들의 의사
를 관철시키기에는 자유자재한 행동력을 지닌 신이 필요
했다. 그래서 신의 사자로서 새 모습의 신이 선발되었다.
풍은 鳳(봉, 봉새)의 모습으로 쓰여 있다. 辛(신) 글자 모양의
모자 장식을 머리에 쓰고 풍성한 깃을 갖춘 이 신은 외형
없이 자유자재로 비행하는 풍신이었다. 사람들은 그 날개
소리, 즉 바람의 살랑거림으로 신의 방문을 알았다. 봄이
지나면 이 신의 방문은 모든 것에 새로운 생명을 부여했
다. 추풍과 더불어 찾아오는 소조(蕭條, 쓸쓸함)한 천지의 모
습도 이 신이 초래한 결과였다.[24)]

『산해경(山海經)』은 고대의 산들에 사는 신들을 기록한,
신화적인 풍토기로 잘 알려져 있다. 그 신들 중에는 신 자
신이 새 형태인 것도 많고, 또 새를 사자로 데리고 있는

것도 많다. "사조(四鳥)를 부린다"라는 표현도 수차례 나온다. 또 비교적 새로운 부분이라고 간주되는 「대황경(大荒經)」에는 사방 풍신의 이름이 갑골문과 거의 같은 형태로 나타난다. 이를 근거로 추측하면, 갑골문에 나오는 사방 풍신은 본래 각 지방마다 널리 유행하던 산신과 새의 신앙이 방위신으로 통합되고, 그 위에 최고신으로서의 帝(제)가 상정되었으며, 帝(제)도 그 사자로서 풍신을 거느리고 있었다. 지상의 질서를 반영하여 풍신에게도 계층이 있었던 것이다. 신화는 이렇게 토속 신앙이 왕조의 지배질서에 의거해 통합되면서 성립했다.

풍신의 가장 상위에 있는 것은 帝(제)의 사자로서의 풍, 즉 대붕(大鵬)이었다. 대붕의 활동은 태풍 현상으로 나타난다고 여겼다. 아득히 먼 대양에서 발생하여 계절적으로 방문하는 이 거친 신의 모습은 사람들을 두렵게 만들었다. 이 만큼 대자연의 활동력과 파괴력을 여실하게 보여주는 것이 달리 없을 정도이다. 전국시대의 장자(莊子)가 책의 권두에 이 대붕의 비상하는 모습을 가지고 대자재(大自在)의 인격을 상징한 것은 고대의 전승을 사상 표현의 방법으로 전용한 것에 다름 아니다.

사방 풍신의 신화는 경전에도 잔영을 남겨두었다. 『시(詩)』・『서(書)』라고 병칭되어 경전 중에서 가장 높은 지위를 차지하는 『서경(書經)』에는, 그 권두의 「요전(堯典)」에 신화를 끌어들인 부분이 있다. 요(堯)는 사방을 다스리는 행정관으로 희중(羲仲)・희숙(羲叔)・화중(和仲)・화숙(和叔)을 동서남북에 각각 배치했다. 희화는 본래 태양의 어자(御者)로, 태양을 관장하는 신이었다. 이들 넷은 복사(卜辭)의 방신(方神)에 해당하는 지위를 차지했다. 『서경』은 그들의 치정 방법을 기록하고, 그 다음으로 이를테면 동방의 희중에 대해 "백성들은 흩어져 살고 새 짐승은 조수새끼를 낳고 교미한다(厥民析, 鳥獸孳尾)"라는 식으로 기록했다. 인간은 농경을 위해 군집을 풀고 분산하며 새 짐승은 봄이 되자 번식을 시작한다는 뜻으로 해석된다. 析(석)은 사방 풍신 가운데 동방 방위신의 이름이다. 이에 이어 새 짐승을 적었는데, 실은 '풍을 劦(협)이라고 한다'라는 풍신의 이름이 망각되고 풍이 鳳(봉)의 형태로 표기되어 있기 때문에, 이를 새 짐승이라고 해석하고 풍신의 이름을 그 형상을 가리키는 새 짐승의 이름으로 고친 것이다. 이하 모두 같은 식으로 기술하고 있다. 옛 전승의 형태를 거의 상실하고, 정치적인 성전(聖典)에 적합한 해석으로 고쳐 두었다. 신화의 일부는 이런 식으로 경전에 매몰되었다. 風(풍)을 나타내는 鳳(봉)의 자형의 의미가 이 무렵 이미 망각되었던 것이다.

風(풍)은 복문(卜文)에서는 辛(신) 자형의 모자 장식을 지닌 鳳(봉)의 형태로 썼다. 때로는 그 음을 나타내는 ㅂ형의 표시를 오른쪽 어깨에 더하기도 했다. 鳳(봉)은 그 형태를 더한 자형이다. 뒷날 풍신의 관념이 망각되고, 천체에 관한 것에 龍(용) 형태의 신이 많다는 점에서, 음부(音符)를 그대로 두고 파충류를 나타내는 虫(충)을 더한 風(풍) 글자가 되었다. 그리고 鳳(봉)은 서조(瑞鳥)로서의 鳳凰(봉황)이란 뜻으로, 원래 관념에서 분화해나갔다. 청룡(靑龍)·백호(白虎)와 함께 4령의 하나로 간주되는 주조(朱鳥) 또한 거기서 분화한 것이다. 鳳(봉)에서 風(풍)이 된 자형의 변화는 이렇게 풍신 관념의 추이에 대응하여 이루어졌다.

風(풍)에 대해 곽말약은 그 음을 남양인이 말하는 bon이며, 극락조라고 보았다. 서주 초기 금문인 중방정(中方鼎)에 생봉(生鳳)이라는 말이 있고, 그 날개에는 공작(孔雀) 같은 눈알 장식이 부가되어 있다. 청동기의 문양에도 기봉문(夔鳳文)이라는 봉문(鳳文)이 많이 발견되는데, 거기에도 때로는

눈알 장식을 붙인 것이 있다. 아마도 공작의 날개를 나타
낸 듯하다. 봉신의 관념은 먼 신화시대부터 널리 유행하
여, 그 새 형태도 꿩이나 그 밖의 새로 상정했었지만, 문
자로서 형상화할 때 이 성스러운 새를 공작의 형태로 묘
사하면서, 鳳(봉)과 風(풍)을 결합하게 되었을 것이다. 鵬(봉,
붕새)은 형성의 글자인데, 오래된 자형을 살펴보면 朋(봉, 벗)
의 부분은 빽빽한 날개깃의 형태인 듯하다. 『설문해자』에
鳳(봉)의 고문으로 제시한 자형이 그것이며, 貝(패)를 두 실
로 묶은 朋(봉)(사진 29 끝)과는 형태가 다르다. 『설문해자』에
보면, 鳳(봉)은 동방 군자의 나라에 있으며 사해의 바깥으
로 고상(翱翔, 날아오름)하여 곤륜(崑崙)을 지나, 해가 잠기는 곳
에 이른다고 했다. 그것은 태풍의 경로와 유사하다. 대붕
의 활동은, 장자가 묘사하는 바에 의하면, 바로 태풍의 활
동이다.

　북쪽 바다에 물고기가 있는데 그 이름을 곤(鯤)이라 한
다. 곤의 크기는 몇 천리나 되는지 알 수가 없다. 변하여
새가 되는데 그 이름을 붕(鵬)이라 한다. 붕새의 등은 몇
천리나 되는지 알 수가 없다. 노하여 날아오르면 그 날개

가 하늘에서 드리운 구름과 같다. 이 새는 바다가 움직이면 장차 남명(南冥)으로 가고자 한다. 남명은 천지이다.

[北冥有魚, 其名爲鯤, 鯤之大不知其幾千里也. 化而爲鳥, 其名爲鵬, 鵬之背不知其幾千里也. 怒而飛, 其翼若垂天之雲. 是鳥也, 海運則將徒於南冥. 南冥者, 天池也]

이렇게 붕은 새 형태를 가지고 나타내는 그 형상 속에 고대 사방 풍신의 관념을 지니고 있으며, 그 풍신 관념은 몬순 지대 특유의 감각을 배경으로 성립했다. 중국의 『시경』이든 일본의 『만엽집(萬葉集, 만요슈)』이든 風(풍)을 노래한 것이 많다. 그것들은 자연의 풍으로서가 아니라 어떤 영적인 것의 방문이나 암시로서 노래되고 있다. 후대에도 동양인은 바람에 대하여 독특한 감각을 드러내왔다. 우리들은 그를 통해 이 지역 특유의 자연관 전통을 엿볼 수 있다.

성스러운 존재

중국에서는 인간의 가장 완성된 상태를 성(聖)이라고 한다. 유교가 이 말을 궁극의 이상으로 삼아 내세운 이래, 성인은 지고의 이상형을 드러내는 것으로 간주하게 되었다. 그 글자는 耳(이, 귀)와 口(구), 그리고 人이 서 있는 형태로 이루어져 있다. 더 오래된 자형에서는 耳와 口만으로 된 것도 있다. 사진 22(1-3)에 '녹자성(彔子聅)'이라는 이름이 보인다. 또 1장 표제지 사진(좌 1)에는 사당(廟) 안에 그 형태를 더한 글자가 있다. 口와 耳에 총기(聰氣)가 있다는 뜻으로 풀이하기 쉽지만, 口는 ㅂ로 적혀 있으며 축사(祝詞)의 기물을 나타내는 형태이다. 그 글자는 신에게 기도하고 신의 음성을 들을 수 있음을 나타내는 것이 원래 뜻이었다. 신의 음성을 들을 수 있는 자를 聖(성)이라고 불러 존경한 것이다. 신과 인간 사이의 길은 이미 끊어져 있었으나 마음이 정상(精爽, 신령스런 기운)을 지닌 사람에게는 아직 교통의 길이 남아 있었다. 옛날에는 고사(瞽師)라고 불리는 악관이 그런 인물에 해당되었다. 눈으로 모든 미망(迷妄)을 보지 않으면서, 나아가 자연의 리듬에 예민한 감수성을 지녔기 때문이다. 聞(문, 듣다)(4장 표제지 5-11)의 옛 자형도 사람이 귀를 쫑긋 세우고 있는 형태이다.

『좌전(左傳)』에는 신고(神瞽, 신령한 맹인)로 알려져 있던 진(晉)나라 사광(師曠)에 대하여 여러 이야기가 실려 있다. 진나라 평공(平公) 3년(기원전 555년), 사광은 진나라의 군대를 따라가 제(齊)나라의 전투에 임했는데, 밤이 되어 새 우는 소리가 바뀌는 것을 듣고 제나라 군대가 이미 진지를 버리고 도주한 사실을 알았다. 또 그 해 초나라가 정나라를 침범했을 때, 그 사실을 들은 진나라 사람이 사광에게 그 성패를 묻자, 사광은 남방과 북방의 노래를 비교하여, "남풍은 굳세지 못하고 죽은 소리가 많다(南風不競, 多死聲)"라고 하며 초나라의 패배를 예언했다.[25] 갑골복사에도 외적의 침략을 예측한 듯한 대목에, "聞(문)하는 것이 없는가"라고 적혀 있는 예가 다수 있다. 이런 식으로 길흉을 점복했던 모양이다.

신고의 임무로는 이렇게 전쟁에 관한 일만이 아니라, 계절적인 행사 의례와 관련된 중요한 일도 있었다. 『국어』「주어(周語) 상」에 천묘(千畝)에서의 농경 의례 순서가 기록되어 있다. 그것은 적전(籍田)이라 불리는 친경(親耕) 의례이다. 한 해가 시작될 때 태사(太史)가 토질 속의 양기가 움직이는 모습을 관찰하여 봄이 선다(立春)고 고하면, 왕은 양관(陽官)에게 명하여 신년 의식을 준비하게 한다. 기일이 되기 닷새 전에 고사(瞽師)가 협풍(協風)이 오는 것을 고하면, 왕은 재궁(齋宮)에 들어가 재계를 한다. 그리고 그날이 오면, 정화의 술을 뿌리고 왕이 보습으로 땅을 파내는 의식을 행한 다음 공동 식사의 의례를 거행했다. 이런 식으로, 우레(진뢰, 震雷)가 치는 동시에 농사를 시작한 것이다. 동풍을 협풍이라 불렀는데, 이것은 갑골복사에서 동방 풍신의 이름이었다는 사실을 상기하기 바란다. 신화는 이렇게 의례와 결합하여 전해졌던 것이다.

사진 5_갑골문. 운예(雲霓)의 기록이 있다

聖(성)의 더 오랜 형태는 신고(神瞽)가 관장하는 일에서 확인할 수 있다. 풍기(風氣)라는 말에서 알 수 있듯이, 자연의 계시는 풍에서도 나타나고 기에서도 제시된다. 운기(雲氣)를 바라보는 望(망, 바라다)(사진 30·3-5)이라는 주술적 행위도 중요했다. 氣(기, 기운)는 옛날에 气로 썼다.[26] 공중에 떠 있는 3획의 선을 보면, 상부의 좌단은 위쪽으로 흐르고 하부의 우단은 아래쪽으로 흘러, 구름이 머무는 모습을 나타내는 형태이다. 그것은 어떤 영적인 실재의 현시를 의미한다. 사진 5·2에 "各雲(각운, 曷 : 이르러 오다)이 東(동)으로부터 온다"라고 구름 신의 이름을 거론하고, 또 "霓(예, 무지개)가 北(북)에서 나와 河(하)에서 물을 머금었다"(사진 5·3)라 했듯이, 운우(雲雨)의 변화를 타서 때때로 그 모습을 드러내었다. 雲(운)도 霓(예)도 용 모습의 짐승이다. 운기를 바라보며 적의 상황을 살피는 일은 오랜 옛날부터 행했다. 은나라에는 망승(望乘)이라는 씨족의 이름이 있다. 望(망)의 초문(初文)은 멀리 바라보는 사람의 형태(사진 23·7 끝)를 적은 것으로, 臣(신, 目 형태)의 아래에 사람이 서 있는 모습이 기록되어 있으며, 글자의 구조법이 聖(성)과 비슷하다. 乘(승, 타다)의 본자는 木(목) 위에 사람이 서 있는 형태이므로, 이것도 높은 곳에서 멀리 바라본다는 뜻을 지닌 글자일 것이다.

자연의 계시를 알려면 耳目(이목)이 총명(聰明)해야 하지만, 자연에 대해 힘을 발휘하거나 타자에게 주술적인 힘을 가하기 위해 눈의 주술력이 중요했다. 見(견)은 人(인) 위에 커다란 目(목)을 쓴다. 본다고 하는 시각적 행위를 나타낼 뿐만 아니라, 그 이상으로 상대와 교섭을 한다는 의미를 포함한다. 『만엽집』에도 '본다'고 하는 말을 지닌 노래가 많은데, 구니미(国見)[27]의 노래를 비롯하여 "산이 높아, 백목면 꽃[28]처럼 희고 세차게 떨어지는 가와치의 폭포는 아무리 보아도 질리지 않으리라"(만엽집 6-909)[29]라든가 "멀리 시골의 긴 여로를 오로지 도성을 사모하여 올라오니, 아카시 해협에서 야마토 산들이 보인다"(만엽집 3-255)[30] 등

사진 6. 갑골문 미수(媚獸). 미(媚)의 아래에 수(獸)의 형태가 적혀 있다. 위의 한 글자는 뒤탈을 뜻하는 글자

은, 모두 주술적인 의미를 지닌 행위로서 '바라봄'을 노래하고 있다. 『시경』의 "저 기수(淇水) 물굽이를 들여다보니 푸른 대나무가 무성하도다(瞻彼淇奧, 綠竹猗猗)"[31]라든가 "저 낙수를 보건대 물결이 출렁출렁 흘러간다(瞻彼洛矣, 維水泱泱)"[32] 등과 같이 초목의 무성한 모습이나 자연의 힘이 충만한 모습을 보는 것을 노래한 것도 주술가다운 발상법이다.

객체와의 영적인 교섭을 지닌 행위가 '보는' 것이듯이, 사악한 영을 떨쳐버리기 위해서도 주술적인 눈을 사용했다. 限(한)은 신이 사용하는 성스러운 사다리인 𪜈(부)(1장 표제지 좌-2) 앞에서 주술적인 눈을 게시하고, 그 아래에 물러가는 사람의 모습을 더한 글꼴로, 악령의 침입을 막는다는 뜻이다. 眼(안, 눈)은 限(한)과의 관계에서 생각하면, 주술적

인 눈을 의미하는 글자인 듯하다.

眼(안)의 주술력을 강화하기 위해서 目(목)의 위에 媚(미, 예쁘다)의 장식을 더하는 일도 있었다. 媚(미)는 샤먼의 무녀이다. 복문(卜文)(사진 6)에는 媚(미)의 아랫부분을 괴수의 형태로 표현했다. 이 무녀가 사용하는 동물혼령을 나타내는 글자일 것이다. 媚女(미녀)는 이민족과 싸울 때 늘 선두에 섰다. 적에게 저주를 걸기 위해서였다. 승패는 양쪽 군대의 미녀가 지닌 주술력의 우열에 따라 결판이 났다. 뒷날의 저주를 퍼붓는 싸움은 그 흔적일 것이다. 갑골복문에는 行(행)의 사이에 媚(미)를 적은 글자가 있다. 길에서 媚女(미녀)가 적에게 주술을 걸고 있는 모습을 그린 것인 듯하다. 術(술, 재주)도 동물혼령을 사용하는 저주를 가리키는 글자이다.[33]

싸워서 이긴 경우, 상대의 주술력을 제거하는 일이 무엇보다도 중요했다. 적의 媚女(미녀)는 戈(과, 창)에 걸어 죽였다. 그 글자가 蔑(멸)(사진 23·3)이니, 오늘날 경멸이라 할 때의 蔑(멸)자가 그것이다. 蔑(멸)은 적의 미녀의 주술력을 없애는 의미였다. 같은 편에서 보면 그것은 전쟁 공훈의 성과이다. 그래서 전쟁의 공훈을 伐(벌, 치다)이라고 한다. 蔑

(몔)의 媚(미)가 생략되고 그 음만 남아 있는 것이다.

고대의 사람들로서는 듣는 일과 보는 일이 말하는 일과 마찬가지로 깊은 의미를 지닌 행위였다. 보는 일은 상대의 영혼과 교섭하는 일이며, 말로써 나타내는 것은 상대방에게 작용하여 그대로 실현되어야만 했다. 말의 혼령을 믿는 신앙은 원시 시대에는 일

사진 7_금문 자미(子媚).은(殷). 청동의 주기 작(爵)에 새긴 글자. 자미~는 왕자의 이름 자미작(子媚爵)의 명(銘)으로, 상당히 도상적인 글자이다. 명은 작(爵)의 손잡이 아래 그릇 몸체 좌우의 도철 무늬로 에워싸인 속에 새겨져 있다. 子는 은나라 왕자의 칭호이다. 미(媚) 땅을 거느린 자일 것이다. 자미의 이름은 제1기 무정(武丁) 시기의 갑골문에서도 볼 수 있다. 미(媚)는 미식(媚飾)을 가한 부녀의 형태이다.

반적이었다. 그러한 시대였기에 聖(성)과 聰(총)처럼 耳(이)가 밝은 사람이 신성한 사람으로 간주되었던 것이다.

무고의 변

샤먼인 媚女(미녀)가 동물혼령을 사용하여 저주를 행한 사실은 복문(卜文)에서 확인할 수 있다. 또 미녀가 행하는 주술은 媚蠱(미고)라고 했다. 주술혼령으로 蠱(고)나 그 밖의

주술물을 사용하는 일이 있었던 것이다. 한나라 때 무고 (巫蠱), 미도(媚道), 부인미도(婦人媚道), 좌도(左道) 등이 그것이 다. 『사기』 연표에 의하면, 장릉후(將陵侯) 사자회(史子回)의 아내 의군(宜君)이 질투 끝에 시비(侍婢) 40여 명을 교살하고 초산아를 훔쳐다가 팔과 무릎을 잘라 미도(媚道)를 행한 사 실이 발각되어, 사체를 길거리에 널브러뜨리는 기시(棄市) 의 형벌에 처했다는 기사가 있다.[34] 또 『한서』 「외척전」을 보면, 성제(成帝)의 허황후(許皇后)가 후궁에게 은총이 돌아 가고 자신의 총애가 쇠하는 것을 원망하여 아이 밴 궁녀 에게 미도를 행했다는 사실이 알려져, 관계자는 처형되고 허황후도 폐위되는 사건이 있었다.[35] 무고(巫蠱)의 폐해는 신선을 좋아한 무제의 시대에 커다란 비극을 낳았다. 정 화(征和) 2년(기원전 91년) 무제가 병으로 눕게 되자, 무고가 무 제의 병을 초래했다고 상주하는 자가 있었다.[36] 이때 혐의 를 받아 살해된 사람들이 수만 명이다. 태자의 궁에서도 주술에 사용한 목우(木偶, 나무허수아비)가 발견되는 바람에 병 사를 보내게 됐고 황후는 자살, 태자도 스스로 목을 매어 죽었다. 뒷날 무실이었음이 밝혀지자, 무제는 사자궁(思子 宮)을 만들어 그 죽음을 애도했으나, 이로 인해 마음에 고통을 겪다가 서너 해 지나 숨을 거뒀다. 무고의 변이라고 일컬어지는 사건이었다.

미고가 탈을 내어 병을 일으킨다고 하는 세속 신앙의 유래는 아주 오래된 듯하다. 고대의 사람들에게 이러한 주술혼령의 존재를 믿게 만든 것은 아마도 몽(夢, 꿈)이라는 현상이 아닐까 생각한다. 夢(몽)은 오늘날의 자형에서도 윗부분에 媚(미)의 처음 형태를 남기고 있다. 그것은 주술혼령을 사용하는 미고가 일으키는 장난이라고 여겼다. 갑골복사에 "夢(몽)이 있어, 耳의 大鳴(대명)을 이룬다"라고 했다. 이명의 원인을 몽마(夢魔) 때문이라고 한 예이다. 또 "夢(몽)을 보았으니, 屰(사고)(사진 6)일까, 不若(불약)일까"라든가 "長夢(장몽)이 많으니, 재앙에 이르지 않을까"라는 악몽을 점친 예가 보인다. 不若(불약)이란 신이 내리는 재앙이라고 한다.

꿈에 진저리 치는 것은 악마의 장난이며, 심할 때는 그 때문에 목숨을 잃을 수가 있다. 薨(훙, 훙서)이란 아마 그 뜻일 것이다. 신분 있는 사람의 죽음은 범상치 않은 예가 많았다. 저주를 받는 일이 많았기 때문이다. 『주례』의 대복(大卜)에 삼몽(三夢)의 법이 있어 몽복(夢卜)을 관장하고, 또 별도로 점몽(占夢)의 관직이 있었다. 그 관직의 규정에 의하면, "세시(歲時)에 천지의 회합을 관찰하고 음양의 기운을 분별하는 일을 관장한다. 해와 달과 별로 육몽(六夢)의 길흉을 점친다"라고 했다.[37] 꿈은 천지의 기가 야기한다고 간주한 것인데, 이는 상당히 뒷날의 사고방식이다. 한 해의 마지막에는 연간의 꿈 기록을 모아 그 길흉을 왕에게 헌상하여, 재액 털기를 위해 당증(當贈)의 예를 행했다.[38] 당증은 지금의 구마(驅魔)이다. 절분(節分, 입춘 전날)의 행사에 행했다.

꿈뿐만 아니라, 일반적으로 재앙은 어떤 종류의 동물혼령이 일으키는 작태라고 생각했다. 갑골복사에서는 길흉을 점복할 때, "尤(우, 빌미) 없을까"[39]라든가 "祟(수, 탈) 없을까"라고 하는 것이 일반적이었다. 尤(우)나 祟(수)는 모두 동물의 형태로 적었다. 애니미즘적인 관념이 그들을 지배하고 있었던 것이다. 고(蠱)도 그러한 관념에서 태어났다. 고(蠱)는 기물 속에 많은 벌레들을 넣어둔 형태이다. 그런 방법은 본래 남방의 것이었던 듯하다. 묘인(苗人)들 사이에서는, 기물 속에 많은 벌레를 넣어두고, 그것들이 서로 죽여서 마지막으로 남는 것이 강한 주술영혼을 지닌다고 간주하는 통념이 있었다. 또 『수서』 「경적지(經籍志)」에 의하면, 강남의 지역에서는 5월 5일에 백 가지의 벌레들을 기물 속에 넣는데, 마지막으로 남은 벌레는 사람을 죽이는 힘을 지닌다고 믿었다. 갑골복사에는 "王(왕)이 齒(치, 이)를 앓으니(疾), 이것은 蠱(고)인가. 이것이 蠱(고)가 아닌가"라고 했다. 치통의 원인을 蠱(고)로 여긴 것이다. 충치는 蠱(고)가 초래하는 바라고 믿어왔을 것이다. 媚(미)와 蠱(고)는 한데 합하여 행하는 일이 있다. 갑골복사에는 또, "묻는다. 이것이 媚蠱(미고)인가. 묻는다. 이것은 媚蠱(미고)가 아닌가"라고 하는 대목이 있다. 미고의 저주에 대해서는, 당연히 이에 대항하는 주술이 있었다.

주술에 대하여

미도(媚道)를 행하는 적의 무녀를 붙잡으면, 과(戈)로 걸어 죽임으로써 그 저주를 제거할 수가 있었다. 그 글자는 茷(멸)(사진 23·3), 즉 蔑(멸)이다. 蔑(멸)은 또 無(무)와 동의어로 사용한다. 저주 기능을 상실케 한다는 의미이다. 하지만 미고는 본래 남모르는 곳에서 비밀스럽게 행하는 것이므로, 이에 대항하는 주술이 필요했다. 말하자면 이쪽도 마찬가

사진 8_갑골문 개(改).
사(蛇, 뱀)의 혼령을 때리는
개(改). 아래에 상(桑, 뽕나무)
잎을 따는 글자가 있다

지로 같은 주술혼령을 사용하여 질책하며 그 결과로서 상대의 주술력을 저지하는 방법을 사용했다. 감응 주술이라고 불리는 방법이 그것이다.

이를테면 누군가가 蠱(고)에 의한 저주를 내게 걸고 있다고 생각할 경우, 이쪽도 똑같이 蠱(고)에 의하여 그 저주를 푸는 주술을 행한다. 蠱(고)를 주장(呪杖, 저주 지팡이)으로 때려서 이를 질책하는 것이다. 주장으로는 아마도 복숭아나무 등을 사용했을 것이다. 그 글자가 改(개)(사진 8)로, 지금의 改(개, 고치다)에 해당한다. 更改(경개)의 뜻이다. 뒷날 殺改(해개)라고 부르는 것이 이것이다.[40]

해개(殺改)는 사악한 귀신을 내쫓는 주부(呪符)를 만드는 것으로, 한(漢)·육조(六朝) 무렵에 널리 행했다. 대강묘(大剛卯)로도 불렀다. 길이 3치의 복숭아나무에, "서역(庶疫) 하나하나 모두 나에게 감히 맞닥뜨리지 마라" 등 4언의 주술언어 32자를 새겨 색실 등의 장식을 붙여 허리에 차는 것이었다.[41] 옥이나 금속제도 있었다. 이리하여 사악한 귀신을 떨쳐버릴 수가 있다고 여겼던 것이다.

殺(해, 부적)는 짐승을 때리는 형상의 글자이다. 짐승은 亥(해, 돼지)의 형태로 적었는데, 그것은 본래 禼(해)(1장 표제지 좌 3-6)를 초래하는 동물혼령을 표시하는 글자였다. 이것을 때리는 주술적 행위가 殺(해)이다. 이 글자는 또 劾(핵, 꾸짖다)으로도 적는다. 사람의 부정을 규탄하는 것을 彈劾(탄핵)이라 한다. 彈(탄, 탄알)이란 弓(궁, 활)의 弦(현, 시위)을 울려서 악령을 떨어내는 명현(鳴弦)의 법이며, 劾(핵)이란 동물혼령을 이용하여 사악한 것을 떨어내는 의식이다. 탄핵을 받는 자를 그런 악령의 부류로 간주했던 것이다.[42]

주술이라 할 때 呪(주)는 무축(巫祝)이 행하는 말에 의한 저주이다. 術(술)은 동물혼령을 사용하는 방법이다. 術(술)은 求(구)와 상당히 비슷한 글자를 따르고 있다. 求(구)는 裘(구, 가죽옷)의 글자 형태를 통해서도 알 수 있듯이, 동물의 모피이다. 주술에는 짐승 가죽을 많이 사용했다. 짐승 가죽을 마구 때려서 악령을 떨쳐버리는 것이 이른바 책양(磔禳)이다. 짐승 가죽을 때리는 뜻의 글자가 구(救)로, 역시 방어적인 주술을 의미한다. 빌미를 가져오는 동물을 때리는 형태는 殺(살)의 자형으로 남아 있다. 殺(살)은 죽이는 것을 목적으로 하지 않고, 이에 의하여 상대가 행하는 주술의 효과를 감쇄하는 것을 목적으로 했다. 殺(살)의 원래 뜻은 악령을 방축하는 것이기 때문이다. [43]

蠱(고)에 대해서는 改(개)로 대항하여 이것을 更改(경개)한다. 하지만 蠱(고)는 자유자재한 주술혼령으로 신출귀몰하기에 막는 일이 쉽지 않았다. 蠱(고)에는 埋蠱(매고)[44]의 방법이 있어서, 그 주술력이 땅속으로 통할 수 있다고 여겼다. 한 무제의 무고의 변 때에도 저주를 가한 목우(나무허수아비)의 곁에 蠱(고)가 매장되어 있었다고 한다. 더욱 성가시게도, 蠱(고)는 風(풍)을 타고 자유자재로 날아다녔다. 그것을 風蠱(풍고)라고 부른다. 이렇게 아무리 해도 붙잡을 수 없는 것에 대해서는 그 소재를 확인하기 위해 특별한 방법을 고안하지 않으면 안 된다. 그 방법으로, 후각(嗅覺)이 예민한 개를 사용하는 것이 가장 효과적이라고 여겼다. 이렇게 하여 그 주금(呪禁)을 위해 개 희생을 많이 사용했다.

개의 희생

은 왕조의 유지(遺址, 옛터)인 은허가 발견되어 1928년 이래 중앙연구원의 손으로 그 발굴조사가 이루어졌다. 수많은 발견이 있었다. 그 성과는 유구(遺構)의 규모에서도, 유품의 풍부함에서도, 근래 비슷한 예를 볼 수 없을 정도였다. 그다지 두드러지지 않는 세세한 사실 속에도 고대의 문제를 다룰 때 중요시되는 사항을 아주 많이 포함하고 있었다.

은나라 왕의 능묘로는 원하(洹河) 너머 북측의 후가장(侯家莊) 일대에 장대한 규모를 지닌 13묘가 발견되었다. 지하 깊이 만들어져 있는 능묘의 중앙에 현실(玄室)이 있고, 거기에는 멋진 청동기나 옥기, 그 밖의 부장품이 많았다. 대표적인 대묘 1004호 묘의 현실에는 양(羊)을 안치한 아래에 또 수직갱이 있고, 거기에는 정장한 무인과 한 마리 개가 매장되어 있었다. 또 제11차 발굴에서 조사된 4대묘에서는 현실의 4면 4구석에 장방형의 갱 8개가 있고, 거기에도 마찬가지로 무인과 개가 매장되어 있었다. 작은 묘들 가운데는 개만을 묻은 곳도 많았다.

伏(복, 엎드리다)이란 글자는 犬(견)이 엎드려(伏) 人을 따르

사진 9_금문 막(莫)과 견(犬).
은나라. 도상 표지. 亞자 형은 현
실(玄室)의 형태. 막(莫)은 성부(聲
符)로, 묘(墓). 견(犬)은 개 희생.
아래에 '부정(父丁)'이라고 부(父)
의 묘호를 기록했다

는 형태의 글자라고 일컬어진다. 과연 그럴까? 지금까지 서술한 내용을 통해서도 쉽게 예측할 수 있듯이, 문자는 그렇게 단순한 것이 아니다. 伏(복)은 본래 伏瘞(복예)를 표시하는 글자였다. 瘞(예, 묻다)란 埋牲(매생) 즉 '희생을 묻는 일'이다. 진(秦)나라 때는 그 제사 지내는 곳을 복사(伏祠)라고 했다. 『사기』「봉선서(封禪書)」에, 진나라 덕공(德公)이 복사(伏祠)를 만들어 구(狗, 개)를 읍(邑)의 4문에서 책(磔, 채찍질하다)을 하여 고(蠱)를 막았다는 기사가 있다.[45] 이 일은 『사기』「진본기(秦本紀)」의 덕공 2년에 "처음으로 伏(복)을 한다. 狗(구)를 가지고 蠱(고)를 禦(어, 막다)한다"라고 되어 있다. 그 의례는 계절마다 행해졌으니, 뒷날 초복·삼복이라는 것은 그 의례를 행하는 시기를 가리키는 말이었다.[46]

은나라 왕의 능묘에서 볼 수 있듯이 무인과 개 희생을

합하여 사용하는 방법이 이른바 복예의 옛 형식이었을 것이다. 복(伏)은 복사(伏祀)라는 말이다. 능묘만이 아니라 궁묘의 정방(正房)이나 문의 기지(基址) 등에도 희생물을 매장했다. 이 경우에도 개 희생물을 묻었으며, 양·돼지 등의 희생물은 다른 갱에 묻었다. 이러한 개 희생은, 이른바 희생으로서 바쳐진 것이 아니라, 주금(呪禁)을 위해 묻었다. 그것은 땅속에서 스며 나오는 蟲(고)를 막기 위해, 후각이 민감한 개를 거기에 묻어서 지키게 한 것이다. 땅속의 蟲(고)를 埋蠱(매고)라고 했다. 문, 정방, 현실 등 건물의 가장 중요한 부분에 매고를 방어하기 위해 개를 사용했다. 그것은 정초(定礎, 기초를 놓음)의 한 의례였다. 이것을 전기(奠基)라고 한다.

蟲(고)는 또한 바람에 실려 침입하기도 했다. 그것을 風蟲(풍고)라고 불렀다. 이 풍고를 막기 위해 성읍의 네 대문에서 계절 행사를 했다. 그 또한 개 희생을 사용했다. 개의 가죽을 벗겨 그것을 채찍질하여 성문에 걸었던 것이다. 『예기』「월령(月令)」에 "계춘의 달, 나라에 명하여 나례를 하게 하며 아홉 문에 책양(磔禳)함으로써 봄기운을 마쳤다"라든가 "계동의 달, 담당 관리에게 명하여 대나방책(大

難旁磔)을 하여, 토우를 꺼내어 그로써 한랭한 기운을 보냈다"라고 기록되어 있는 難(나), 즉 儺(나)가 그것이다. 이 의례는 계절이 바뀔 때마다 행했다. 이른바 푸닥거리인데, 지금 절분(節分)의 행사로서 남아 있다. 방책(旁磔)이란 껍질을 벗기는 것을 말한다. 『주례』「사시(司市)」에 의하면, 양 가죽을 성문에 걸어서 사악한 것을 떨쳐버리는 편탁(鞭度)이라 불리는 제풍(祭風)의 의례가 있었다. 방책이란 제풍을 위해 개 가죽 털을 태워서 이것을 바람에 흩날려 버리는 방법이라고 생각된다.

복예는 땅 밑의 일이므로 건물의 기초 정립 때에만 행했다. 그러나 성문에서는 이렇게 계절이 바뀔 때마다 불양(祓禳)을 했다. 작물에 붙는 충해 등도 독고(毒蠱)가 저지르는 짓이라고 생각하여, 약초를 태워서 고기(蠱氣)를 떨어냈다. 고(蠱)는 어디라도 출몰하여 장난을 하는 '난리 피우는 신'이었던 듯하다.

갑골복사에 의하면 제사에 개를 희생으로 사용한 일이 있었다. 조왕(祖王)을 제사 지낼 때 개 백 마리를 태우는 일을 점복한 것도 있으며, 다섯 마리나 열 마리를 사용한 예는 상당히 많다. 제사의 대상으로서는 조상신의 경우도 있었지만, 주로 상제(上帝)나 방신(方神), 풍(風)·운(雲)·하(河)·악(岳) 등 자연신의 경우가 많았다. 이것은 개 희생을 희생으로서 사용하기보다는 재액을 떨쳐버리려는 목적으로 사용하는 일이 많았다는 사실과 관계가 있다. 또 희생으로서 사용하는 방법도, 태워서 그 냄새를 사용하든가, 살을 발라낸다든가 했다. 제풍 및 책양의 방법과 비슷했던 것이다.

상제를 제사 지내는 것을 뒷날의 문헌에서는 類(유)라고 했다. 類(유)는 개 희생으로 제사 지내는 것을 뜻하며, 頁(혈, 머리)은 그 기도하는 모습을 나타낸다. 然(연)은 개의 고기를 태운다는 뜻이고, 燃(연, 타다)은 그 글자 옆에 불을 더한 형태이다.[47] 猒(염)(권두사진 2-1)과 厭(염)은 만족한다는 뜻을 지닌 글자인데, 개 희생물의 희생을 받아서 신의 뜻이 만족함을 말한다. 胃(염)은 어깻죽지 뼈대 부분부터 그 아래 살까지의 상형이므로, 견육(肩肉) 등을 사용했을 것이다.

개 희생은 전기(奠基)나 제사 때의 희생 이외에, 이를테면 군대를 출진시키는 출정의 의례에 사용했다. 출병에 임하여 병거(兵車)로 희생의 개를 치어서(轢) 그 피를 가지고 병거를 정화했다. 이것을 軷(발, 발제)이라고 했다. 산행 때에도 그 의례를 행했다. 犮(발, 달리다)은 죽은 개의 형태이다. 豖(촉, 발 얽은 돼지의 걸음)이 죽은 豕(시, 돼지)인 것과 같다. 일반적으로 정화의 의례에서는 개를 사용했으므로, 이것을 수불(修祓)이라고 했다. 修(수, 닦다)란 攸(유)(사진 14·8-9), 즉 사람의 등 뒤에서부터 물을 쏟아부어 씻는(척, 滌) 의례이며, 彡(삼)은 정화된 사실을 표시한다. 개 희생을 사용하는 祓(불, 푸닥거리하다)과 함께, 어느 것이나 모두 정화 의식이다.

豕(시)도 마찬가지로 희생으로 삼는 일이 많았다. 집의 기초를 세울 때도 犮(발)이나 豖(촉)을 사용했다. 家(권두사진 9-2, 5장 표제지 5-5)를 돼지 집이라고 풀이하는 것은 통속적인 해석이다. 옛날에는 개 희생의 형상을 덧붙인 글자였다. 능묘에도 이것을 사용했으므로, 그것을 冢(총, 무덤)이라고 했다. 塚(총, 무덤)의 초문(初文, 처음 글자형태)이다. 또 신이 오르내리는 신성한 장소에도 희생을 사용했다. 𨸏(1장 표제지 좌-2)는 신이 사용하는 통나무 기둥의 신 사다리인데, 그 아래에 犮(발)이나 豖(촉)을 묻어, 토주(土主)를 제사 지냈다. 그것이 墜(지, 땅)(권두사진 21-7)이며, 地(지)의 초문이다. 地는 뒷날 만들어진 형성자이다. 개 희생을 가지고 기물을 정화하는 일도 많았다. 기물이 만들어지고 명기(明器)로서 능묘에 들일 때 개 희생을 가지고 기물을 정화하는 식을 거행했다. 獻(헌, 드리다), 獣(유, 꾀)(권두사진 12-6), 器(기, 그릇), 哭(곡, 울다) 등의 글자에 犬을 붙인 것은 그런 의미이다. 옥송(獄訟) 때에도 맹세를 행했으므로, 개 희생을 사용하여 정화했다. 복문이나 금문에 보이는 자형에 의하면, 그 자형은 모두 희생으로 살해된 개의 형상으로 표시되어 있다.

도조신의 제사

출정식에는 개 희생을 사용하는 類(유)나 軷(발) 이외에 마조(馬祖)를 제사 지내는 禡(마, 마제) 제사라는 것이 있었다. 禡(마)은 '말의 전별(餞別)'에 해당할 것이다. 이렇게 출발 무렵에 갖가지 의례를 행하는 것은 이방신이 지배하는 곳으로 향하는 일이 얼마나 위험한 것인가를 당시 사람들이 느끼고 있었기 때문일 것이다. 사람들은 고향에서는 산토신(産土神)에게 보호받고, 다른 신들과도 일단은 친밀한 관계에 있다. 하지만 한 걸음 그 땅을 벗어나면 이방의 신과 사악한 혼령에 둘러싸여, 여러 위험에 직면하게 된다. 또 거기에는 어떠한 저주가 걸려 있는지를 알 수가 없다. 고대인이 이방신이 지배하는 땅으로 향하는 일을 얼마나 두려워하고 있었는지는, 일본의 『만엽집』 가운데 기려(羈旅)의 노래를 읽어보면 금방 알 수가 있다. 험한 고갯길이나 거친 파도가 일어나는 해상의 요충지에는 폐(幣, 폐백)를 올리고 주술가를 노래하여 무사를 빌었다. "스호노구니에 있는 이와구니야마를 넘는 날은 신에게 잘 봉헌을 하라. 험한 길이므로"(만엽집 4-567)[48]라든가, "풀빛을 뽐내는 아름다운 나라의 도읍 하늘을 가로지르며 뭉실뭉실 일어나는 흰 구름, 저 흰 구름은 아무리 보아도 질리지가 않네"(만엽집 15-3602)[49] 등 그 예가 많다. 후자의 노래는 바다의 험난한 곳에 이르렀을 때, 불렀던 옛 시가로서, 주술가에 사용되었던 것이다. 집을 지키는 사람들도 "길 떠나는 당신이 부디 무사하시길, 나의 침상 곁에 신주 병을 두고서 기도하리니"(만엽집 17-3927)[50]라는 식이었다. 그 밖에 풀 따기나 갖가지 액막이를 하여 무사를 기원했다.

중국의 고대에도 마찬가지 습속이 있었다. 『시경』 주남 「권이(卷耳)」에는 "도꼬마리를 캐고 또 캐도 납작한 바구니에 차지 않네. 아! 내 님을 그리워하여 저 큰길가에 두노라(采采卷耳, 不盈頃筐. 嗟我懷人, 寘彼周行)"라고 노래했다. 뜯은 풀을 광주리에 담아 이것을 길 떠나는 사람의 길가에 두

는 것은 먼 길 가는 사람을 위해 행하는 혼 흔들기(魂振り, 다마후리)의 의식이다. 일본에서도 "나나와 쪽으로 사람들이 가버려서 뒤에 남아 봄풀을 뜯는 여성을 보면 가련하여라"(만엽집 8 - 1442)[51]라고 하는 노래가 있다. 「권이」제2장과 제3장에서는 먼 길 가는 사람이 말을 타고 험한 산에 올라, 높은 곳에서 술을 마시는 광경을 노래했다. 두말할 것 없이 혼 흔들기로서의 望(망)의 의례이다.

고갯길이나 해상이 아니라도 길은 두려웠다. 만일 저주가 걸려 있다면 반드시 그 재앙을 입게 된다. 그 때문에 도로에는 이를 막는 갖가지 주금을 가할 필요가 있다. 道(도)는 그 자형 그대로 머리를 묻어 수불(修祓)을 행한 길이다. 금문의 자형에서는 首(수, 머리)를 손에 들고 있는 형태로 적었다. 전투를 위한 선도(先導)를 의미하는 용법인데, 혹은 실제로 首(수)를 들고 주금(呪禁)을 하면서 행군했는지도 모른다. 이방신에 대한 행위이므로, 아마도 이민족의 머리를 들고서 갔을 것이다.[52]

이민족의 머리를 경계 지점에 묻어 두는 일도, 주금으로서 유효했다. 특히 그 족장의 머리라면 효과가 매우 컸다. 춘추시대 산서성 동남의 노안(潞安) 지구에 옛날부터 살았던 적(狄) 계통의 장적(長狄)이라는 종족이 있어, 중원의 여러 나라를 위협하고 있었다. 장적교여(長狄僑如)는 마침내 노나라에 붙잡혀서 그 머리가 노나라 성문인 자구(子駒)의 문에 묻히고, 또 장적연사(長狄緣斯)의 아우 영여(榮如)는 제나라에 붙잡혀서 그 머리가 주수(周首)의 북문에 묻혔다. 성문은 대나방책(大儺旁磔) 같은 제사풍속을 행하는 곳인데, 지하에도 사람 희생물을 묻어서 주금으로 삼았던 것이다. 절의 산문에 여러 부처를 맞아들여 악령의 침입을 막는 것과 같은 사고방식이다.

외부로 통하는 모든 출입구는 특히 엄중하게 경계할 필요가 있었다. 그래서 은나라 능묘의 묘문에도 다수의 순장이 행해졌다. 종묘에는 대개 문마다 4인, 정문 옆에는 무녀라고 여겨지는 무릎 꿇은 자세의 여자 2인, 조금 떨어져 창을 지닌 무인을 배치했다. 그런데 묘문의 순장에는 대단히 이상한 것이 있다. 머리와 시체를 각각 따로 하여 각각 한 구덩이에 10개씩 나란히 묻어둔 것이 있는데, 그 수는 전부 합해서 대략 2천에 달한다. 머리만 잘라 매장한 점으로 보아, 이것은 주금(呪禁)을 위한 것임이 분명하다. 매장 방식이나 매장 수로 보건대, 아마도 이민족의 희생일 것이다. 개 희생을 사용한 것과 같은 의미의 희생이다.

갑골복사에 의하면 은나라 사람은 강족(羌族)을 제사 희생으로 사용한 경우가 꽤 많아, 50명이나 100명, 때로는 300명을 희생으로 죽인 일도 있다. 이러한 대량의 인간 희생은 아마도 이렇게 머리만을 잘라 장사 지내는 데 사용했을 것이다. 희생의 법으로서 '벌강(伐羌)'이라고 적혀 있는 것이 많은데, 伐(벌)(사진 22·1)은 사람을 과(戈)에 걸어서 그 머리를 자르는 형태의 글자이다. 羌(강)(사진 21·중)은 강족이다. 뒷머리에 변발 형태를 더한 자형이 많은 것으로 보아, 지금의 티베트족에 해

사진 10_금문 극종(克鐘) 전반.
서주 후기의 극종. 종의 앞면과 뒷면에 4분하여 수록한 명(銘)의 전반. "경동(涇東)을 通(율, 바로잡음)하여 경사(京師)에 이르라"라고 명하고, "극(克)에 전거마(甸車馬)를 하사한다"라고 기록했다

당하는 듯하다. 후대에도 문을 지키는 혼인(閽人)에 노예를 사용하는 습관이 있는 것은 이민족을 문의 기초 다지기에 사용했던 유풍의 일종이라고 생각할 수 있다.

문의 주금(呪禁)과 관련하여, 京(경, 서울)(사진 10 좌·1 끝) 글자에 대해 언급해보겠다. 京(경)은 京師(경사, 도읍)를 나타내는 글자로 간주되고 있다.[53] 얼핏 보면, 높은 누문의 형태와 같다. 금문의 자형에서는 아치 형태의 누문이지만, 성문은 아니다. 갑골복사에는 의경(義京)이나 경경(磬京)이라 부르는 것이 있어, 거기서는 강족 3인 및 그 밖의 짐승을 희생으로 죽이는 의례를 행했다. 경경에서는 강족 30인을 죽이는 일을 점복하기도 했다. 의경의 義(의, 옳다)는 아마도 我(아, 나)와 동음으로 군문(軍門)을 가리키는 듯하다. 희생물을 죽이는 방법을 宜(의, 마땅)라고 불렀는데, 宜(사진 25·1-2)는 본래 군대 행진 때 올리는 군사에 관한 제사 이름이다. 또한 의경의 제사를 점복한 글의 마지막에, 左(좌)·中(중)·右(우) 등의 글자를 더했는데, 이것은 은나라 삼군(三軍)의 이름이다. 그렇다면 이 갑골복사들은 전쟁 때 군대의 출병에 임하여 행한 의례를 기록한 것인 듯하다.

『좌전』(선공 12년)을 보면, 진(晉)나라와 초나라가 전투하여 초나라가 대승을 거두었다. 신하 가운데 어떤 사람이 초자(楚子, 초나라 군주)에게 진나라가 전장에 버리고 간 시체들을 거두어 경관(京觀)을 만들라고 권했으나, 초자는 武(무)란 戈(과)를 가지고 暴(폭)을 그치게(止)하는 자형이며, 무위(武威)를 과시하려고 경관을 만드는 일은 참된 무(武)의 길에 부합하지 않는다고 대답했다. 이 이야기에서도 알 수 있듯이, 京(경)은 이민족이나 적의 시체를 가지고 쌓은 개선문이며, 따라서 은나라에서는 그것을 군사(軍社)로 삼았던 것이다. 自(퇴)(사진 10 좌·2-1)는 師(사)·軍(군) 및 그 주둔지를 의미하며, 경사(京師)란 군의 기지를 말한다. 버려진 적의 시체를 모아 경관(京觀)을 구축한 것은, 이민족의 머리만을 잘라 묻는 것과 같은 관념에 의한 것이리라. 京(경)이란 그 경관의 상형자이다.

도로의 주금(呪禁)이나 수불(修祓)에는 이렇게 인간 희생을 사용했을 뿐만 아니라 주술적인 방법도 취했다. 도(道)에 대하여 가해진 저주를 제거하는 일을 제도(除道)라고 한다. 除(제, 덜다)는 또한 途(도, 길)와 비슷한 구조의 글자이다. 그 기본형은 余(여)인데, 余(4장 표제지 7-9)는 옛날에는 수로 적었다.[54] 커다란 바늘, 즉 상부에 A형의 손잡이가 있는 辛

(신)이다. 이것은 치료에도 사용했으므로, 이것을 가지고 농혈을 제거하는 일을 癒(유, 병이 낫다)라고 했다. 그 처음 글자 兪(유, 대답하다)는 상형으로 표시되는 盤(반, 소반)에 수를 가지고 농혈을 쏟아 붇는 형태이다. 수는 또 저주에 사용했다. 일본에서는 우시노코쿠마이리(丑刻詣)라는 오래된 습속[55]이 있어서, 목우에 못(釘)을 때려 박아 저주를 행했다. 중국에도 여러 가지 주술법이 있었다. 기도의 글을 수납한 그릇인 ㅂ에 余(여)를 가한 것이 舍(사, 집)(사진 16·5-6)로, 버릴 捨(사)의 초문이다. 더 큰 침을 가하는 것은 害(해, 해하다)(권두 사진 6-13)이다. 둘 다 그 주술능력을 해친다는 의미이다.[56] 갑골복문에는 趾(지, 발)에 余(여)를 가한 형태의 글자가 있다. 그 행동력을 억제하는 유감(類感)주술로 보인다. 그런 유감주술을 가한 것이 도(途)이다. 악령의 출입을 막는 두색(杜塞, 막음)을 가한 도(途)라는 의미이다. 신이 척강(陟降, 오르내림)하는 성지에 이것을 가하는 것은 지하의 사악한 영을 떨쳐버리는 의미로, 이것을 除(제)라고 한다. 이렇게, 除道(제도)란 도로에 걸린 저주를 정화한 것을 말한다.

『만엽집』의 기려(羈旅) 노래에는 가인(家人, 아내)이 재계할 집(齋戶, 이와이도)을 설치하고, 폐백(幣, 누사)을 바치며, 치마(裳,

모스소)에 삼줄(白죕, 시라가)을 걸치고, 나뭇가지나 풀로 금줄
(占繩, 시메나와)을 묶으며 풀 따기를 하는 등, 부드러운 행사
가 많다. 중국의『시경』에도 이와 비슷한 주술적인 습속이
풍부하게 나타난다. 다만, 문자구조를 보면 당시 습속의
상당히 원시적인 특성을 엿볼 수가 있다. 특히 이민족 신
과 직접 상대하는 경계에서 행한 저주는 한층 엄중한 면
이 있었다.

경계의 저주

그리스 신화에 나오는 신들은 인간과 마찬가지로 감정
을 지니고 인간과 같은 행동을 한다. 애증의 감정도 지녔
으며, 특히 투쟁심이 강했던 듯하다. 신들의 투쟁은 각각
의 신을 받드는 종족 사이의 투쟁을 신화적으로 반영한
것이라고 간주된다. 상이한 신앙을 지닌 인간은, 사상이
서로 다른 인간과 마찬가지로, 싸우지 않고는 배기지 못
했던 모양이다.

그 때문에 이민족의 신과 접촉하는 경계에는 엄중한 주
금을 가했다. 한자가 성립한 고대문화권에서는 참수제효
(斬首祭梟)라는 머리 제사의 주술적 의례를 행했다. 앞서 말

한 문의 기지(基址)의 주금과 단수장(斷首葬, 머리만 잘라 묻음) 등
은 그 한 형식이었다고 생각된다.

변경의 邊(변)을 일본에서는 辺으로 쓰지만 본자는 邊(4장
표제지 6-2)이다. 이 글자는 구조가 복잡하기 때문에 그 의미
를 알려면 글자의 요소 부분을 분석하여 같은 계열 문자
들과 대조하며 생각해나가야 한다. 우선, 自(자, 스스로)(사진 5·
3-4)가 코 비(鼻)란 점은 의문이 없다. 그것은 『설문해자』에
도 나타나는 해석이다. 코 鼻(비)라고 해도 이것은 콧구멍
이 위로 향한 해골의 코이다. 그 아래에는 H형의 부분이
있는데, 이것은 대좌의 형태로 보인다. 또 그 아래에 方
(방)이 있다. 方(방)은 『설문해자』에 舟(주, 배)의 형태로 풀었
으나, 갑골복사에서는 이민족의 나라를 가리킨다. 그것도
문화 정도가 낮은 주변부의 교화되지 않은 이민족이다.
갑골복사에서는 苦方(고방)(사진 24·3), 토방(土方), 강방(羌方) 등
왕조의 지배에 복속하지 않은 이민족을 방이라고 불렀다.

方(2장 표제지)은 시체를 걸쳐 둔 형태이다. 변경의 땅에서
는 그 경계에 시체를 걸쳐 두어서 악령을 겁주었다. 方이
이렇게 시체를 걸어둔 형태라는 사실은 放(방, 놓다)이나 徼
(요, 돌다)의 글자를 통해서도 생각할 수 있다. 또 앞서 서술

한, 미녀(媚女)를 죽인다는 뜻의 薎(멸)의 한 글자체가 아랫부분을 方으로 하고 있는 형태라는 사실로부터도 알 수 있다. 邊(변)은 方(방)에 머리를 붙여 대좌 위에 올려, 이것을 교통 요소에 두는 형태일 것이다. 또 衛(위, 지키다)의 한 글자체(사진 11·4-1)에도

사진 11 금문 갑골문 왕(往)과 위(衛). "사(師)가 가서 위(衛, 지킴)함에, 허물이 없을까"

韋(위)의 아랫부분을 方으로 쓴 것이 있다. 衛(위)는 韋(위)·違(위)·圍(위) 등의 글자를 통해 생각할 수 있듯이, 邑(읍, 고을)을 나타내는 口의 위아래를 순찰하는 止(止)의 형태를 더한 것으로, 위쪽은 좌향, 아래쪽은 우향의 止를 더했다. 邑(읍)을 보위(保衛)한다는 뜻이다.[57] 상하의 방향이 다르므르 違(위, 어긋나다)가 되고, 포위의 형태도 이것과 같으므로 圍(위, 에워싸다)가 된다. 衛(위)는 行(행)과 韋(위)로 이루어진 글자인데, 아랫부분을 方으로 바꾸어 둔 형태가 있는 것은, 邑(읍)으로 가는 통로에 이민족 머리를 두고 주금(呪禁)으로 삼는다는 뜻을 표시한 것이라고 풀이할 수 있다. 그것은 이민족 신이 침입하는 것을 막는 일이며, 방해하는 일이

었다. 防(방)과 妨(방)은 둘 다 方을 따르고 있으므로(方을 구성

부로 하고 있으므로), 方과 의미상의 관련도 있는 듯하다. 그 시

체를 때리는 의례를 放(방)이라고 한다. 방축(放逐)의 모의

의례이다. 方이 시체를 걸친 형태라는 사실은 이 글자들

의 문자구조를 통해서 알 수가 있다.

변경의 경(境)은 형성자로 보이며, 본래 글자는 徼(요)였

을 것이다. 변새 바깥으로 통하는 것을 徼(요)라고 한다.

徼(요)는 敫(교)를 요소로 하는 글자인데, 敫(교)는 放(방)과 비

교할 때 方 위에 白(백)을 더하고 있으며, 邊(변)과 그 자형

이 가깝다. 白(사진 20·1-1)은 해골의 상형자로, 백골로 화

한 것을 白이라고 한다. 패자(霸者)를 伯(패)라고 하는 경우

가 있는데, 覇(패, 으뜸)는 雨(우) 아래에 革(혁)을 적는 것이 초

형으로, 비바람에 노출되어 표백(漂白)된 짐승 시체를 말한

다. 月(월)을 더한 것은 그 글자가 뒷날 月光(월광)이라는 말

이 되었기 때문이다. 서주 시기의 금문에서는 달빛이 차

기 시작하는 것을 기생패(既生覇)라 하고, 이지러지기 시작

하는 것을 기사패(既死覇)라고 했다. 白이 두골의 형태라고

한다면, 敫(교)는 放(방)과 거의 같은 입의(立意)의 글자라고

말할 수 있다. [58]

放(방)은 시체를 때려서 방축하는 의미를 나타낸다. 敫
(교)도 같은 자형으로, 둘 다 변새 밖으로 통하는 변경의 주
금(呪禁)이다. 해골은 흰색이므로, 그 색을 皦(교, 옥석의 흰 빛)
라고 한다. 이미 白이 포함되어 있는 敫(요)에 다시 白을 더
해서 皦白(교백)의 뜻으로 삼았다. 그것은 腦(뇌)를 상실하여
공허한 것이다. 그러므로 구멍 竅(규)라고 말한다. 뇌를 상
실한 해골을 때리는 것은 악령을 불러낸다는 의미가 있었
던 것이 아닐까. 邀(요)는 '맞이하다'로 풀이하는 글자이다.
때린다고 하는 것은 또한 혼령을 격(激)하여, 그 주술력을
발휘하게 하는 일이기도 했다. 뒷날 그러한 목적의 문서
를 격(檄)이라고 불렀다. 교(敫)를 따르는 글자들은, 이와 같
이 하나의 의미로 관통되어 있는 듯하다.

이러한 공격적인 성격을 지닌 방법과 함께 방어적인 방
법도 많이 행했다. 京(경)(사진 10 좌·1 끝)처럼, 적의 시체를 모
아 축조한 군문은 본래 방어적인 것이었다. 경도의 도(都)
도 또한 방어를 위해 주금을 가한 담 垣(원)을 가리킨다. 都
(도, 도읍)는 者(자)와 邑(읍)으로 이루어진 글자로, 형성자로 간
주되지만 者(자)는 주금의 의미를 포함하고 있는 듯하다.
者(사진 16·6-3)의 아랫부분에 있는 ㅂ는 주금의 주술을 넣

어두는 그릇의 형태이다. 曰(왈, 말하기를)(4장 표제지 1-12)의 금문 자형에는 그 윗부분의 덮개를 조금 열어둔 형태로 적은 것이 있다. 그것은 주술을 본다는 뜻으로 閱(열, 보다)의 의미를 지니며, 주문을 읽는 것을 말한다. 그래서 '曰(왈)하길'(가라사대)의 뜻으로 된다. 본래는 신에게 바친 신성한 말을 뜻한다.[59] 者(자)는 그 위쪽을 나뭇가지 등으로 씌우고 흙을 덮어 그것을 감추어둔 형태이다. 차폐(遮蔽)의 의미가 있다.[60] 書(서, 글)(사진 14·4-8)는 이것에 聿(율, 붓) 곧 筆(필, 붓)을 더한 것으로, 그 문서를 의미했다. 본래 사람 모르게 신에게 기도하는 주문이라는 말이었다. 『서경』「금등(金縢)」편에 의하면, 주공(周公)은 형 무왕(武王)의 병이 위독하자, 자신이 대신하게 해달라고 기도한 '주문'을 금속 자물쇠로 폐쇄한 상자, 즉 금등에 넣어 두었다. 신에게 기도하고 맹세하는 말은 남에게 새어나가면 효력을 잃어버리게 된다고 여겼던 것이다.

者(자)는 또한 堵(도)의 초문(初文)이다. 堵(도)는 흙으로 쌓은 담인데, 그 담에는 몰래 저주가 걸려 있어서, 문서로 도배되어 있었다. 이민족의 희생을 도성이나 궁묘의 요소에 사용하듯이, 거기에는 주금을 걸어두었다. 그리고 그러한 성벽으로 지키는 것이 都(도)였다.

변경은 또한 塞(새, 변방)라고도 일컬어진다. 塞(새)도 주금을 가한 곳을 뜻하는 글자이다. 그 방법은 주술도구를 도로의 요충지에 塡塞(전색)하여 악령이 통할 수 없도록 만든다. 주술도구는 工(공) 형태의 것으로, 이것은 무축(巫祝)이 기도에 사용하는 것이다. 본래의 자형은 사당 안에 珏(전, 펴다)을 더하고 아래에 두 손을 곁들이는 형태로 적어, 주술도구를 그 장소에 우겨넣는 뜻을 나타냈다. 工(사진 16·6-10)이 주술도구라는 사실은 左右(좌우)(사진 16·11-11, 여기의 左는 이체자로 㞢을 따르고 있다)의 글자가 手(又, 뒷날 𠂇)에 각각 工과 ㅂ를 지닌 형태라는 점을 봐도 알 수 있다.[61] 右는 ㅂ 즉 주술을 지닌 뜻이다. 오른쪽에 주술의 축고(祝告)를 들고 낭송하고 왼손에 주술도구 工을 지녔다. 그것은 혼령이 있는지를 물어 기원하는 행위였다.[62] 좌우의 글자를 상하로 조합하면 尋(심, 찾다)이 된다. 옛날 혼령의 소재를 구하는 祊(팽)이라 부르는 제사가 있었는데, 尋(심)은 주술도구를 지니고 혼령의 소재를 묻는다는 뜻이었다. 工도 ㅂ도 주술도구로 사용했다.[63] 그러므로 사람의 기식이 끊어지면 衣(의)의 옷깃에 ㅂ를 더하여 애고(哀告)하고, 珏(전)을 나란히 두어 악령이 빙의하는 것을 막았다. 그것을 展(전)이라고 했다. 工과 ⊔를 조합하여 옷깃에 더한 글자가 襄(양)으로, 푸닥거리할 禳(양)이란 글자의 초문이다. 이 사실들을 바탕으로 추론하면, 塞(새)란 변경으로 가는 통로에 사당을 설치하고 주술도구 㠱(전)을 두고서 악령을 두색(杜塞)하는 것이다. 두색의 두(杜)는 나무 이름이므로, 본래는 도색(堵塞)의 의미였을 것이다.

참수제효라는 머리 제사의 풍속은 동남아시아에서 태평양 제도에 걸쳐 미개 사회에 상당히 오랫동안 남아 있었다. 그 풍속은 중국의 고대에도 있었다. 가장 간단한 방법은 나무에 머리를 매다는 방법이었다. 그것을 縣(현)이라고 했다. 縣(현)의 좌측은 머리를 거꾸로 한 형태이고, 縣(현)은 그것을 系(사, 실)에 걸친 형태이다. 옛날 글자에는 곁에 나무 木이 첨부되어 있었다. 마을 어귀나 추장 집의 문에 해골을 모셔둔 선반을 두는 습속은 고대 중국의 능묘나 성문에 머리를 매장한 습속과 본질적으로 다르지 않다. 그러한 습속은 각각의 종족으로서는 모두 유래가 있는 일이었다. 그것은 신화적 전승에 뿌리를 둔 일로 간주되었던 것이다.

사흉 방찬

경계나 변새에 주금(呪禁)을 가하는 일의 근거는 왕조의 체제에서는 신화의 형태로 표현되었다. 사흉(四凶) 방찬(放竄)의 신화가 그것이다.

『서경』의 「요전(堯典)」은, 이 장 처음에 서술했듯이, 갖가지 신화를 정치적인 치적의 형태로 이야기하고 있다. 「요전」의 후반은 지금은 「순전(舜典)」이라는 하나의 편으로 되었는데, 거기에는 요 임금의 최후의 치적으로, 요 임금이 사방을 순시하여 전형(典刑, 형법)을 제정한 뒤 사흉을 땅 끝까지 추방한 이야기를 기록해두었다. "공공을 유주로 유배하고 환도를 숭산으로 추방하고 삼묘를 삼위에 위리안치하고 곤을 우산에 구치하여 네 흉인을 처벌하니, 천하가 모두 복종했다(流共工于幽洲, 放驩兜于崇山, 竄三苗于三危, 殛鯀于羽山, 四罪而天下咸服)"라는 서술은 고대신화에 상당한 변형을 가한 것이지만, 이족 신의 추방을 전형 제정의 기초로 삼는다는 관념은 분명하게 남아 있다.[64]

『좌전』(문공 18년)에는 이 설에 대하여 더 상세한 서술을 해두었다. 옛날 고양 씨(高陽氏)와 고신 씨(高辛氏)에게 각각 여덟 명의 재자(才子)가 있어, 그들을 팔원팔개(八元八愷)라고 불렀다. 질서는 이 현명한 이들에 의해 지켜졌다. 하지만 제홍 씨(帝鴻氏)의 못난 아들 혼돈(渾敦), 소호 씨(少皥氏)의 못난 아들 궁기(窮奇), 전욱 씨(顓頊氏)의 못난 아들 도올(檮杌), 진운 씨(縉雲氏)의 못난 아들 도철(饕餮)이란 자들이 여러 악의 근원을 이루고 질서를 혼란시켰다. 그 때문에 요 임금을 섬기고 있던 순(舜)이 사방을 맑게 하고 재액을 떨어내는 의례를 행하여, 이들을 사예(四裔)에 투신시켜 귀매(魑魅) 등의 악령을 막게 했다고 한다. 혼돈은 다리 여섯에 날개 넷으로 가무를 잘 했고, 궁기는 짐승의 모양이면서 사람의 말을 했으며 사람이 서로 싸울 때는 올바른 쪽을 먹어버렸다. 도철은 소의 몸에 사람의 얼굴로, 이것도 사람을 잡아먹는 괴물이었으며, 도올도 사람의 얼굴에 호랑이 다리를 한 짐승이었다. 모두 암흑의 신들이었다.[65] 중국이 스스로를 중화라 하고 사방을 사해라고 하는 것은, 이 사흉들이 사는 주변을 회명(晦冥)으로 간주하는 신화적 세계상의 반영이다. 『초사』의 「초혼(招魂)」과 「대초(大招)」 두 편은 사자의 혼을 불러내오는 초혼의 노래인데, 그것들은 사방의 땅 끝이 무서운 악령에 의해 지배되고 있다는 사실을 필력을 다하여 묘사했다. 순(舜)이 광명의 신이고 사

사진 12_영이(令彝).
기물의 하복부는 도철문(饕餮文). 나머지는 다른 문양으로 전체가 뒤덮여,
신령스런 기상이 충만하다

흥은 암흑의 신들이었다. 페르시아 신화는 광명신과 암흑신의 투쟁이라는 이원적 세계의 형태로 구상되는데, 중국의 신화는 암흑신의 추방이라는 형태를 취하고 있다. 이민족에 대한 승리는 신화에서는 종종 이런 형태를 취한다.

추방의 형식으로서 류(流), 방(放), 찬(竄), 극(殛)이 거론되었다. 류(流)는 자식을 물에 흘려보내는 형태의 글자이다. 즉, 류(流)는 갓 태어난 아들을 거꾸로 든 형태로, 이를 물에 던져서 버린다는 뜻을 보여준다. 棄(기, 버리다)도 글자 윗부분의 厶(돌)은 태어난 아이의 모습이다. 棄(기)는 厶(돌)을 손 자루 달린 箕(기)에 넣어서 버리는 뜻의 글자이다. 옛날에는 초생아를 버리는 습속이 있었다. 강원(姜嫄)이 거인의 발자국을 밟아서 태어났다고 하는 감생제설화(感生帝說話)를 전하는 주나라 시조전설에서는 그 낳은 아이에게 棄(기)라고 이름을 붙였는데, 그 아이는 한 번이 아니라 여러 번 투기(投棄)되었다고 한다. 또 일본신화에서도 남신 이자나기(伊耶那岐)와 여신 이자나미(伊耶那美)가 초생아 히루코(水蛭子)를 갈대배(葦舟, 아시부네)에 태워 흘려보내어 버렸다. 초생아를 유기하는 일은 종교적으로 깊은 의미가 있는 일이었던 듯하다. 아마도 원시법의 문제와 관련된 면이 있을 것이다. 그 점에 대해서는 뒤에 다시 언급하겠다.

放(방)에 대해서는 이미 설명했다. 그것은 참수제효 풍속의 한 형태일 것이라고 생각한다. 뒷날 이것은 국외 추방이라는 형식을 취하게 되었다. 난폭한 신 스사노오노미코토(須佐之男命)가 지구라도(千倉戶)를 등에 지고 추방되는 서사물은 일본에도 있다. 그리스의 폴리스 국가에서도 살인자는 형벌을 가한다는 의미보다 신에 대한 불결을 떨쳐버린다는 의미에서 추방되었다. 중국의 신화에서는 추방된자가 사예에서 악령을 수호한다고 하는 보다 적극적인 역할을 떠맡고 있다.

竄(찬, 숨다)은 『사기』에서는 遷(천), 『설문해자』에서는 㲋로 적혀 있다. 遷(천, 옮기다)은 䙴(천)을 요소로 하는 글자인데, 䙴(천)은 시체를 두 손으로 옮기고(䙴) 있는 형태를 나타낸다. 신령을 옮기는 것을 천좌(遷座)라고 하듯이, 신령 있는 곳을 옮긴다는 것이 글자의 본래 뜻이었다. 『설문해자』에서는 『서경』의 글을 인용하여 㲋로 적고, '塞(색)이다'라고 해설했다. 塞(색)은 이미 말했듯이, 사악한 신령을 압박하여 그 통로를 끊는다는 뜻이다. 㲋의 아랫부분은 본래殺(살, 죽이다)의 글자이다. 그것은 신전에서 祟(수, 빌미)(1장 표제

지 좌·3-6)를 가져오는 저주혼령을 때려서 사악한 신을 꾸짖는 의례를 나타내는 글자이다. 악신을 추방하는 상징적인 주술로서 행했을 것이다. 『맹자』에도 이 문장을 인용하되, 글자를 殺로 만들었다. 戫과 殺은 같은 형식의 의례였다고 생각해도 좋다.

殛(극, 죽이다)은 시신 뼈의 잔해와 亟(극)으로 이루어져 있다. 亟(권두사진 18-12)은, 局(국)이 굴지장(屈肢葬)을 나타내는 글자이듯이, 밀어 넣는다는 뜻을 지닌 글자이다. 상하 두 極(극)의 사이에 등을 구부려 사람을 밀어 넣고 그 앞에 저주를 나타내는 ㅂ를 더하고, 뒤에서 손 手를 가하고 있다. 구체적으로 어떤 의례였는지는 알 수 없으나, 본래 '죽인다'는 뜻은 아닌 듯하다. 『초사』 「천문(天問)」편에는 고대의 신화가 풍부하게 노래되고 있는데, 사흉의 하나인 곤(鯀)의 일을 서술해서, "영구히 우산에 감금되니, 어찌하여 삼년이나 사형을 청하지 않았는가?(永遏在羽山, 夫何三年不施?)"라는 구절이 있다. 악신을 거기에 밀어 넣어둔다고 하는 것에, 塞(색)과 마찬가지로 주금(呪禁)의 의미가 있었던 것이리라.[66]

이민족을 희생으로 삼고 동물혼령을 때리며 갖가지 저

주물을 이용하여 주금을 행하는 것은 그 배후에 애니미즘적인 세계관이나 정령의 관념이 있음을 드러낸다. 은나라 왕의 장대한 능묘 유적지로부터 그러한 관념들을 보여주는 갖가지 사실이 전해지며, 원시의 잔영이 여전히 풍부하게 존재한다는 것이 확인되었다. 그것은 또 당시의 문자 형상 속에 분명하게 그 족적을 남기고 있는 것이다.

갑골문 복순(卜旬)

제3장
신성 왕조의 구조

살해되는 왕

　지하 피라미드라고 일컬어지는 거대한 은나라 능묘의 유구를 보는 사람들이라면 거기에 잠들어 있는 은나라 왕이 절대 권력을 지니고 신성 왕조에 군림하고 있던 모습을 상상할 수가 있다. 현실(玄室) 한 가득 들어차 있는 부장 명기의 유품, 성대한 복장 그대로 왕의 주위에 잠자는 수많은 순장자, 능묘로 이르는 통로와 그 양측은, 때로는 수백에 달하는 단수장(斷首葬)으로 보호되고 있다. 거마갱(車馬坑)에는 생전 그대로 거마의 장식이 어자(御者)와 함께 매장되어 있다. 아마도 생전의 왕의 생활을 지하에 재현한 것인 듯하다.

　확실히 은나라 왕의 권위는 절대적이었다. 또 왕은 가장 신성한 존재로, 모든 제사 및 의례는 그 신성성을 보존하고 증명하기 위한 것이었다고 해도 과언이 아니다. 왕의 행위는 늘 정인(貞人)이 점복을 해서 신의 뜻을 물었다. 전쟁이나 수렵 등 위험이 수반되는 때는 물론, 평시의 출행 때도 "장래 災(재, 재앙)가 없을까?"라고 점복을 행했다. 왕이 행동하는 공간은, 늘 정복(貞卜)에 의해 정화되었다. 공간만이 아니라 시간도 수불(修祓)의 대상이었다. 旬(순, 열

홀) 끝에 다음 一旬(일순)의 길흉을 점치는 복순(卜旬)은 갑골문의 다섯 시기 내내 반드시 행했다. 밤은 정령이 활약하는 때이다. 그래서 저녁마다 "今夕(금석, 오늘밤), 尤(우, 허물)가 없을까"라는 점복을 했다. 또 군사 행동 중에는 "王(왕)을 복(卜)한다"라는 점복을 동시에 10회나 반복했다. 이것들은 점복이라고는 해도 대답을 요구한 것이 아니라 의례에 가까운 것이었다. 정복(貞卜)의 형식을 빌린 혼 흔들기의 의례로 보아도 좋다. 일본에서는 왕조시대에 달마다 천자의 초혼을 행하고, 또 날마다 초혼의 의례를 행했다. 갑골복사에서, 복순(卜旬), 복석(卜夕), 복왕(卜王)이 그러한 성질의 것이었다. 그것은 시간의 수불(修祓)이었다고 할 수 있다. 왕은 장소든 시간이든 늘 수불로 보호되었던 것이다.

하지만 왕을 신성하다고 여기는 것은 반드시 그 권력 때문만은 아니다. 권력은 신성성의 결과로서 나온 것이다. 왕의 신성성은 왕이 신과 인간의 매개자로서 둘 사이의 통로였던 점에 근거하고 있다. 『설문해자』는 王의 자형을, 천지인(天地人) 삼재(三才)[67]를 관통한다는 뜻을 표시하는 것으로 보았다. 한나라 때 통용된 천인합일의 사상, 왕을 천지의 질서자라고 보는 생각이 이 해석의 근거에 있다. 하지만 王(사진 4 좌·중앙)의 초형은 鉞(월, 도끼)이며, 위아래 3획의 자형으로 되어 있긴 해도, 위의 2획은 아래의 1획과 떨어뜨려 적었다. 『설문해자』의 해설은 자형 해석으로서는 잘못되었다. 하지만 전통적인 왕의 관념을 드러낸다는 점에서는 올바르다. 왕은 자연의 질서를 인간생활에 부합시키기 위해 신을 섬기는 자로서 선발되었다. 원시사회에서는 왕은 흔히 산허리의 작은 집에서 고독한 생활을 하며, 신에게 계속 기도를 했다. 만일 자연이 그 질서를 상실하여 대한(大旱)이나 장마가 이어지면, 신의에 부합하지 않는다는 이유로 살해되거나 추방되었다. 프레이저(James George Frazer)의 『금지편(金枝篇)』(제24장)에는 '살해되는 왕'이라는 장이 있어, 여러 사례들을 모아두었다. 왕은 고독한 희생자였다. 요 임금 때 허유(許由)는 천하를 양보해준다는 말을 듣자, 급히 영천(潁川)에서 귀를 씻고 도망쳤다고 한다.

은나라 시조왕으로 간주되는 탕(湯)도 무축 왕이었다. 탕의 재위 때 7년 동안 한발(旱魃, 가뭄)이 계속되었다. 지상에서는 금석도 녹아 흘러, 모든 것이 생기를 잃었다. 탕은 이를 구제하기 위해 머리카락을 자르고 손톱을 깎아 깨끗이 재계한 후 장작더미 위에 앉아 스스로 몸을 태워 비를

상림(桑林)의 사(社)에서 빌려
고 했다. 모든 준비를 마쳤
을 때, 하늘이 갑자기 세찬
비를 내려, 지상은 마침내
소생했다. 상림의 사는 송
나라 성지인데, 탕왕의 일을
기념하여 상림의 무악(舞樂)이
후대에 전한다. 뒷날 그곳에

사진 13. 갑골문 제(帝)와 한(莫).
曰(왈), 商(상), 莫(한), 我(아)의
글자가 보인다

서는 비를 비는 무우(舞雩)나 무도회를 행하기도 했다.

시대가 흐르고 흘러 탕의 자손인 송나라 경공(景公, 기원전 453년) 때, 또 대한이 발생하여 사람들을 괴롭혔다. 이것을 점복했더니, 사람을 희생으로 삼아 기도하라고 했다. 경공은 옛날 정해진 의례대로, 장작을 쌓고 그 위에 앉아 스스로 감당하려고 했는데, 그때 돌연 큰비가 내려서 가뭄을 면했다는 이야기가 『장자』의 일문(佚文)으로 전한다. 장자의 시대와 그리 멀지 않은 때의 이야기이므로, 상당히 확실한 전승일 것이다.

옛날에는 가뭄이나 큰비가 들면 무축 왕 자신의 책임으로 돌려졌으나, 뒷날에는 무축을 희생으로 삼아 기도하는 일로 바뀌었다. 旱(한, 가물다)은 형성자로, 暵(한, 마르다)이나 饉(근, 주리다) 등의 자형에 포함되어 있는 堇(사진 13)이 그 초문이다. 그 자형은 무축이 비를 비는 축문 ㅂ를 머리에 이고 있고, 두 손은 앞으로 교차되어 묶여 있으며, 때때로 아래에 火(화)를 더하여 태워 죽이는 뜻을 표시하는 자형이다. 그 글자가 이미 갑골복문에 나온다는 사실로 미루어, 당시 실제로 교살된 것은 이들 무축이었을 것이다. 『좌전』(희공 21년)이나 『예기』 「단궁(檀弓) 하」에는 가뭄 때문에 무축을 태워 죽이는 이야기가 보인다. 왕은 무축 왕으로서 그 상징적인 의례에 참가했을 것이다. 그리고 그 무축 왕의 전통은 탕의 시대로부터 1천 수백 년 뒤에도 송나라에 여전히 살아 있었던 것이다. 전한 시대의 사상가 동중서(董仲舒)[68]가 지은 『춘추번로(春秋繁露)』 「구우(求雨)」편에도 무축을 태우는 풍속이 보인다. 그 풍속은 뒷날까지 잘 알려져 있었던 것이다.[69]

은나라 때에 왕은 무축 왕이라기보다 오히려 이미 사제자였다. 무축 왕으로서의 성격은 중요한 점복에 대해 왕 스스로가 점단을 내린다는 사실 속에 여전히 남아 있었다. 안양 능묘 속에 잠자는 은나라 왕은 이미 거대한 권력의 행사자였다. 하지만 그렇더라도 여전히 정치는 신과의 교통을 통해 이루어졌다. 제정일치의 형태를 취하고 있었던 것이다.

제사의 체계

나라의 큰일은 제사와 군사에 있다고 한다. 갑골복사에 나타난 제사에는 자연신에 대한 것도 많지만, 정례적으로 행한 조상제사가 가장 많다. 조상제사는 하나의 체계를 이루어 거행했다. 그것을 오사(五祀)라고 부른다. 즉 肜(융), 翌(익), 祭(제), 裁(재), 劦(협)의 다섯 제사를 일정한 순서로 반복해갔다. 그 조상제사의 체계를 통하여 은 왕조의 계보도 분명하게 밝힐 수가 있다. 그 체계에 의하면 은나라 조상제사는 상갑(上甲)으로부터 시작했다. 그 이전은 선공(先公)이라 부르는 신화적 조상신으로, 이른바 신대(神代)이다. 그 신들은 계보적 관계를 추적할 수가 없다. 또한 다섯 제사 이외에 의사(衣祀)라고 불리는, 직계의 왕만을 받드는 제사가 있었다. 학자들은 오사(五祀)와 의사(衣祀)의 체계를 근거로 은나라 왕의 계보를 복원했다. 그 결과는 『사기』 「은본기(殷本紀)」에 전하는 것과 약간만 다를 뿐이어서

「은본기」의 전승이 대단히 정확함을 입증하게 되었다. 갑골문이 출현하기 이전에는 「은본기」에 기록된 계보가 완전히 전설에 지나지 않는다고 간주되어왔다. 이 사례는 중국 고문헌을 새삼 더욱 신뢰하게 만들었다.

다섯 제사의 순서를 보면, 맨 먼저 肜(융)을 거행한다. 이 제사는 세대의 순서를 따라 십간(十干) 순서에 의해 매 순(旬)마다 아래로 내려갔다. 그래서 은나라 최후의 왕 제신(帝辛), 세상에서 주(紂)라고 부르는 왕의 시대에는 이 제사를 일순(一巡)하는 데 12순이 필요했다는 계산이 나온다.

　　제1순 上甲(상갑), 報乙(보을), 報丙(보병), 報丁(보정),

　　　　　示壬(시임), 示癸(시계)

　　제2순 大乙(대을), 大丁(대정)

　　제3순 大甲(대갑), 外丙(외병), 大庚(대경)

　　제4순 小甲(소갑), 大戊(대무), 雍己(옹기)

　　제5순 中丁(중정), 外壬(외임)

　　제6순 戔甲(잔갑), 祖乙(조을), 祖辛(조신)

　　제7순 羌甲(강갑), 祖丁(조정), 南庚(남경)

　　제8순 陽甲(양갑), 般庚(반경), 小辛(소신)

제9순 小乙(소을), 武丁(무정), 祖己(조기), 祖庚(조경)

제10순 祖甲(조갑), 康丁(강정)

제11순 武乙(무을), 文丁(문정)[帝乙(제을)시대]

제12순 帝乙(제을)[帝辛(제신)시대]

이렇게 제사를 마치는 데 12순을 필요로 했다. 이보다 뒷날 翊(익)을 같은 방법으로 행하고, 이어서 祭(제), 截(재), 劦(협)의 세 제사를 각각 1순 엇갈리게 병행해서 행했다. 제을 시기에는, 융(肜) 제사 11순, 翊(익) 제사 11순, 그리고 제, 재, 협의 세 제사 13순이므로, 다섯 제사를 한 바퀴 도는 데 35순이 필요했다. 별도로 공전(貢典)이라 부르는 제사가 융(肜), 익(翊)과 같은 형식으로 행해졌다.

다섯 제사 가운데 융(肜)·익(翊)·협(劦) 세 제사는 일찌감치 나타나지만, 처음에는 이렇게 정연한 체계를 이루지는 않았던 듯하다. 다섯 제사를 한 바퀴 돌아 마치 한 해에 가까운 기간이 소요될 무렵, 이러한 조상제사 체계가 고안되었을 것이다. 은나라에서는 한 해를 일사(一祀)라고 한다. 다섯 제사가 한 바퀴 돌아가는 데 한 해를 필요로 했기 때문이다. 은나라 말의 제을과 제신 시기에는 왕의 기년(紀年)을 표시할 때 "왕의 三祀(삼사)이다"라는 식으로 말했다. 대우정(大盂鼎)(4장 표제지)의 명문 끝에 "왕의 廿又三祀(닙우삼사, 23사)"라고 표기한 것도 기물을 만든 자가 동방계 사람이기 때문일 것이다. 이 다섯 제사의 체계를 근거로 은나라의 한 시기에 대해 상세한 일보(日譜)를 구성할 수 있다. 동작빈의 『은력보(殷曆譜)』[70]는 그 훌륭한 성과이다.

이러한 제사 체계를 고안한 목적은 무엇이었을까? 그것은 아마도 조상제사의 체계로 한 해를 전부 채우려는 의도였으리라 생각된다. 이런 식으로 은나라 왕은 한 해 동안 끊임없이 조상신령과 교섭하며 조상신령의 보호를 받을 수 있다고 믿었을 것이다. 초기의 갑골복사에는 조상신령의 탈(빌미)을 점복하는 것이 대단히 많았다. 후기가 되면 그러한 내용의 것이 거의 보이지 않고, 조상제사를 정례적으로 거행했다. 조상신령의 관념이 확립되어, 은 왕조는 조상제사의 체계를 통해서 안정된 질서를 유지할 수 있었다.

조상신령의 관념이 확립되고 조상 숭배의 제사가 체계화된 것은 농경사회의 정착이 성립되었기 때문이라고 여겨진다. 조상제사의 체계는 농경사회를 기초로 하는 은

왕조의 번영상을 반영하는 듯하다. 왕조의 질서는 농경의
례 및 제사권의 장악, 조상제사의 확대 등으로 종주권(宗主
權)이 확립되면서 유지되었다. 제사는 정치의 규모에 상응
하여 확대되어나간 것이다.

제사의 사자

정례적으로 행하는 조상제사 말고도 전쟁이나 질병이
있거나 조상신령의 탈이라고 간주되는 재앙이 있을 때에
는 특정한 조상신에게 기도하는 제사를 거행했다. 그때는
告(고, 고하다)라고 하는 주술문을 아뢰었다.

告(고)(권두사진 17)의 자형에 대해『설문해자』는, 소(牛)가 사
람에게 입을 가까이 대고 무언가 호소하려는 모습을 자형
으로 만드는 것이라고 했다. 윗부분을 牛의 자형으로 간주
한 것이다. 혹은 梏(곡, 수갑)의 초문으로, 角(각, 뿔)에 횡목(橫
木)을 대어 위험을 피하는 것으로 보는 설이나, 牛의 코를
꿰뚫어 끼는 비겸(鼻箝, 코뚜레)이라는 설도 있다. 하지만 갑
골복문에서의 글자는 牛에 따르는 형태가 아니다. 삼각형
석제 악기인 磬(경), 북 鼓(고)(5장 표제지 9-1), 남인의 북인 南(남)
(2장 표제지 2) 등이 악기의 윗부분을 나무에 걸어둔 형태를

사진 14_금문 송정(頌鼎). 서주 후기.
임명식의 의례를 상세히 기록했다. 제4행에 中(중), 제5행에 忠(충), 9행에
事(사) 등이 보인다.

나타내고 있듯이, 告(고)의 윗부분도 나뭇가지의 형상이다.

ㅂ는 축문을 넣어두는 그릇이므로, 告의 자형은 신에게
올리는 축고(祝告)를 나무에 매달아 걸어두는 형태이다. 옛
날 일본에서는 아뢰는 글을 나뭇가지에 끼워 올렸는데,
그보다 옛날에는 "요시노의 고운 소나무 가지는 사랑스러
워라. 당신의 마음이 담긴 자상한 말을 듣고서 나에게 보
여주나니(만엽집 2-113)[71]"라 하듯이, 가지에 붙여 올렸다. 이

것은 신에게 축고를 바칠 때의 형식이 남아 있었던 것이라고 생각된다. 告(고)의 자형을 통해 중국에도 옛날 그러한 풍속이 있었음을 알 수가 있다.[72]

은나라 왕실 내부의 제사에 史(사)라고 불리는 존재가 있다. 史(사진 14·5-1)는 축문의 그릇을 가지에 걸쳐 바치는 형상이다. 『설문해자』에서는 이 글자를 '중을 잡는다(執中)'는 일로 보아, 사관이 공정한 기술을 하는 것이라고 풀이했다. 이것은 역사에 대한 중국인의 관념을 잘 보여주는 것으로서 대단히 그럴 듯한 해석이라고 간주되어왔다. 하지만 갑골복문이나 금문에 의해 그 정확한 자형이 알려지면서, 史가 지닌 것은 중정(中正)의 中과는 상이한 형태라는 사실이 판명되었다. 본래 중정 같은 관념은 형태로 표시하기 어렵다. 또 중앙의 中(사진 14·4-1)은 ○을 관통시킨 형태로, 깃발을 표시하는 글자이다. 中자는 글자의 위아래에 천 가닥을 붙이고 있는 형태가 많다. 史는 ○의 부분이 ㅂ의 형태로 되어 있다.[73]

오래된 문헌에 의하면 中에는 글자를 적은 간찰이나 기록을 담는 그릇, 혹은 과녁 맞춘 화살 수를 계산하는 기구로 간주하는 용법이 있었다. 이렇다면 中은 손에 잡을 수 있는 것이 된다. 그래서 왕국유(王國維)나 나이토 고난(內藤湖南)은 이 글자를 간찰 넣는 그릇, 혹은 과녁 맞춘 화살 수 적는 기구로 보는 해석을 내세웠다. 하지만 이것도 이 글자의 본래 용법은 아니다. 갑골복사에서 史(사)는 사제(史祭)라고 부르는 내제(內祭) 즉 왕실 내부의 제사에 사용했던 글자이다. 史(사)는 축사(祝史)·무사(巫史)라는 말이 있듯이, 옛날에는 하급의 신직(神職)이었다. 이것이 역사가로 된 것은 상당히 훗날의 일이다.

史(사)는 본래 왕실 내부의 제사이며, 특정 왕족만 거행했다. 무정(武丁)의 시기에 왕족 복사(王族卜辭), 다자족 복사(多子族卜辭)라고 불리는 일군(一群)의 것이 있어, 양식 면에서도 일반 갑골복사와는 다른 점이 있다. 史(사)는 이 왕족들이 조상신령에 축문으로 고하는 제사였다. 축고(祝告)를 위주로 했으므로, 갑골복사에는 "고사(告史)할까"라고 점복한 것이 있다. 告(고)와 史(사)는 유사한 제의였다. 그리고 글자도, 告는 축고의 그릇을 나뭇가지에 붙인 형상이고, 史는 손으로 바치고 있는 형상이다.

축고는 때로는 외부의 여러 신들에 대하여 행하는 일도 있었다. 그때에는 제사의 사자를 파견했다. "사람을 河(하)

로 심부름 보낼 것인가"라든가 "사람을 岳(악)에 심부름 보낼 것인가"라든가 하는 갑골복사의 예가 있다. 곽말약은 이 복사들이 하신이나 악신에게 인신희생을 사용하는 뜻이라고 보았다. 하지만 인신희생을 사용할 때는 희생 사용의 방법을 말하는 것이 당시의 상례였다. "의경(義京)에 강(羌) 3인을 죽일 것인가"라든가 "사람을 사용할 것인가"라든가 하는 식이었다. 『좌전』(희공 19년)에 송나라 양공(襄公)이 이민족의 군주를 붙잡아서 사(社)의 희생에 사용하고 패업의 성공을 기도한 이야기가 실려 있다.

외부에 나가서 사제(史祭)를 행할 때에는 축문을 묶은 가지가 작아서는 먼 길 여행에 견딜 수 없으므로 커다란 나뭇가지를 사용했다. 史(사)의 윗부분에는 告(고)의 경우와 같은 차지(叉枝)를 걸쳤고, 때로는 그 부분에 천 가닥을 붙이기도 했다. 그 글자가 使(사)(사진 16·2-9)이며, 事(사)이다. 使와 事는 본래 같은 글자였다. 使(사)는 제사의 사자, 事(사)도 제사의 의미가 있다. 『좌전』에는 "대묘에 事가 있다"라든가 "大事(대사)가 있다"라든가 하는 식으로 말했다. 事는 또 '섬긴다'라고도 읽는 글자이다. '섬긴다'와 '심부름 보낸다'라는 말은, 일본어에서는 언어상으로 같은 어원의 말들이다.

告(고)·史(사)·事(사)의 자형의 의미를 확인하기 위해, 某
(모)의 자형에 대해 언급하고자 한다. 『설문해자』에서는 某
(모)를 梅(매, 매화)의 고문(古文)이라고 했다. 그래서 윗부분의
甘(감)을 梅(매)의 열매 형태로 풀이하든가, 혹은 매실의 맛
을 달다고 풀이하기도 했다. 옛날과 지금이 다르다고 해
도 매실이 달 리 없다. 甘(감)은 달다는 것과는 관계가 없
고, 물품을 끼워 넣는 형상의 글자이다. 某(모)는 본래 甘
(감)을 따르는 글자가 아니다. 금문의 자형에 의하면 甘(감)
의 부분은 日(왈)로 되어 있다. 축문을 넣어두는 그릇 형태
로, ㅂ 속에 축문을 넣어, 이것을 나무 위에 붙여서 신에
게 바치는 것이 某(모)였다. 告(고)나 史(사)가 축문을 바쳐서
기도하는 것이듯이, 某도 신에게 기도를 꾀한다는(謀) 의
미이다. 그래서 그 글자를 꾀할 謀(모)의 초문이라고 보아
도 좋다.

사진 15는 주나라 초 성인으로 간주된 주공과 그 아들
백금(伯禽)이 성왕(成王)의 친정(親征)에 임하여 축고를 행해
서, 백금이 금 백간(百㼌)을 하사받은 사실을 기록한 금궤
(禽殷)라 부르는 금문이다. "주공이 某(모, 꾀하다)하고 禽(금)이

기도한다"(1-2행)라고 기록되어 있는 내용은 주공 부자가 전승의 축고를 행한 사실을 말한다. 이렇게 신의 뜻을 謀(모, 살피다)하여, 신의 계시에 의하여 일을 진행한다. 禖(매, 매제)와 媒(매, 중매) 등은 본래 신의 계시에 의해서 혹은 신의 매개에 의해서 행하는 것을 표시하는 글자들이다.

사진 15_금문 금궤(禽殷). 서주 전기. 주공(周公)과 그 아들 백금(伯禽)의 이름이 보인다.

왕의 사자(使者)가 축고를 받들고 제사 지역으로 향할 때, 그 받아들이는 일이 무사하게 이루어질지 어떨지를 점복한 것이 갑골복사에는 많이 보인다. "召(소)는 왕사를 행할 것인가"라든가 "召(소)는 왕사를 행하지 않을 것인가"라든가 하는 형식의 것들이다. 召(소)는 뒷날 주공과 나란히 주 왕조의 건국 공신으로 추앙되는 소공 석(召公奭)의 나라이다. 지금 낙양 부근에 있었던 옛 종족이었던 듯하다. 그 지역의 가요로는 『시경』의 소남(召南) 14편이 남아 있다. 당시 여전히 은나라에 복종하고 있어서, 서사 소(西史召)라고도 일컬었다. 서사(西史)란 서방의 제사관으로, 그 지역의 제사권을 은나라로부터 위탁받은 나라라는 의미이다. 그 검(△)에 은나라 왕으로부터 제사의 사자가 파견되어, 은 왕실의 그 지역 제사가 무사하게 받아들여질지 어떨지를 점복한 것이 저 갑골복사들이다. 제사를 승인하여 준봉하는 일이 곧 왕조의 지배에 복종하여 공순(恭順)하게 처신하는 일을 의미했다. 왕사(王使)의 파견은 다른 씨족에 대해서만 행한 것이 아니라, 왕실로부터 분립된 각 지역의 왕족에 대해서도 행해졌다. 아마도 제사가 미치는 곳이 은 왕조의 지배권이었을 것이다. 고대의 왕조는 제사 공동체라는 사실을 그 기본 성격으로 삼았다.

왕사(王使)가 거행하는 제사를 왕사(王事)라고 불렀다. 왕사(王事)는 뒷날 정치적인 의미로 바뀌는데, 그것은 이 제사 형식을 통하여 정치적 지배가 이루어졌기 때문이다. 고대 왕조가 제정일치의 형태를 취했다고 일컬어지는 것은, 구체적으로는 제사권의 장악이 정치적 지배를 의미하는 것이었기 때문임은 두말할 나위가 없다.

객신에 대하여

召(소)(사진 10 우·3-4)는 축고 그릇 ㅂ 와 사람 人으로 이루어져 있다. 신령의 강림을 구하여 기도하는 의미를 나타내는 글자로, 招(초, 부르다)의 초문이다. 소공의 소(召)는 때로는 釃(사진 20)로도 적어, 술 酒(주)를 갖추어 제사해서 신령을 초빙한다는 뜻을 나타냈다.[74] 이 초빙에 부응하여 신령이 강림하는 것을 各(각)(사진 14·2-9)이라고 했다. ㅂ 의 윗부분은 위쪽에서 내려오는 발의 형태로, 이러한 강림을 강격(降格)이라고 한다. 降(강, 내려오다)(사진 22·2-1)이란 신이 척강(陟降)하는 통나무 기둥의 신성 사다리를 통해서 신이 내려오는 것이다. 降(강)의 좌방(左旁) 부분은 步(보)를 아래쪽으로 향한 형태로, 척강은 신성 사다리를 오르내리는 것을 뜻하는 말이다.

종묘에서 조상신령을 제사할 때, 객신(客神)을 영접하는 일이 있었다. 召(소)에 부응하여 사당에 방문하는 신을 客(객)이라고 한다. '어쩌다 오는 손님'이란 뜻의 일본어 '마라우도(まらうど)'에 대응하는 한자가 客(객)이다. 일본 옛 시대 한자의 독법인 이른바 고훈(古訓)에는 자의에 의거하여 대단히 정확한 것이 많다. 彦(언, 선비)을 지역의 남성 수장이나

귀족을 뜻하는 '히코'로 읽어 성인의 뜻으로 사용하는 것
도 글자의 원래 뜻에 아주 가까운 용법이다.

客(객)은 客神(객신)을 의미했다.[75] 『시경』 주송(周頌)에 「유
객(有客)」이라는 편이 있다.[76] 객신이 백마를 타고서 여러
종류의 선물을 가지고 제사 터에 임하는데, 그 모습이 차
분하고 대단히 신중하다. 객신을 영접하는 쪽에서는 고삐
로 그 백마를 묶고 그를 뒤쫓는 태도를 취하며, 놀라는 말
을 다독여 위로하는 자세를 보인다. 객신은 이윽고 온화
한 마음을 가지며 한없는 축복을 사당 신에게 바친다. 이
것은 지난날 정복지배의 사실을 의례적으로 실습하는 객
신 참예 의식이다. 客(객)은 금문에서는 各(각)·格(격)과 마
찬가지로 '이르다'라는 동사로도 사용하고 있다.[77]

이 「유객」편에서 노래하는 객신은 아마도 은나라의 조
상신일 것이다. 고대에는 나라를 멸망시키는 일이 그 나
라의 인민을 멸망시키는 것이 아니었다. 그들이 받드는
신을 지배하여 그 조상신령을 지배하는 일이었다. 신령은
멸망시킬 수 있는 것이 아니다. 그래서 멸망한 나라의 자
손을 남겨두고 성스러운 사(社)에는 빛이 통하지 않게 해두
고, 그 나라 자손으로 하여금 선조의 제사는 계속 거행하

게 했다. 왕조의 제사 때에는 그 신령도 제사에 참가시켜서, 그의 위령을 새로운 왕조에 봉헌하게 한 것이다. 그래서 이족신은 왕조의 제사에 초빙되어 무악 등을 봉헌했다.

또한 『시경』의 주송에 「진로(振鷺)」편이 있다.[78] 제사는 성스러운 곳인 벽옹(辟雝)에서 거행했는데, 거기에 백로가 날았다. 백로는 왕의 제사에 참가한 객신이 와서 춤추는 모습이다. 멸망해버린 나라의 조상신인데, 그 자손이 보존되어 있음에 감동하여 미움의 마음을 갖지 않고 이 제사에 참가하여, 왕조에 변함없는 번영이 약속되리라고 노래한다. 백마를 타고 재계의 뜰에 임하여, 강복의 의례를 실제로 행하고 백로의 춤을 헌상한 것이다. 은나라에서는 제사에 사용하는 것으로, 모두 白(백)을 숭상했다. 백로의 춤은 때로는 만무(万舞)나 진만(振万)으로 일컬었다. 백로 깃으로 장식하여 춤을 추는 무악이었다. 일본의 고대에 구즈(国栖)[79]나 하야토(隼人)[80]가 춤을 헌상한 것과 같다.

왕조는 제사의 사자를 각지에 파견하여 제사를 행하게 함으로써 이른바 공간적인 지배를 성취했다. 그것은 제정 지배 체계의 일환을 이루었다. 그리고 객신을 제사에 참가시킴으로써 그 지배를 시간적으로 멀리 소급시켜 모든 전승의 권위를 이 제의에 집약시켰다. 말하자면 역사적으로 그 지배를 완성시킨 것이다. 그것은 갑골복사가 본질적으로 왕이 지배 공간과 지배 시간의 모든 것에 대한 정화를 목적으로 삼았던 것과 같은 원리에 뿌리를 두었다. 또 조상 제사의 체계에 정연한 질서를 부여하고, 주기적 제사로서 한 해의 전 기간을 꽉 채우게 한 것도 같은 의미일 것이다. 고대인들은 어떤 의미에서는 에른스트 카시러(Ernst Cassirer)[81]가 말하듯, 상당히 극단적인 상징주의자였다.

제사의 사자는 옛 씨족들이 전승하고 있는 각각의 성지로 파견되었다. 지방의 신앙 중심인 산악이나 하천, 혹은 숲이나 샘, 씨족신이 제사되는 성스러운 곳 등에서, 왕실이 관장하는 제사를 거행했다. 고대 왕조의 자손들은 이 왕삼각(二王三恪)[82]이라 부르는 옛 제왕의 후예이자 객신으로서 왕의 뜨락의 제사에 초빙되었고, 다른 뭇 신들에 대해서는 제사의 사자를 파견하여, 그 제사의 집행을 통해 지배를 수행했다. 그리고 동시에, 그들이 지닌 신화전승도 왕실의 제정 지배 체계에 포섭되었다. 그리하여 국가신화가 생겨났다. 중국의 고대신화는 일본의 신화와 마찬가지로 본질상 국가신화였다.

현철의 정치

　인간으로서의 이상형으로 간주되는 聖(성)(사진 22·1-5)은 본래 耳(이, 귀)가 밝은 사람이라는 의미였다. 그것은 신의 음성을 들을 수 있는 사람이다. 악관도 귀 밝은 사람으로, 그 직책을 師(사)라고 불렀다. 師(사)는 춘추시대 진(晉)의 사광(師曠)이 대표하듯이, 당시 가장 교양 높은 지식인이었다. 악관은 신고(神瞽)라고 불렀으니, 구술사인 고사(瞽史)와 함께 대부분 맹인이었다. 신을 섬기는 사람으로서는 범상치 않다고 간주되는 사람을 존중했던 듯하다. 이목을 상실한 사람은 본래 신체의 장해자로서 신의 뜻에 의해 세상에 파견된 존재였다. 때로는 그리스의 경우처럼 성적 불능자가 신의 뜻에 의해 세상에 파견되는 일도 있었다.

　臣(신, 신하)(사진 14·15-2)은 커다란 눈의 형태를 나타내고 있다. 望(망, 바라다)(사진 30·3), 監(감, 보다)(사진 14·6-9), 臨(림, 임하다)(권두 사진 5-6) 등, 이 형태를 따르는 글자들이 신의 강림을 두루 살피는 것을 나타낸다는 사실로 미루어, 臣(신)은 본래 神(신)을 섬기는 사람이었다. 目은 사람의 마음이 나타나는 장소이다. 그런데 사시(斜視)의 눈은 뛰어난 주술력을 지닌 자로서 경원되었다. 眼(안)은 사시를 뜻하는 글자이다. 限

(한, 한하다)은 신이 강림하는 성지에 사시의 눈을 두어 악령의 침범을 금하는 형상을 지닌 글자였다. 그러한 점에서 보면, 위를 바라보면서 눈을 크게 뜨고 있는 臣(신)의 자형은 무언가 범상치 않은 눈을 나타내는 글자인 듯하다.

이 글자와 관련시켜 생각할 수 있는 것으로 賢(현, 어질다)이 있다.[83] 賢(현)의 초문은 아마 臤일 것이다. 그것은 손을 눈동자에 더한 형태이므로, 어쩌면 눈에 상처 입은 사람을 나타내는 글자인지도 모른다. 民(민)(4장 표제지 3-10)도 눈에 厥(궐)(4장 표제지 3-9) 즉 날카로운 칼날의 곡도(曲刀)를 가하고 있는 형태이다. 이것도 눈에 상처 입은 사람이리라. 이들은 모두 신에게 바쳐진 사람들이었으리라 생각된다. 즉 신에게 바치는 희생이며 신의 노예이다. 갑골복사에 '帝(제)의 臣(신)', '帝(제)의 五臣(오신)' 등의 말이 있다. 上帝(상제)는 臣(신)을 거느렸던 것이다.

은나라 · 주나라 시기에 小臣(소신)(5장 표제지 8-9)이라는 신분 호칭이 보이며, 뒷날 관명이 되었다. 곽말약은 臣(신)은 노예이며, 『주례』에도 소신이라는 미천한 직이 있으므로 소신이란 노예 신분의 사람이라고 풀이했다. 하지만 은나라 · 주나라 청동기에 소신이 만든 기물이 꽤 있고, 그 기물들 가운데는 매우 고상하고 정교한 우수 물품이 많다. 노예 계층에 속한 자가 이러한 기물을 사용했다고는 도저히 생각할 수 없다. 또 이를테면, 고정(告鼎)의 명문에 의하면, 왕은 소신 告에게 유(湡) 지역의 5년분 세금을 하사했고, 告는 대자을(大子乙)의 종묘의 기물을 만들었다. 글 속에 나오는 부을(父乙)이라는 것은 대자을을 가리키므로, 소신 고는 대자의 아들이다. 명문 마지막에 ♈형태의 도상(사진 31 끝)을 표지로 적었는데, 고가 대자의 아들이라는 점을 생각하면 ♈는 이른바 친왕가에 해당하는 가문 표지였을 것이다. 이것과 유사한 호칭에 소자(小子)라는 것이 있다. 이것은 왕자 신분의 호칭이다. 대소(大小)는 일족 중의 장유의 순서를 나타내는 배항(輩行)의 말이다. 따라서 소(小)는 뒷날의 계(季)라는 정도의 의미일 것이다. 그 집안은 상속 순위에서 벗어나 제사나 군사 등 왕조의 중요한 직무를 담당한 듯하다.

은나라 시조왕 탕(湯)을 도운 현신이라고 일컬어지는 이윤(伊尹)도 금문에서 윤소신(尹小臣)이라 부르고 있고 문헌에도 그렇게 전하고 있는 것을 보면, 소신이라는 호칭은 보상(輔相, 재상)의 대신을 의미하는 말이었다. 왕이 무축 왕이었던 시대에는 그 보상의 신(臣)도 왕과 함께 신을 섬겼다. 왜왕 히미코(卑彌呼)를 섬긴 남자처럼, 그 제사를 도운 근시 (近侍)의 신(臣)이 있었고, 그 신으로는 왕족 가운데 막내 집 안사람이 충당되었을 것이다. 굴원이 초나라 왕족으로서 제사집단의 통솔자였던 것도 옛 시대부터 전해 내려온 제 도에 따른 것이었던 듯하다. 『시경』 시대에는 막내딸인 계 녀(季女)가 집안의 무녀로서 일생 동안 가묘에 봉사하게 되 어 있었던 모양이다. 『시경』 시편의 계녀는 거의 집안에 머무르는 무녀였다. 『한서』에 의하면 제나라에서는 장녀 를 무아(巫兒)라고 불러, 다른 데로 시집가는 것을 금지했 다. 이것은 일본의 재궁(齋宮)·재원(齋院)과 같다. 옛날에는 남자에게도 그런 풍속이 있어서, 소신이란 그러한 집안사 람의 신분을 가리키는 말이었다. 은나라·주나라 시기에 소자와 소신이 특히 요직의 지위를 차지하고 있었던 것은 그러한 종교적 이유에 의한 것이라고 생각된다.

臣(신)은 본래 신(神)을 섬기는 존재라는 의미였다. 소신 은 귀족 출신자이므로 눈을 상처 입힐 수가 없었지만, 일 반적인 臣(신)은 본래는 신에게 바쳐진 희생이며 봉사자였 다. 賢(현)은 그런 신분에서 나온 자이다. 그리스나 로마에

서도 현자에게는 노예 출신자가 많았다. 『좌전』(장공[莊公] 10
년)에 "고기 먹는 높은 분들은 식견이 낮다"라고 귀족을 얕
잡아 보는 말이 있다.[84] 賢(현)이란 글자가 신(神)의 노예를
의미하는 臣(신)과 한 부류를 이루는 글자인 것은 결코 기
이한 일이 아니다.

신(神)에게 희생물로 바쳐지는 여성은 妾(첩)이라고 불렀
다. 妾(첩)(5장 표제지 6-3)은 여자에게 辛(신, 침)을 가지고 문신
을 새기는 것을 표시한 글자이다. 辛은 형벌을 가하려고
문신 새기는 것을 의미하기 때문이며, 혹은 첩으로는 형
벌 받은 자를 이용했기 때문인지도 모른다. 妾(첩)이 신에
게 바치는 희생이었다는 사실은 선공(先公) 왕해(王亥)에게
첩을 바치는 일을 점복한 예라든가, 자연신 하신(河神)에
게 첩을 바친 사실로부터도 알 수가 있다. 금문에서는 臣
妾(신첩)을 병칭한 것이 많다. 이것은 이를테면 "康宮(강궁)의
왕의 臣妾百工(신첩백공)"같이 궁묘(宮廟)에 속하는 자로 기
록했다. 즉, 신전에 바쳐진 희생이며 노예였다. 民(민)을 궁
묘에 속한다고 기록한 예는 없지만, 民의 자형은 臣과 의
미가 가까웠다.

뒷날 대신을 의미하게 되는 宰(재)(사진 14·3-4)도 辛(신)을 따

르는 글자이다. 다만 이 글자의 辛은 人에게 가하는 형태가 아니라 가묘 속에 있다. 宰割(재할)이라는 말은 신에게 바친 희생을 죽이는 의미이므로, 宰(재)는 그 집도자라는 뜻일 것이다. 이 경우의 辛은 형구의 辛이 아니다. 그 기물의 형태도 앞부분을 유연하게 구부린 곡도의 형태로 적은 것이 있다. 宰(재)는 희생을 割(할, 베다)하는 사람이었다.

賢哲(현철)이라 할 때의 哲(철)은 옛날에는 그 윗부분을, 신이 오르내리는 통나무 기둥 사다리를 斤(근, 도끼)으로 새긴 형태로 적었다. 그리고 그 아래에 心을 더했다. 신 사다리를 새기는 경건한 마음의 상태를 哲(철)이라고 불렀던 것이다. 뒷날 心 대신에 德(덕)자를 더한 자형이나 言(언)자를 더한 자형도 나왔다. 어느 경우든 신에게 맹서를 바치는 마음을 표시한 글자이다.

賢哲(현철)은 뒷날 聖(성)에 버금가는 완성된 인격을 가리키는 말이 되어, 유교에서는 현철의 덕치(德治)를 이상으로 삼았다. 하지만 현철이 그런 의미로 되는 것은 서주 이후의 일일 것이다. 서주 시기에 보이는 哲(철)은 明哲(명철)·淑哲(숙철)의 예처럼 미덕의 이름으로 간주되었다. 明德(명덕)의 이상은 은·주 혁명에 의해 은나라의 신권 질서가 무너지고 주나라 사람에 의해 천명(天命) 사상이 조직됨에 따라서 생겨났다. 따라서 현철이란 말에도 그러한 사상을 배경으로 새로운 내용이 부여되었다. 하지만 원래 뜻은 신에 대한 희생, 신에 대한 봉사자를 의미했다. 그 자형은 문자가 성립한 당시의 관념을 그대로 보여주고 있다. 다만 문자의 의미는 사회생활의 변화, 의식의 추이에 따라 끊임없이 유동하는 것이다.

師(사)의 기원

고대 왕조가 제정 형태를 취했다고 해도, 왕조가 성립하려면 우월한 군사력이 선결조건이었으며, 또 체제를 유지하기 위해서도 현실적으로는 두말할 것 없이 강대한 군사력이 필요했다. 다만 군사력의 행사에 관련해서는 역시 종교적 권위, 종주권이 질서의 배경을 이루어야 한다. 권위가 지배와 질서의 원리라는 사실은 고금을 통틀어 변함없는 원칙이었다.

은나라·주나라의 군사력은 왕실의 직속 군대 이외에도 각지의 씨족 군대에 의거하는 바가 컸다. 은나라는 다수의 왕자를 각 요지에 배치함과 동시에, 다른 씨족과의 혼인을 통해서 그 씨족 군사를 부렸다. 갑골복사에는 이를테면 부호(婦好)라 불리는 부인이 수천, 때로는 1만이 넘는 군사를 움직인 사례가 있다. 이것을 모권제의 유풍이라고 보는 학자도 있지만, 아마도 부인이 생가의 군사력을 동원한 것이리라. 미개사회에서는 여전히 그 유풍이 남아 있어, 전쟁이 일어나면 추장은 각지의 씨족 군사에게 출동을 명한다. 서주 시기에도 마찬가지였다. 통일왕조라고 하여도 제사와 군사를 통하여 종주권을 행사하는 것이 그 실태였다. 族(족, 겨레)(권두사진 26-3)은 씨족의 깃발 앞에서 화살을 가지고 맹세한다는 뜻이다. 군사적인 결맹을 의미한다.[85]

은나라 직속군은 좌 · 중 · 우 삼군 편성이었다. 사장(師長)은 師般(사반)이나 師好(사호)의 예처럼 師(사)라고 불렀다. 사장의 지위는 높았다. 『서경』의 「반경(盤庚)」에서는 왕이 '방백사장백집사(邦伯師長百執事)의 사람'을 부르고 있다.[86] 주나라 문왕을 도운 태공망(太公望) 여상(呂尙)은 『시경』에서는 '師(사) 尙父(상부)'[87]라고 부르고 있다. 또 『시경』에서 '윤씨대사(尹氏大師)'[88]라든가 '대사황부(大師皇父)'[89]라고 노래하고 있는 것을 보면, 당시 왕실을 능가할 정도로 권세를 지닌 사람들이었다. 제정의 성격이 약화되면서 군사력을 지닌 자의 발언권이 강화되었다. 師(사)의 직책의 집안을 師氏(사씨)라고 불렀다. 그 직책을 세습했던 듯하다.

師(사)의 초문은 𠂤(퇴)(사진 10 좌·2-1, 사진 11·3)이다. 『설문해자』에서는 '작은 𨸏(부, 언덕)'의 형태라고 풀이했다. 𨸏(1장 표제지 좌 ·1-2)를 '큰 𨸏(부)'라고 한 것과 같은 식의 해석이다. 𨸏는 신이 오르내리는 디딤판이 있는 통나무 기둥이고, 𠂤(퇴)는 복문과 금문에서 ㇗로 적어서, 글자의 계통이 다르다. 그것은 대련(大臠, 큰 고기토막)의 肉(육)이다. 『설문해자』에 "𢦏(자, 고깃점)는 大臠(대련)이다"라고 했을 때의 𢦏(자)의 초형이다.

𠂤(퇴)가 군사를 의미하는 것은, 그것이 군사 행군 때에 지니고 가는 제육의 상형이기 때문이다. 『예기』의 「왕제」편에 "천자가 출행하려고 할 때는 상제에게 類(류) 제사를 올리고 社(사)에 宜(의) 제사를 올리며, 녜(禰, 부친의 사당)에 나아가 고하고, 가려고 하는 땅에 禡(마) 제사를 올리며, 命(명)을 조상에게서 받고 成(성)을 學(학)에서 받는다. 출행하여 나아가, 죄 있는 자를 붙잡았을 때에는, 돌아와 學(학)에서 석전(釋奠)하고 신획(訊獲, 포로)을 고한다"라는 글이 있다.

類(류)가 개 희생을 사용하는 출발 때의 제사라는 점은 이미 서술했다. 宜(사진 25·1)는 俎(조, 도마) 위에 肉(육)을 둔 형상으로, 肉을 가지고 제사 지내는 의미이다.[90] 그래서 부친 사당에 고하고 마조(馬祖)에 대한 제사를 행하며, 마지막으로 학(學)에서 전승(戰勝)을 기원한다. 또 개선했을 때에도 학(學)에서 석전의 예를 행한다. 같은 식의 기록이 다른 문헌에서도 드문드문 보인다. 이 기록들에 따르면, 自(퇴)는 社(사)에 의(宜) 제사를 행할 때 사용하는 제육이다. 그 제육은 또 脤(신)이라고 불렀다. 『좌전』(성공 13년)에 "나라의 대사는 祀(사, 제사)와 戎(융, 군사)에 있다. 祀(사)에 執膰(집번)이 있고 戎(융)에 受脤(수신)이 있다. 神(신)의 大節(대절)이다"라고 했다. 그 肉에는 신령이 머문다고 간주되었다.[91]

　갑골복사에는 "自(퇴)는 羌(강)을 獲(획, 잡다)할 것인가", "今夕(금석, 오늘 밤), 自(퇴)에 囧(구, 허물)이 없을까", "今夕(금석, 오늘 밤), 自(퇴)는 震(진, 놀라게 하다)하는 일이 없을까"라고 점복하고 있다. 軍(군)의 행위나 동정(動靜)을 점복한 예이다. 自(퇴)는 師(사)의 초문으로, 軍(군)의 의미이다. "震(진)하는 일이 없을까"라고 점복한 것은 야간에 뭇 군사들이 헛것에 놀라 소란스러워지는 일이 많았기 때문이리라. "貞(정)한다. 方(방,

외족)이 來(래)하여 邑(읍)에 들어오니, 今夕(금석) 왕의 自(퇴)를 震(진)하지 않을 것인가"라는 식으로, 이유를 거론하여 점 복한 것도 있다.

군사가 출행할 때는 社(사)에 宜(의) 제사를 거행하고, 그 신육(脤肉) 즉 自(퇴)를 가지고 출동했다. 追(추)(사진 14·13-2)는 追擊(추격)을 뜻하여, 짐승을 쫓는 逐(축)(1장 표제지 중앙-9)과는 글자의 기원이 다르다. 遣(견, 보내다)은 군사의 파견(派遣)을 뜻한다. 遣(견)은 自(퇴)를 두 손으로 지니고 있는 형태(사진 22·3-2)를 따르고 있다. 自(퇴)를 안치하는 곳을 官(관)이라고 한다. 官(사진 14·6-2)은 自肉(퇴육)을 봉헌하는 館(관)을 가리키 며, 군의 장수(將帥)가 있는 곳이다. 뒷날 館(관) 글자가 파생 되어 나왔다. 군대가 노숙할 때는 신(神)을 부르기 위해 束 (자, 가시) 형태의 나무를 세워, 신이 묵는 신간(神桿, 솟대)으로 삼고 그 앞에 自(퇴)를 두었다. 𦤶(자)는 군사의 주둔지를 가 리키는 글자이다.

서주 금문에는 성주(成周)의 八自(팔퇴, 팔사), 은(殷)의 八自 (팔퇴, 팔사), 서(西)의 六自(육퇴, 육사) 같은 식으로 군사의 이름 이 나온다. 앞의 둘은 같은 군사인 듯하다. 은나라 계통 의 씨족으로 구성하여, 성주에 두었던 군대이다. 그 사장

(師長)은 대개 은나라 계통의 족장이었다. 주나라는 은나라를 멸망시키자 그 귀척과 호족의 대부분을 성주 즉 지금의 낙양으로 옮기고, 주나라는 그 옆에 왕성을 세워 그들을 감시하는 태세를 취했다. 八㠯(팔퇴, 팔사)는 은나라 계통의 씨족 군사로 구성되고, 족장이 그 사장에 임명되었던 듯하다. 이른바 외인부대였다. 그러므로 때로는 그들이 왕의 원정 명령에 따르지 않고, 반란까지는 아니라고 해도 불복종 운동을 했다. 주나라 초의 사기정(師旗鼎)에는 사기(師旗)의 중복(衆僕)이 원정 명령을 거부하여, 그 때문에 사장인 사기가 견책을 받은 사건을 기록하고 있다. 또 西의 六㠯(육퇴, 육사)는 아마도 관중(關中)에 이주해 있던 은나라 계통의 여러 종족에 의해 구성되었던 부대였을 것이다. 주나라 초의 통일과정에서 그들은 자주 외부 정벌에 이용되었다. 이른바 '夷(이, 오랑캐)를 가지고 夷(이)를 제압한다'라는 정책이었다. 주나라는 이 부대들에 대하여 자주 適正(휼정)을 행했다. 適(휼)(사진 10 좌·1-1)은 창 矛(모)를 대좌 위에 세우고 순회(巡廻)하면서 무위(武威)를 보여주는 글자이다. 휼정이란 사찰(査察) 행위이다. 원정 때에는 제 부대의 총지휘관을 파견하고, 장수는 각각의 씨족군대를 통솔하여 출정

하는 것이 항례였다. 將(장, 장수)이나 壯(장) 등의 글자는 은나라 때 군사의 지위를 담당한 소신(小臣)의 신분 표지인 (사진 31 끝)의 자형과 관계가 있는 것이 아닐까 생각된다. 將(장)은 肉(육)을 지닌 형태이고, 장(壯)은 그것에 士(사) 즉 병기의 날 부분을 더한 형태이다.

대학의 원시

『예기』「왕제」편에, 군대는 출행에 임하여 "成(성)을 學(학)에서 받는다"라고 했고, 또 "돌아와서 學(학)에 석전(釋奠)을 한다"라고 했다. 출발 때에도 개선 때에도 學(학)에서 의례를 행한다고 한 것이다. 원래의 學(학)은 군사와 밀접한 관계를 지녔다는 것을 알 수 있다. 學(학)에서는 지난날의 장군들을 제사 지냈다. 『예기』「문왕세자(文王世子)」편에 "그 先師(선사)에게 석전(釋奠)을 한다"라고 한 것은 학조(學祖, 학의 조상)를 제사 지내는 의례이다.

學(학)(4장 표제지 7-14)의 초문은 갑골복문에서는 爻(효)의 형태로 적었고, 또 아랫부분은 ∩ 형태로 적은 것이 많다. 윗부분의 ×는 아마 교차시킨 나무를 둔 형태일 것이다. 學(학)은 교차시킨 나무를 지닌 건물의 형태이다. 그것은 지난날 씨족의 젊은이들을 수용하여, 일반인과 격리시켜 특별 교육을 받게 했던 기관이었다. 비밀결사나 청년조합이라 부르는 멘즈하우스였다. 일정한 연령에 이른 젊은이들에게 씨족의 영광을 잇는 전통에 대해서, 갖가지 의례에 대해서, 씨족생활의 지식에 대해서, 교습을 받게 했던 곳이다. 敎(교)의 초문은 爻(효)와 攴(복, 치다)으로 이루어진 글자이다. 子를 더하면 敎가 된다. 敎(교)와 學(학)은 본래는 거의 같은 형태의 글자이다. 옛날에는 學(학)에도 攴(복)을 붙인 것이 있었다. 攴(복)은 채찍이다. 學(학)에서는 엄한 계율과 훈련이 요구되었던 것이다.

갑골복사에, "丁酉(정유)에 卜(복)한다. 呼(호)하여 多方(다방)의 小子小臣(소자소신)을 가지고 할 것인가", "敎戒(교계)할 것인가"라고 점복한 것이 있다. 다방은 여러 나라란 뜻이다. 그 귀족의 자제인 소자와 소신을 불러서 국도(國都)에서 교계하는 일을 점복한 것이다. 이에 의하면 은나라 왕도에는 중앙기관으로서의 學(학)을 두어, 여러 나라의 귀족 자제들을 모아서 교계했음을 알 수 있다. 지방에도 각 씨족마다 같은 기관이 있었을 것이다. 지방의 향학(鄕學)과 구별하여 귀족들만이 다닌 옛날 일본의 학습원(學習院) 같은 기관이 있었다고 여겨진다. 거기에는 여러 외국의 귀족자제들이 참가했다.

學(학)의 지도자는 師(사)의 직을 가진 사람이 맡았다. 師(사)(5장 표제지 13-4)는 군장이면서, 동시에 족장으로서 씨족생활의 최고 지도자였다. 師(사)가 군관(軍官)이기도 하면서, 또 뒷날의 사보(師保)같이 교학의 담당자로도 간주된 것은, 學(학)에서의 지도자가 늙은 장군들이었기 때문이다. 일본에서 늙은 장군이 학습원장에 임명되는 일과 마찬가지였다. 당연히 그 교과는 무사(武事)를 위주로 했다. 갑골복사에는 왕이 직접 중인에게 교습한다거나, 혹은 왕자의 신분인 다자(多子)가 學(학)으로 가는 도중에 큰비를 만나는 일이 없을까 점복한 내용이 있다. 學(학)은 상당히 규모가 컸던 듯하다.

교과의 내용은 오랜 옛날 일이라 잘 알 수 없지만, 『주례』 등은 고대의 학제에 대하여 약간의 전승을 기록해두고 있다. 그 기록들에 의하면, 학에는 小學(소학)과 大學(대학)이 있었다. 소학은 호문사보(虎門師保)의 학이라고 일컬어, 호문의 왼쪽에 있었으며, 8세가 되면 입학했다. 『대대례(大戴禮)』 「보부(保傅)」편에서 "옛날에는 나이 8세가 되면

나가서 외사(外舍)에 취학한다"라고 한 것은 이것을 가리킨다. 물론 멘즈하우스였다.

『예기』「문왕세자」편은 고대의 學(학)의 교육을 서술한 것이다. 말하자면 소학 과정(課程)을 기록한 것이다. 그 교학 방식에 대해서는 다음과 같이 기록했다.

왕자와 귀족 자제들은 계절에 따라 각각의 교과를 배웠다. 봄과 여름에는 간과(干戈)를 들고 춤을 추는 무고, 가을과 겨울에는 우약(羽籥)을 들고 춤을 추는 문무를 배운다. 모두 동쪽 건물에서 교습한다. 또 봄에는 고사를 외우고, 여름에는 활쏘기를, 가을에는 예(禮)를, 겨울에는 서(書)를 읽는 것을 배웠다. 무악은 소악정(小樂正)이나 대서(大胥)·약사(籥師)의 여러 관리가 맡고, 또 학습 방면은 대사(大師)나 고종(瞽宗), 예와 서의 지도자가 각각 맡았다.

학(學)에서는 계절마다 선사에게 석전을 행한다. 처음에 학을 개시하는 때에도 선성선사(先聖先師)에게 석전의 제사를 행한다. 나라에 중대한 행사가 있을 때에도 제사를 지낸다.

학의 성과를 집성하는 대합악(大合樂) 때에는 동시에 양로(養老)의 예를 행한다. 그때 성적이 뛰어난 자를 표창하고 작(爵, 술잔)을 권한다.

천자가 학을 시찰할 때에는 새벽에 북을 울려 군중을 모으고, 천자의 출행을 기다려 식을 거행한다. 우선 선성선사를 제사하고, 장로(長老)들은 착석하여 향찬(饗饌)을 받는다. 마친 뒤에 아악(雅樂)이나 무(舞) 등이 행해진다. 이로써 군신(君臣)의 위(位), 귀천(貴賤)의 등(等), 상하(上下)의 의(義)가 정해지는 것이다.

문헌으로서는 상당히 후대의 것이지만, 씨족사회를 배경으로 이 문장이 말하고자 하는 바를 생각해보면 그 의미를 잘 알 수가 있다. 전통을 숭상하고 질서를 존중하는 사회에서는 노령자를 존경했던 것이다.

주나라 초 강왕(康王) 시기의 금문 대우정(大盂鼎)에, 小學(4장 표제지 7-13)이라는 이름이 보인다. 『주례』의 「사씨(師氏)」에 의하면 호문 왼쪽에 귀족 자제들을 가르치는 곳이 있었다고 하는데, 그곳이 소학이었던 듯하다. 서주의 신도는 보경(莽京)이라 불렸는데, 도읍의 서쪽, 풍수(灃水)를 넘어선 곳에 있었다. 그 신묘(神廟)는 벽옹(辟雍)이라 불렸다. 큰

못의 중앙에 벽옹(辟雍) 명당(明堂)이 있고, 주변에 많은 부대 시설이 있었다. 일본의 메이지 신궁의 외원이 이와 비슷한 취지이다. 거기에 학궁이 있었다.

벽옹의 제사 때에는 왕이 그곳에서 친히 고기를 잡고, 새를 활로 쏘아서, 신에게 바쳤다. 또 거기에서는 경사(競射)를 거행했다. 그것은 봉납(奉納)의 의례였다. 경쟁의 형식은 말이나 배 등에서도 볼 수 있다. 경사(競射)는 제사 장소를 정화하고 또 참가자의 맹서를 봉헌한다는 의미가 있었다.

師(사)의 직은 본래 군장이었으나, 군정의 범위가 정치로 확대되어, 제사관 계통의 史(사)와 나란히 고대 관제상 두 체계를 이루었다. 양자는 고대의 교학, 즉 예교(禮敎) 문화의 담당자로서, 서로 비슷한 면을 지니고 있었다. 군사에서는 음악을 중요시했다. 『좌전』(장공 10년)에는 북 소리에 의해 군의 승패가 결정된다는 이야기가 실려 있다. 서주 후기의 사리궤(師嫠敦)에 의하면 왕이 소학에 거둥했을 때 사리의 교습하는 모습이 훌륭하다며 소보(小輔)·고종(鼓鐘) 등 악관의 직을 이을 것을 명했다. 사광(師曠)이라는 신령한 맹인이 군무에 종사한 것으로 보면 군사와 악관의 관계는 긴밀했다고 생각할 수 있다. 군관의 장을 대사(大師)라고 일컫듯이, 악관의 장도 대사라고 일컬었다. 대사는 악시(樂詩)로 교습했는데, 전승구술자에 해당하는 고사(瞽史)가 이에 종속되어 있었다. 대학의 교과는 이들이 담당했던 것이다.

고대의 대학은 벽옹에 있는 학궁이 그 원형을 이루었다. 그곳에서 고대의 예교 문화의 전통이 계승되어, 선성·선사에게 석전의 제사를 올리고 양로(養老)의 예를 거행했다. 그것은 옛 시대 씨족사회에서의 멘즈하우스에서 기원하여, 고대 왕조의 신도(神都)에서 최고의 예악 교습 장소가 되었다. 고대 왕조가 멸망하고 사씨(師氏)·대사(大師)의 학(學)이 유학의 무리에 의하여 사유(師儒)의 도로 전해지게 되면서 예악은 망실되었으나 교학의 이념은 계속 추구되었다. 이로써 『예기』에 수록된 『대학』 한 편이 탄생했다. "대학의 도는 명덕(明德)을 밝히는 데 있고, 인민을 새롭게 하는 데 있으며, 지선(至善)에 머무는 데 있다"라고 하는 강령은 고대 교학이 도달한 최고의 이념이었다.

한나라 무제가 태학(太學)을 개설할 때, 이 고대의 학제를 참고로 하면서, 오경박사(五經博士)를 두었는데, 그 교과는 경학(經學)에 편중되는 경향이 있었다. 후한이 되어, 태학은 대량생산 교육기관으로 변해 수료자의 취직이 용이하지 않게 되었다. 게다가 당시 환관의 부패정치를 달갑게 여기지 않았던 그들은 때로는 수천 명이 왕궁을 향해 집단 시위행진을 시도하기도 했다. 또 곽임종(郭林宗)[92]이나 진번(陳蕃)[93]이 환관을 비판할 때는 태학의 제생(諸生) 3만 명이 그들을 지지하여, 환관을 암살하는 등 테러 행위로까지 확대됐기에, 큰 탄압이 일어나 이른바 당고(黨錮)의 화를 초래했다. 이때 중원의 난을 피하여 교지(交趾, 지금의 베트남 북부)로 이주한 지식인이 백 수십 명에 이른다고 전한다.

학생운동은 훨씬 오래전 시대부터 있었다. 춘추시대 정(鄭)나라 향교의 학생이 자주 국정을 비판하여 소동이 잦아들지 않자 향교가 폐쇄되기에 이르렀다. 이때 자산(子産)은 언론의 자유를 억제하는 것은 황하 물을 막는 것과 마찬가지로 위험하다고 경고해서 향교의 폐쇄에 반대하여 이를 저지했다. 기원전 542년 무렵의 일이다. 자산은 공자가 "옛날의 유애(遺愛, 사랑을 끼친 분)이다"라고 칭송한 명 정치가이다.[94]

또 『한서』「포선(鮑宣)전」에 의하면, 포선이 정치비판의 죄에 걸려 재판에 부쳐지자 학생 왕함(王咸)이 태학에서 커다란 깃발을 들고 구명운동을 일으켰다.[95] 전한 말 왕망(王莽)이 주공의 전례를 따르겠다며, 섭정의 지위에 있으면서 왕권을 빼앗으려고 했을 때, 천자의 고문 역할인 광록대부(光祿大夫) 직에 있던 공승(龔勝)은 이를 깨끗하다 여기지 않고 관직을 버리고 고향으로 돌아가자, 태학의 제생 가운데 그의 향리로 가서 재기하길 청하는 자가 1천 명 이상에 이르렀다.[96] 기원 2년의 일이다.

오등의 작위

고대 왕조의 관제는 史(사)의 계통과 師(사)의 계통을 두 주류로 삼았다. 왕조와 여러 씨족들의 관계는 왕실의 종주권을 기초로 느슨한 계급관계를 이루었다. 지배 방법은 제정일치였다. 관제는 봉건적인 질서가 잡혀가고 영토 국가로 이행하면서 발달해 나갔다. 고대 왕조의 요직에 있었던 史(사)・師(사) 등 여러 직분의 지위는 시대와 더불어 저하되었다. 『사기』의 저자 태사공 사마천(司馬遷)은 자신의 지위가 궁중의 광대(배우)와 같다고 탄식했다.

중국에서는 치자(治者) 계급으로 경(卿)・대부(大夫)・사(士)

계층이 있었다고 일컬어지지만, 그런 계층이 형성된 것은 영토 국가가 성립한 춘추시대 이후의 일이며, 그 유래하는 바도 각각 달랐다.

卿(경)(사진 16·2-8)은 본래 鄕(향, 시골)과 같은 글자이다. 饗(향, 잔치하다)의 초문이다. 궁정 의례에서 향례(饗禮)를 거행할 때 그 향례에 참여하는 자가 卿(경)이었다. 갑골복사에 향사(鄕史)라는 말이 보인다. 향례는 신 앞에서의 의례이다. 신찬(神饌)을 바치는 청동기인 殷(궤)의 좌우에 사람이 앉아 있는 형태가 鄕(향)이다. 뒷날 食(식)을 더하여 饗(향)이 되었다. 食(식)도 殷(궤)에 뚜껑을 덮은 형태이다. 殷(궤) 앞에 자리를 차지하는 것을 卽(즉)(사진 14·3-2)이라고 한다. 착석한다는 뜻이다. 향응을 마치고 뒤를 향하는 것을 旣(기, 이미)(사진 14·1-6)라고 한다.[97] 은나라 · 주나라에는 경사(卿事) · 경사료(卿事寮)(사진 16·2-8)라고 부르는 이 계통의 관직이 있었다. 공경(公卿)이란 뜻으로 되는 것은 훨씬 뒤의 일이다. 뒷날 신분 호칭에서 대명사로 되어 남녀 모두가 사용했다. 위진(魏晉) 무렵의 고시(古詩)인 「초중경의 처를 위해 짓는다(爲焦仲卿妻作)」라는 장편 서사시는 부인이 죽자 남편도 뒤따라 자살한 사실을 노래한, 중국에서는 매우 드문 내용의 시인데,[98] 그 시에서는 남편이 아내를 경이라고 부르고 있다. 또 『세설신어』「혹닉(惑溺)」편을 보면, 왕융(王戎)의 아내가 남편을 '경, 경'이라고 부르기에 왕융이 싫어하여 타이르자, 그 아내는 "경과 사이가 좋고 경을 사랑하므로 경을 경이라고 부르는 것입니다. 내가 경을 경이라 부르지 않고 누가 경을 경이라고 부르겠습니까?"라고 했다. 왕융은 아무 말도 못 했다고 한다.[99] 대명사는 하향하는 성질을 지닌다. 일본에서도 헤이안 말기의 역사소설 『오오카가미(大鏡)』에서 노옹들이 '합하(閤下)는 어떠신지'라고 말을 주고 받았다.

大夫(대부)는 농부의 관리자였다. 서주 시기에는 도례(徒隷)를 셀 때 夫(부)라고 했다. 도례를 사여할 때 '臣十家(신십가)'라는 식으로 말하고, 人鬲(인력)이라 불리는 농노 신분의 자에게는 '千又五十夫(천우오십부)'(4장 표제지 17-8)라고 했으며, 이족의 경우에는 그 족명을 붙여 '州人(주인)'이라고 했다. 주나라 초 의후속궤(宜侯夨毀)에 의하면 75夫, 혹은 150夫의 비율로, 관리자 伯(백, 맏이)을 두었다. 당시는 관리자를 伯(백)이라 한 것이다. 이것을 대부라 일컬은 것은 상당히 뒤의 일이리라. 하지만 춘추시대에 대부는 이미 고급관료의 칭호였다. 로마에서도 노예관리자가 뒷날 권세 있는 신분으로 된 일이 많았다고 한다.

士(사, 선비)는 관명(官名)으로는 군율을 집행하는 자의 명칭이었다. 士(사진 30·4)는 부월(斧鉞)의 날 부분 형태로, 형벌권을 보여주는 글자일 것이다. 그것을 ㅂ 위에 더하여, 축도(祝禱)를 지키는 것이 吉(길, 길하다)(사진 31·1-5)이다. 진(晉)나라에서는 사람의 字(자)에 士起(사기) · 士英(사영) 식으로 말한 것이 있다. 하남(河南) 동쪽의 여러 나라에서, 字를 子路(자로) · 子貢(자공) 같은 식으로 부른 것과 같다. 그것은 본래 귀족의 칭호였다. 士(사)도 처음에는 신분을 가리켰을 터이지만, 뒷날 일반 관리의 칭호가 되고, 또 남자의 칭호로 되었다. 서주 금문에는 경 · 대부 · 사라는 층위를 나타내는 말이 보이지 않는다.

중국의 고대에 공(公) · 후(侯) · 백(伯) · 자(子) · 남(南)이라는 다섯 등급의 작호가 있어, 은나라 · 주나라 고대 왕조가 이 다섯 등급 작위제도로 봉건제를 실시하고 있었다고도 일컬어진다. 하지만 복사나 금문에는 이를 실증할 만한 것이 없다. 지역에 봉(封)할 때는 반드시 "아무 地(지)에 侯(후)가 되어라"라는 식으로 명했다. 의후속궤(宜侯夨殷)는 호후(虎侯)였던 속이 왕의 동순(東巡)에 호종해서 의(宜) 지역에 이르자, 왕이 "宜(의)에 侯(후)가 되어라"라고 명하여, 곧바로 그 지역의 사(社)에서 임명장을 수여하는 식을 거행했다. 봉건을 받은 제후로서는 단지 후의 경우만 두세 개의 예가 있을 뿐이다.

다섯 등급의 제일 처음에 公(공)을 두었다. 공에 대해 『한비자』는 "私(사)에 위배하는 것을 公(공)이라고 한다"라고 했다. 그 설이 『설문해자』에도 채택되어, 公(공)을 위해 私(사)를 버리는 뜻이라고 해설하고 있다. 하지만 금문의 자형(사진 16·1-11)에는 그런 형태로 되어 있는 것이 없다. 무슨 형상인지는 알 수 없지만, 頌(송, 칭송하다)(사진 14·3-7)이 조상묘 앞에서 춤추는 형태로 묘가(廟歌)를 나타내는 글자라는 점, 『시경』에 "公庭(공정)에서 萬舞(만무)한다"[100]라는 구절이 있어서 공정에서 무악(舞樂)이 연행되었다는 점, 訟(송, 송사하다)(4장 표제지 12-12)이 신령 앞에서 소송을 재판하는 뜻의 글자라는 점, 제사에 봉사하는 것을 숙야(夙夜)(5장 표제지 10-8)라 하고 『시경』에 "夙夜在公(숙야재공)"[101]이라고 표현하고 있는 점 등을 생각하면, 이것은 조령을 제사하는 장소를 뜻한다. 또 거기서 제사 받는 사람을 公(공)이라고 칭했다. 금문에 보이는 시호(諡號)에는 '祖南公(조남공)'(4장 표제지 19-6) 같이 公(공)의 예가 많다. 또 그러한 신분에 있는 자를 公(공)이라고 불렀다. 가묘를 가질 수 있는 사람이며, 본래는 족장에 속한 칭호였을 것이다.

侯(후)(사진 23·2-5)는 사의(射儀)에서 的(적, 과녁)을 侯(후)라고 하는 점으로 미루어, 활쏘기의 射(사)와 관계있는 이름으로 간주되고 있다. 글자는 옛날에는 矦로 적어, 학궁의 사려(射廬, 사의를 행하는 터) 등에서 사의를 행사하는 글자였던 듯하다. 성지에서 행하는 경사(競射)의 예는 신사(神事)에 봉사하여 그 제사 터를 정화하고 또 맹세의 마음을 헌상하는 의례였다. 侯(후)와 계열을 같이하는 候(후)는, 修(수, 닦다)가 정화를 나타내는 글자인 점에서 알 수 있듯이, 射(사)를 통해 사람의 더러움을 떨쳐버리는 의미이므로, 候(후)도 또한 禳(양, 재앙을 떨쳐버리는 푸닥거리)의 의미가 있었다. 候는 대개, 도읍에서 멀리 떨어진 변경의 지역에 봉해졌다. 그것은 왕조의 주변에 있으면서 사흉 같은 변방 이민족의 귀신과 사악한 영을 떨쳐버리고 왕조를 보위하기 위해 두어진 것이었다. 갑골복사에 의하면 주나라는 주후(周侯)라고 불렸다. 이민족에 접하는 지역에 候(후)를 두는 일이 많았다. 복속

관계에 있지 않은 이민족을 苦方(고방)(사진 24·3)이나 夷方(이방)(사진 25·1-3) 등과 같이 方(방)이라고 부른 데 비하여, 왕조의 질서에 참가하는 자를 侯(후)라고 불렀던 것이다.

伯(백)의 초문은 白(사진 20)이다. 白은 두개골의 형태이다. 覇(패)와 동음이므로 통용하는데, 覇도 비에 젖은 짐승 가죽을 나타내는 글자가 초형으로, 희다는 점에서 통한다. 이것을 공백(公伯)·패자(霸者)의 뜻으로 사용하는 것은 어느 경우나 모두 가차일 것이다. 갑골복사에는 방백(方白)이라고 연용하는 예가 많다. 長伯(장백)의 예처럼 장적(長狄)을 부르는 듯한 이름도 보인다. 이민족 수장의 머리에는 글자를 새겨 이것을 보존하는 일(사진 3 인두각사)이 있었다.

子(자)는 은나라에서는 왕자의 신분을 나타내는 칭호였다. 그 글자는 한 손은 들고 한 손은 드리우고 있어서, 석가 강탄의 때와 같은 자형(사진 7)이다. 子는 그 상속 순위에 따라 대자(大子), 중자(中子), 소자(小子)라고 불렀다. 은나라에서는 옛날부터 형제상속제를 행했던 것이다. 하지만 다수의 왕자는 영지를 부여받아 분가하여, 그 지명을 아래에 붙여, 자정(子鄭)·자작(子雀)과 같은 식으로 일컬었다. 그러한 영지와의 관계가 없어진 뒤에도 남자의 字(자)로 그

사진 16_금문 영이(令彝)(사진 12)의 명(銘). 서주 전기.
본문 150쪽에 인용한 글은 5행 쯤 이하에 보인다. 주공(周公)과 명공(明公)의 이름도 있는데, 명공은 주공의 아들. 성주(成周, 지금의 낙양)에 있어서 명공이 행한 시정식(始政式)의 차례를 기록했다.

러한 호칭 방법을 사용했다. 이미 영지와의 관계가 끊어졌으므로, 字(자)에는 본명과 관계 있는 말을 선정했다. 실명은 경원하여 피해서 휘(諱)로 삼는 풍속이 있어, 字를 名 대신에 사용했던 것이다. 공자 문하의 제자들의 예를 보면, 안회(顔回)의 자는 자연(子淵)이니, 연(淵)은 회수(回水, 돌아가는 물)를 가리킨다. 증삼(曾參)의 자는 자여(子輿)이니, 삼(參)은 참(驂)의 차자이다. 맹자의 이름은 가(軻), 자는 자여(子輿)라고 했다. 증삼과 맹자는 모두 거마(車馬)의 이름을 취했다. 名(명)과 字(자)의 관계로 보면, 증삼은 증참이라고 불러야 할 것이다. 위(衛)의 단목사(端木賜)는 자가 자공(子貢)이다. 賜(사, 주다)와 貢(공, 바치다)은 상대를 이루는 말이다. 중유(仲由)의 자는 자로(子路)로, 路(로)는 사람이 따라가는 길이란 뜻이다. 사마경(司馬耕)의 자는 자우(子牛)이니, 당시 소를 밭갈이에 이용했었다는 사실을 알려주는 명과 자이다. 공자의 이름은 구(丘), 자는 중니(仲尼)라고 한다. 그의 부친 숙량흘(叔梁紇)이 니산(尼山)에 기도하여 공자를 얻었으므로 니산의 이름을 분리하여 사용한 것이다. 공자 아들 리(鯉)는 자가 백어(伯魚)이다. 군주로부터 선물로 잉어를 하사받은 사실을 기념한 이름이라고 한다.

춘추시대의 초나라는 대국이었으나 초자(楚子)라 불리었다. 子는 본래 왕자의 신분을 가리키는 말이지만, 작호와는 관계가 없었다. 초 스스로, "나는 만이(蠻夷)이다"라고 일컬었듯이, 이 오래된 칭호는 변경의 여러 나라에 남아 있었다. 춘추시대에 子라고 불리던 군장 가운데는 강회(江淮) 지역 이계(夷界)의 나라들이 많다.

男(남)은 田(전)과 쟁기(보습)의 형태를 조합한 글자이다. 주나라 초의 금문 令彝(영이)(사진 16)는 주공의 아들 명보(明保)의 시정식 차례를 기록한 것인데, 그 속에 "경사료(卿事寮)와 제윤(諸尹)과 이군(里君)과 백공(百工)과 제후(諸侯), 후(侯)·전(甸)·남(男)에게 사방(四方)의 명(命)을 둔다"(5-7행)라는 글이 있다. 제후를 후(侯)·전(甸)·남(男)으로 나누고 있으며, 전(甸)·남(男)은 모두 지방 원격지의 농경지를 관리하는 사람이었던 듯하다.

왕조의 종주권을 근거로, 천하의 제국을 다섯 등급의 관작 제도로 나누어, 정연한 봉건 체계를 이루었다고 하는 말은 『춘추』에서 처음으로 기술된 것이다. 서주의 금문에 의하면 초(楚)는 백(伯)을 칭하고 있고, 형(邢)에는 공·후·백 따위가 있었으며, 모씨(毛氏)도 백·공을 칭하고 있다.

하지만 봉건을 받은 작호로는 후(侯)만 있었을 따름이므로, 나머지는 작호와는 관계가 없는 것으로 보아야 한다. 공ㆍ후ㆍ백ㆍ자ㆍ남은 명호의 유래하는 바가 모두 다르고, 또 반드시 관작제도를 가리키는 글자도 아니었다. 다섯 등급의 관작제도가 만일 춘추시대에 들어와 만들어져 실제로 행해졌다고 한다면, 그것은 주로 왕실과의 관계에서 제국 사이의 국제의례상 필요했기 때문에 발생했을 것이다. 다섯 등급의 작위는 왕조적 천하 질서에서 생겨난 것이 아니다. 오히려 그 원형이 은나라ㆍ주나라에 이미 제후의 호로 존재하고 있었다. 이 사실은 당시의 자료를 통해 알 수가 있다.

금문 대우정(大于鼎). 서주 전기

제4장
질서의 원리

오자서와 범여

오자서(伍子胥)는 운명의 인물이었다. 초나라 명문에서 태어난 그는 부친이 정적에게 살해되자 오나라로 도망가서 오나라 왕 합려(闔閭)를 섬겨 보복의 기회를 엿보았다. 십수 년 뒤 오자서는 그 오랜 바람을 이루어 초나라를 분쇄하고, 멀리 도읍 郢(영)에까지 침입해서 초나라 왕의 묘를 파헤쳐 그 시체에 채찍질을 가하여 부친의 숙원을 풀었다.

사진 17_금문 오왕부차감(吳王夫差鑑). 춘추시대 말. "工(공) 오왕부차(吳王夫差), 궐(厥, 그) 길금(吉金)을 택하여, 스스로 어감(御鑑)을 만든다." 감(鑑)은 반(盤)과 비슷하되 바닥이 깊은 기명이다.

오나라 왕 합려는 얼마 되지 않아 월나라와 싸우다 패하여 상처를 입고 죽었다. 오자서는 그 아들 부차(夫差)를 도왔고, 부차는 와신상담의 고통을 견뎌내며 월나라에 보복을 시도했다. 그래서 마침내 월나라 왕 구천(句

踐)을 쳐부수어 그를 회계산(會稽山)에 감금했다. 오자서는 이 기회에 월나라를 멸망시켜야 한다고 주장했으나, 월나라로부터 뇌물을 받은 왕의 근신들이 방해했다. 근신들은 부정이 발각될까 봐 두려워하여 오자서가 자기 의견이 받아들여지지 않은 것을 원망하고 있다고 참언을 했다. 부차는 화가 나서 촉루(屬鏤)의 검을 하사하여 자살을 명했다. 죽음에 임하여, 오자서는 "내 눈을 파서 오나라 동문에 걸어 달라. 끝내는 월나라가 오나라를 멸망시킬 것이므로 그 모습을 보고 싶다. 내 묘에는 회나무를 심어다오. 그것이 관재(棺材)가 될 무렵에는 오나라는 멸망할 것이다"라고 유언하고 죽었다(기원전 484년). 이 말은 분명히 저주의 말이다. 부차는 대단히 화가 나서, 그의 시체를 치이(鴟夷)라는 짐승 가죽으로 싸서 대강(大江, 양자강)에 버리게 했다.

얼마 후 동쪽에서 밀려오는 큰 물결 머리에 오자서의 모습이 나타났다. 그 모습은 유달리, 미친 듯 거칠게 몰아치는 파도의 물살 속에서도 선명하게 확인할 수 있었다. 20년 자복(雌伏)을 한 끝에 월나라 왕 구천은 회계의 수치를 씻고자, 큰 군사를 일으켜 오나라를 공격했다. 월나라 군사가 오나라 성문에 쇄도했을 때 오자서의 망령이 타고 있는 듯한 흰 물결이 한층 높이 밀려와서 성문을 부수었다. 오나라는 멸망하고, 부차는 "자서를 만날 면목이 없다"라고 하면서 머리를 뒤덮고 자살했다(기원전 473년). 사람들은 오자서의 망령을 위로하기 위해 사당을 세워, 계절마다 백마를 바다에 던져 제사 지내고, 혼령이 평안하기를 기도했다.

이때 월왕 구천을 섬겨 그를 보좌한 모장(謀將)이 범여(范蠡)였다. 오나라에 대한 보복을 완수하여 오나라가 멸망하자, 범여는 서둘러 구천의 곁을 떠났다. 사람은 곤경을 함께할 수 있다. 하지만 안락을 함께하는 일은 용이하지 않다. 이 왕은 의심 깊은 관상을 지닌 군주이다. 어떠한 위험이 앞에 닥쳐올지를 알 수가 없다. 범여는 그렇게 생각하여, 스스로 이름을 치이자피(鴟夷子皮)라 고치고, 월나라를 탈출하여 해상에 배를 띄워 제나라로 도망했다. 뒷날 도(陶)의 지역에 도주공(陶朱公)이라 불리는 대부호가 있어, 교역으로 이익을 거두고 막대한 부를 쌓아 유유자적한 생활을 즐겼다. 그것은 모장 범여의 망명 이후의 모습이었다.

절세의 가인 서시(西施)도 등장하는 이 강남 애사의 최초 서사물에서 오·월 두 나라의 운명을 떠맡아 지략으로 활

약한 두 사람 가운데, 한 사람은 참언 때문에 살해되어 치이의 가죽부대에 싸여 강 물결에 던져졌다. 또 다른 한 사람은 스스로 이름을 치이자피라 고치고 망명했다. 두 사람 모두 치이와 관계를 지닌 점은 기이한 인연이라고 할 만하리라.

치이(鴟夷)는 말가죽으로 만든 가죽부대라고 한다. 사람을 둘둘 쌀 만한 가죽부대이므로 커다란 것이었음에 틀림없다. 『묵자』「비유(非儒)」편에 의하면, 공자가 제나라 경공(景公)에 등용되지 못한 것을 분노하여 치이 가죽을 당시 제나라 실력자였던 전상(田常)의 문에 걸었다고 하는 이야기가 있다. 이 치이가 무엇을 의미하는가? 이것을 물속에 던지는 이유는 무엇인가? 망명자 범여가 어째서 치이자피라는, 형벌 받은 자를 싸서 내버리는 불길한 가죽부대의 이름을 사용한 것일까? 거기에는 여러 가지 문제가 포함되어 있는 듯하다.[102]

신의 재판

이 문제를 생각하려면 고대의 재판 방식을 조사할 필요가 있다. 고대의 재판에는 훗날처럼 증거주의를 취하지 않았고 신판(神判)을 채용했다. 증거에 따를 것도 없이 심증만으로 판결하는 일이 가능한 시대였다. 신 앞에서는 사람들은 거짓을 떠벌릴 수가 없었다. 신의 뜻에 묻는 방법에 의해 선악은 쉽게 결정되었던 것이다. 일본에서도 뜨거운 물속에 손을 넣게 하여 그 부상 정도에 따라 올바른지 사악한지를 정하는 방식이 있었다. 『일본서기』의 응신기(應神記)·윤공기(允恭記)·계체기(繼體記) 등에 관련 기사가 있다. 흠명기(欽明記)에는 피의자를 불에 던지는 방법이 나온다. 그때 외우는 주술어도 기록되어 있다. 중국의 남쪽에 위치한 부여국(扶餘國)에 그런 풍속이 있었다는 사실이 『수신기(搜神記)』에 나온다. 『논어』 「계씨(季氏)」편에도, "불선(不善)을 보는 일은 탐탕(探湯)과 같다"[103]라고 했다. 복문을 의미하는 정(貞)은 지금은 貝(패) 위에 卜(복)을 더하고 있고, 『설문해자』에서는 貝(패)를 신에게 바쳐 卜(복)하는 것으로 풀이했다. 일설에 貝(패)는 본래 鼎(정, 세발 솥)의 형태였다고 한다. 금문은 鼎(정) 위에 卜(복)을 표시한 형태의 글자이다. 鼎(정)을 사용하는 신판의 방법이 있었던 것이리라. 그 글자는 鼎(정) 속의 희생물 모습을 표현한 것이었을까? 일본에서 뜨거운 물에 손을 넣어 죄의 여부를 가리는 방식과 같았을까? 혹은 신열이 나서 엑스터시의 상태에 들어간 무녀를 이용한 것일까? 어느 경우인지 확실하지 않다. 하지만 『논어』에 그 사실이 보이고, 중국 주변부에 탐탕 형식의 신판법이 남아 있으므로, 아마도 뜨거운 물에 손을 넣는 방법이었을 것이다.

중국에서는 그 밖에도 사신판(蛇神判)이나 배교신판(环珓神判)도 있었다. 옛날에는 뱀을 신으로 경원하는 신앙이 있어, 제사의 祀(사)(4장 표제지 19 끝)나 虵(다)(사진 6 우상) 등은 모두 뱀 蛇(사)의 형태를 따르고 있다. 일본에서도 뱀은 야도(夜刀)[104]의 신으로서 경원했다. 신판의 방법은 독사를 넣은 항아리 속에 손을 넣어서, 깨물려 상처를 입는지 어떤지에 따라 올바름과 사악함을 결정한 것이다. 일본 스사노오노미코토가 사용한 '뱀의 방'[105]을 연상시키는 방법이다. 『북사』 왜인전(倭人傳)에 일본의 옛 풍속 중 그런 것이 있었다고 기록되어 있다.

배교는 대합조개(蛤) 형태의 패각을 던져서 안과 밖으로 길흉을 점치는 단순한 것인데, 관제묘(關帝廟)나 악신묘(岳神廟) 등의 신 앞에서 행했다. 敗(패, 패하다)의 자형이 貝(패)를 따르고 있고, 주술기구로서 패가 옛날부터 존중되었던 점으로 보건대, 배교는 의외로 기원이 오래된 것일지도 모른다. 敗(패)는 아마도 그러한 신판의 용어였을 것이다. 法(법)의 초문은 灋(법)이라고 적어서, 옛날에는 廢(폐, 폐하다)의 뜻으로 사용했다. [106] 灋(법)과 敗(패)는 성의(聲義)가 상통하는 글자이다. 춘추시대 초나라에 사패(司敗)라는 관직이 있었는데, 법관이었다. 사패는 사법을 뜻한다.

갖가지 신판 가운데서도 양(羊) 신판[107]이 가장 정통의 것이었다. 그것은 법률용어인 灋(법)・慶(경) 등의 문자구조를 통해서도 알 수 있다. 善(선)・義(의) 등의 자형이 羊(양)을 따르고 있는 글자란 사실로부터도 생각할 수 있는 일이다. 善(5장 표제지 1)은 본래 羊(양)과 두 개의 言(언)으로 이루어져 있는 글자였다. 신양의 좌우에 각각 言(언)이 위치하고 있는 것은 원고와 피고 당사자를 나타낸다. 언은 ㅂ 위에 辛(신)을 더하여 盟(맹, 맹세)의 뜻으로 되며, 만일 맹서에 거짓이 있다면 辛(신)을 가하여 入墨(입묵, 문신을 함)의 형벌을 받는다는 뜻을 드러낸 것이다. 『주례』의 「사약(司約)」에, "옥송(獄訟) 있는 자는 곧 그로 하여금 저맹(詛盟)을 하게 한다"라고 했다. [108] 심판에 앞서 우선 자기 저맹을 행하게 한 것을 가리킨다. 「사약」에는 그 뒤에 이어서 "신뢰가 없는 자는 묵형에 복죄한다"라고 기록하고 있다. 辛(사진 20·2-3)은 입묵의 기구로, 皋(죄)는 罪(죄, 허물)의 초문이다. 童(동)(권두사 진 10-6)과 妾(첩)(5장 표제지 6-3) 등 辛을 구성요소로 하는 글자 들은 모두 입묵을 가한 것을 뜻한다. 두 사람이 말로 서로 다투는 것을 競(경)이라고 했다. 競(경)의 초문은 두 言(언)과 두 人(인)의 형태이다. 두 사람이 함께 그 맹서를 세워서 기 도하고 다투는 뜻이다. 善(선)은 그 앞에 신양을 두고서 신 의 뜻에 묻는 것이다.[109]

  신양은 양이 아니라 해치(解廌)라고 불리는 신성한 짐승 이다. 『설문해자』에 "산양과 비슷하면서 뿔이 하나이다. 옛날에는 송(訟)을 판결할 때 정직하지 못한 자에게 저촉 하게 했다"라고 되어 있다. 정면에서 보면 羊(양)의 모습이 므로 善(선)은 이 羊(양)을 따른다. 廌(치)는 양의 측면 형태이 다. 灋(법)이나 慶(경)은 이 글자를 따랐다. 그 짐승을 신판 에 사용한 것이다. 해치는 또 解豸라고도 적었다. 뒷날 법 관의 관모에 해치관(解豸冠)이란 것이 있다. 그 제도가 어떠 했는지는 알 수 없으나, 이 짐승의 형상을 따라 만든 것일 듯하다. 아폴론의 신탁을 최초로 드러낸 것이 산양이었다 고 한다. 양을 신의 사자로서 간주했던 것이다. 신판에는

본래 희생의 짐승을 사용했다. 희생을 쓸 때 뼈와 내장의
모양 등을 가지고 점복하는 일도 있었다. 복골에 짐승 뼈
를 사용하는 일도 거기서부터 나온 것이리라. 義(의)(사진 3)
는 羊(양)에 我(아), 즉 톱 鋸(거)를 더한 형태이다. 그 글자가
올바름의 뜻을 나타내는 것은, 희생의 상태에 따라 길흉을
점복했기 때문일 것이다. 羲(희)는 犧(희)의 초문이다. 톱을
나타내는 我(아)의 아래쪽에 다리가 늘어져 있는 형태이다.

양 신판을 실제로 행했다는 사실은 『묵자』 「명귀(明鬼)」편
에 관련 기록이 있어서 확인할 수가 있다.

옛날 제나라 군주의 신하된 자가 서로 다투어 삼 년에
이르도록 옳고 그름을 결판할 수가 없었다. 그래서 社(사)
에서 맹서를 행하고 신판을 시도하게 되었다. 두 사람은
각각 신에게 바친 양의 頸血(경혈)을 가지고 사단에 뿌리
고, 신의의 계시를 구했다. 갑의 양은 그 의례가 행해지는
사이에 아무 이상한 일도 일어나지 않았으나, 을의 양은 기
도를 하고 있는 중에 돌연 일어나서 날뛰어, 을을 저촉하여
다리를 부러뜨리고 社(사)에 뛰어들려고 하다가 맹서를 행
한 장소에서 쓰러졌다. 그래서 을의 유죄가 결정되었다.

이 뒤의 조치에 대해서는 문헌에 기록이 없으므로 알 수가 없다. 다만 금문의 灋(법)이나 慶(경) 등의 자형에 의해 더 추적을 해볼 수 있다. 금문에서 法(법)의 초문

사진 18_문자 법(法)과 경(慶)의 금문 자형. 왼쪽의 두 글자는 법(法). 오른쪽 한 글자는 경(慶).

灋(법)은 해치를 가죽부대에 넣은 형태를 드러낸다. 글자가 물 水(수)변으로 적혀 있는 것은 이것을 물에 흘려버리는 것을 나타냈다고 말할 수 있다. 灋(법)에는 또한 去(거)의 자형이 첨가되어 있다. 去(거)의 윗부분은 大(대)로, 그것이 유죄로 판결난 당사자 한 사람이란 사실은 쉽게 추측할 수가 있다. 그 아래에는 ㅂ가 있고, 뚜껑이 제거되어 있다. ㅂ는 축고의 그릇이며, 자기 저맹하여 맹서한 글을 넣어둔 그릇이다. 맹서의 말은 그릇 속에 밀봉되면 효과를 지닐 수 있으나, 뚜껑이 파괴되면 주술력을 상실한다. 舍(사)(사진 16·5·6)와 害(해)(권두사진 6-13)는 ㅂ에 침을 가하여 그 주술력을 해치는 글자이며, 曰(왈)과 啓(계, 열다)는 ㅂ을 열어서 읽는 것을 나타내는 글자이다. 손으로 여는 형태를 㫃(골)(사진 10 우·3)이라고 한다. 灋(법)이란 신판에 패한 해

치, 패한 사람, 뚜껑이 제거된 축고를 모두 함께 물에 흘려버리는 뜻을 지닌 글자이다. 고대에 있어 죄란 더럽혀짐이었다. 강해의 물은 그 더러움을 떨쳐버려 깨끗하게 씻어내준다. 부정을 탄 해치는 짐승가죽 치이에 싸여 그 사람과 축고와 함께 아주 멀리 흘려보내 버려졌다. 일본의 오오하라이 노리토(大祓祝詞)도 그렇게 더러움을 씻어버리는 일을 행할 때의 주문이다. [110]

신판에 패한 자가 그 해치와 함께, 조수가 드나드는 길 멀리로 흘려보내 버려지는 것에 비하여, 승소자의 해치에게는 그 기쁨을 나타내기 위해서 사람에게 문신을 더하는 것과 마찬가지로 가슴팍에 心(심)자 형체의 표시를 더했다. 그것이 慶(경)이다. 慶(경)은 본래 신의 은총을 의미했다. 뒷날 재판용어로서 사건이 낙착된 것을 가리키는 말로 사용되었다. 선왕(宣王) 시기의 소백호(召伯虎)라는 이름이 보이는 조생궤(琱生段)에 그 글자가 보이는데, 그러한 의미로 사용되었다.

패소자의 해치나 사람을 조수 드나드는 길 멀리 내버리는 때에 사용된 가죽부대, 그것이 치이였다. 오나라 부차는 죽음에 임하여 저주의 말을 내뱉은 오자서의 시신을 더럽다고 간주하여, 치이에 싸서 대강에 흘러보낸 것이다. 또한 망명(亡命)도 그 나라 신에 대한 중대한 더럽힘이므로, 범죄 행위였다. 망명자는 더러움 때문에 추방되는 것과 마찬가지로, 스스로 죄를 보상하기 위해 같은 형식을 취하지 않으면 안 되었다. 범여가 치이자피로 이름을 바꾸어 해상에 배를 띄워 사라진 것은 방류(放流)의 형벌을 스스로 부과한 것이라고 해석할 수 있다. 기원전 5세기 강남 지역에는 원시법의 형식이 풍부하게 남아 있었던 것이다. 공자가 전상(田常)의 문에 치이를 걸어두었다고 하는 것은 공자를 중상하려는 이야기이겠지만, 당시 제나라 지역에서도 저주를 위해 치이를 사용하는 풍속이 있었을 것이다.

법의 질서

灋(법)은 금문에서는 "내가 명을 灋(법, 폐함)하는 일이 없도록"(4장 표제지 18-10, 5장 표제지 11-2)의 예처럼, 폐기(廢棄)의 뜻으로 사용했다. 본래 더러움을 폐기하는 의미였기 때문이다. 去(거)에도 마찬가지로 떨쳐버린다는 의미가 있다. 현재 法(법)의 글자가 去(거)를 따르는 것은 해치에 의한 신판의 의미가 망각되고 虒(치)를 제외한 자형만 사용하는 것이다.

제소(提訴)하는 일은 옛날에는 '告(고, 告)한다'라고 했다. 告(고)(권두사진 17-2)는 본래 신령에 호소한다는 뜻의 글자이다. 재판의 경우, 친족 내의 일은 조상신령 앞에서 행했다. 그것을 訟(송)(4장 표제지 12-12)이라고 불렀다. 公(공)은 公廷(공정), 言(언)은 맹세를 한다는 뜻이다. 친족 외의 사건은 社(사) 혹은 신성한 나무 아래에서 행했다. 『시경』의 소남(召南)에 「감당(甘棠)」이라는 시편이 있는데, 선왕(宣王) 시기의 소백호(召伯虎)가 감당 나무 아래에서 서민의 소송을 들은 일을 노래했다. 재판의 일을 당음(棠陰)이라고 하는 것은 그 고사에 의한 것이다.

『주례』「조사(朝士)」편에는 궁정 바깥의 사건에 대한 취급이 기술되어 있는데, 구극(九棘)·삼괴(三槐) 등의 나무 아래에 가석(嘉石)·폐석(肺石) 같은 신성한 돌을 좌우에 두고 행한다는 규정이 있다. 이것들은 사(社)에서 행하는 것과 같은 형식을 취한 듯하다. 사(社)에는 사수(社樹)를 심어 두고 토형의 토주(土主)(4장 표제지 14-2)를 제사하고 다섯 색깔의 돌 등을 두었다.

마찬가지로 『주례』 추관(秋官)의 「대사구(大司寇)」편에 소송 절차에 대한 규정이 있다.

> 양조(兩造)를 가지고 백성의 옥사(獄事)를 금한다. 속시(束
> 矢)를 조정에 바친 후에 판결을 내린다. 양제(兩劑)를 가지
> 고 백성의 옥사(獄事)를 금한다. 균금(鈞金)이 다 조정으로
> 들어온 후 3일 만에 판결을 내린다.
> [以兩造禁民訟. 入束矢於朝, 然後聽之. 以兩劑禁民獄,
> 入勻金三日, 乃致于朝, 然後聽之.]

양조(兩造)란 것은 양조(兩曹)와 같다. 造(조)(사진 14·7-2)는 告
(고)에서 나온 글자로, 曹(조)는 '속시(束矢)를 조(曹)에 들여보
낸다'라는 규정에 나오는 글자이다. 당사자가 속시를 수
납하는 일은『주례』이외에도『국어』「제어(齊語)」,『관자』
「소광(小匡)」,『회남자』「범론훈(汜論訓)」등에도 보이는 일이
므로 실제의 제도였을 것이다. 曹(조)의 초문은, 윗부분은
東(동)을 나란히 둔 형태이고, 아래는 曰(왈)로, 맹서의 글을
넣은 그릇이다. 東(2장 표제지 1)은 橐(탁, 주머니)의 상형자이다.
그 주머니 안에 속시를 넣어 두었던 것이리라. 금문에는
橐(탁) 속에 활과 화살을 넣은 형태(권두사진 23-4, 28-3)의 글자

가 있다. 矢(시)는 서약에 사용했으므로, 矢(시)에는 '맹세한다'는 풀이가 있다. 族(족)이 씨족원으로서의 결맹이란 뜻을 지니고, 또 사의(射儀)가 맹서의 뜻을 지니는 것도 이런 이유에서이다. [111]

양제(兩劑)란 쌍방의 계약서, 증거서류를 말한다. 劑(제)는 方鼎(방정)(사진 19 우)을 의미하는 齎(제)와 刀(도)를 구성요소로 한다. 鼎(정)에 새긴 것은 則(칙)으로, 則의 왼쪽 貝(패)는 본래 鼎(정)의 형태로 적었다. 劑(제)와 則(칙)은 모두 증서를 의미한다. 균금(鈞金)의 鈞(균)은 30근이다. 이것을 조정에 납입하는 것은 보장(保障, 담보)을 위한 것이었으리라. 그리고 사흘간의 유예 기간을 두고 재판을 시작했다. 이 사흘간은 화해를 위한 유예기간이다.

그래도 여전히 화해가 성립하지 않으면 마침내 재판을 개시한다. 『서경』「여형(呂刑)」편에, "양조(兩造)가 구비할 때에는 사(師)가 오사(五辭)를 듣는다"라고 되어 있다. [112] 재판관은 양자의 말하는 태도나 안색, 감정의 움직임, 귀나 눈 등을 관찰하여 심증의 보조로 삼는다. 증거주의를 원칙으로 하면서도 역시 심증을 존중한 것이다. 辭(사)는 보통 辞(사, 말씀)로 적지만 辭(사)가 본자이다. 𤔔(란)(권두사진 28-2)은 실

타래의 상하에 손을 더하여 그 꼬인 것을 푸는 형태이다. 辛(신)은 꼬임을 풀기 위한 도구이다. 따라서 辭(사)는 변해 (辨解)·변명(辨明) 정도의 의미를 지닌다.

가난해서 속시나 균금을 납부하지 못하는 자를 위해서 는 구제의 방법을 강구해두었다. 즉, 폐석 앞에 서서 사흘 간 소원(訴願)을 계속하면 그 부담을 면제해주었다.

재판 때는 변호인이나 대리인을 세울 수가 있었다. 『좌

사진 19_성왕방정(成王方鼎) 서주 전기. 성왕의 이름을 새겼다

전』(희공 28년)에 국제재판의 예가 기록되어 있다. 진(晉)과 초(楚)의 전쟁 때, 위(衛)나라 후(侯)는 진(晉)나라에 망명해 있었는데, 귀국할 즈음 위나라 임시정부와의 사이에 오해가 일어나 살인 사건이 발생하여 그 책임을 묻게 되었다. 재판의 결과 위나라 후의 유죄가 선포되어 위나라 후의 대리인이 발뒤꿈치가 잘리는 형벌을 받고, 변호인은 일단 무죄가 되었다. 당시 재판상의 책임은 당사자만 짊어지는 것이 아니라 이를테면 초심에 잘못이 있으면 재판관도 벌을 받았다. 재판은 신의 이름으로 행하는 신성한 것이었기 때문이다. 재판의 일을 獄(옥)이라고도 불렀다. 獄(옥)도 그 맹서를 개 희생으로 정화하는 의미의 글자였다. 앉을 坐(좌)는 본래 사주(社主)의 主(주)를 중심으로 당사자들이 서로 마주하는 것을 나타낸 글자이다.

　서주 시기의 금문에 계약 관계를 내용으로 하는 것이 서너 예가 있다. 그것을 보면 계약 위반 시에 위약금을 지불하는 관행이 있었던 듯하다. 또 남의 경작물을 약취(略取)했을 때에는 곱절로 변상하는 것은 물론, 변상을 지체하면 변상액을 누적하는 규정이 있었다. 또 붕생궤(倗生旣)에 따르면, 매매 대금으로 삼십 전(錢)의 조세 수입을 충당할 것을 약속하고 전전(典田)을 행했다. 이것은 저당권 설정과 같은 보증 방법이었던 듯하다. 등기부라든가 토지대장 따위가 있었을 것이다. 典(전)은 책상에 冊(책)을 둔 형태이다. 또 서주 중기의 기물에 산씨반(散氏盤)이라는 것이 있는데, 이것은 상당히 광대한 범위의 토지에 관한 권리증서의 성격을 지녔다. 그 글 속에, 각각의 경계나 표지를 적어서 토지표시를 행하는 동시에, 당사자 쌍방의 입회인이 서약을 하고 문서 작성자가 서명을 해두었다. 공증서 같은 식이다.

또 이 명문에 의하면 부속서류로 지도를 첨부해두었다. 圖(도)는 図(도)로도 쓰는데, 본자는 圖(도)이다. 농지 鄙(비)의 소재를 적어놓은 지도를 말한다. 그 계약 본문만 금문으로서 이 기물에 남아 있다. 이른바 약제(約劑)이다.

위약(違約)한 경우의 서약(誓約)을 나타내는 말로, "鍰千(환천), 罰千(벌천). 傳車(전거)로써 이것을 버리리라"라고 기록해두었다. 자기 저맹으로서의 형식이 정해져 있었던 듯하다. 『서경』「여형」편에 "大辟(대벽, 큰죄) 중 의심스러운 것은 赦(사)한다. 그 罰(벌)은 千鍰(천환), 그 罪(죄)를 용서한다"라고 되어 있다. 鍰(환)은 寽(간)(사진 15·3)으로, 벌금이다. 전거(傳

車)로써 버린다고 하는 것은 사흉의 방찬과 마찬가지로 유기(遺棄)의 형벌을 말한다 傳(전)은 등에 탁(橐)을 짊어진 형태이다.[113] 일본 신화에서 스사노오노미코토가 벌로 천위(千位)의 치호(置戶, 오키도)를 등에 지워 축출 당했던 형식과 같은 고대의 추방 형식을 반영하는 글자이리라. 환(鍰)은 당시의 금의 단위이다. 금궤(禽殷)에는 백금(伯禽)이 주공과 함께 중요한 정벌 전쟁의 기원(祈願)을 하여, "금 백환을 하사한다"(사진 15·3)라고 기록한 것을 보면, 천환이라는 이 벌은 거의 불가능하다고 생각될 정도의 부담이다.

서주 시기에는 이미 상당한 법 질서가 마련되어 있었고, 관행도 또한 중시했던 모양이다. 춘추시대가 되면 많은 법 규정을 성문화하기에 이르렀다.『좌전』에는 진(晉)의 사전(事典), 정(鄭)의 형서(刑書), 초(楚)의 복구(僕區)의 법, 범선자(范宣子)의 형서(刑書), 등석(登析)의 죽형(竹刑) 등이 나온다.『국어』에도 제나라 태공의 법, 진(晉)의 전형(典刑)이란 명칭 등이 나온다. 범선자의 형서는 정(鼎)에 주조되어 있었다고 한다. 즉 칙(則)이다.

전국시대에는 진법(秦法), 대부(大府)의 헌(憲), 부계차(負雞次)의 전(이상『전국책』), 노나라의 법, 위나라 혜왕(惠王)이 만든

법, 주(邾)의 고법(故法), 형국(荊國)의 법, 제왕(齊王)의 령(令)(이상 『여씨춘추』) 등이 있었다. 조례(條例)의 부류도 많았던 듯하다. 전국시대 초기에 주나라 위왕(威王)은 가령(苛令, 가혹한 법령) 39조를 폐지했다고 한다. 여기까지 이르면 이제 원시법의 그림자는 없어졌다고 볼 수 있다.

형벌에 대하여

유죄인 사람에게는 罰(벌)을 가했다. 罰(4장 표제지 12-11)은 옥송(獄訟) 때의 맹서(盟誓)인 言(언)을 위에서 덮고 칼로 베는 것을 의미하는 글자로, 舍(사)·害(해)의 형상과 비슷한 면이 있다. 죄인은 獄舍(옥사)에 유폐되었다. 하나라 걸왕(桀王)은 은나라 탕왕(湯王)을 붙잡아 그를 균대(均臺)라는 옥에 유폐했고, 은나라 주왕(紂王)은 문왕을 유리(羑里)라는 땅에 구금했다. 진백(秦伯)은 진후(晉侯)를 붙잡아 그를 영대(靈臺)에 유폐했다. 영대는 『시경』에도 나오듯이, 신도(神都)의 성묘(聖廟)인 벽옹(辟雍) 가운데 하늘을 제사 지내는 곳이었다. 이것은 유죄인 자를 신의 희생으로서 바치는 인신희생의 유풍을 드러내는 것이리라.

죄인을 구금하는 곳은 獄(옥)이라는 이름 이외에 어(圉),

원토가석(圜土嘉石), 총극(叢棘) 등의 이름으로 불렀다. 뒤의
둘은 고대 사(社)의 옛 형태에서 나온 이름이다. 이것도 유
죄인 사람을 성스러운 곳에 바치는 유습을 드러내는 것으
로 보인다.

刑(형)의 초문은 丼(경)(권두사진 22-13)으로, 차꼬의 형태이다.
이것을 목이나 발에 채웠다. 또 뇌옥(牢獄, 감옥)을 圉(어)라고
부르는 것은 幸(행)도 또한 차꼬의 상형이기 때문이다. 幸
(행)은 손에 채웠다. 뒷날의 수갑에 해당한다. 이것을 두 손
에 가하고 있는 형태가 執(집)이다. 『설문해자』는 報(보)를
'罪(죄) 받을 인물'이라고 풀이했다. 굴복(屈服)하고 있는 자
세의 사람에게 차꼬 幸(행)을 가한 형태이니, 보복(報復)의
뜻일 것이다. 뒷날에는 판결의 일을 報(보)라고 했다. 죄인
을 심문(審問)하는 일은 신(訊)이라고 한다. 그 초문은 사람
의 손을 등 뒤로 돌려 묶어 규문(糾問)하는 뜻을 나타낸다.
그 앞에는 言(언), 즉 자기 저맹을 나타내는 기물이 놓여 있
다. 규문하는 일을 또한 신국(訊鞫)이라고 했다. 鞫(국, 국문하
다)의 초문은 革(혁)이 아니라 幸(행)을 따르는 형태였다. 어
느 경우도 모두 행복(幸福)과는 아무 관련이 없는 글자들이
다. 하지만 생명형에 비하여 이 자유형은 그나마 요행(僥

倖)이라고 할 만했을지 모른다.

생명형에는 가혹한 것이 많았다. 참수(斬首)·요참(腰斬)·거열(車裂)·교형(絞刑) 이외에도 한층 더 능욕적인 형벌을 행했다. 刑(형)의 기원으로 보면 그것들은 형벌이라기보다도 신에 대한 속죄(贖罪)로서 발생한 것들이었다. 효수(梟首)나 책형(磔刑) 등은 본래 참수제효의 풍속에서 나온 것이다. 磔(책, 찢다)은 桀(걸, 홰)을 요소로 하는 글자로, 桀(걸)은 사람(人)을 두 나무(木)에 각각 묶어놓은 형태이다. 梟(효, 올빼미)는 懸(현, 매달다)이라고도 한다. 그 초문 縣(현)은 나뭇가지에 首(수, 머리)를 거꾸로 매달아둔 형태로 적혀 있다. 거열이나 효수의 형벌은 수나라 율(律)에 이르러 비로소 폐지되었지만, 신체를 분단하는 가혹한 형벌인 능지형(凌遲刑)은 명나라·청나라에 이르러서도 여전히 행해졌다.

분살(焚殺)과 팽살(烹殺)의 형벌도 옛날부터 있었다. 한발(旱魃)일 때에 무(巫)를 분살하여 비를 기원하는 일은 무축왕으로서의 탕(湯) 임금 설화에도 보이는 일이다. 莫(간)(사진 13)의 자형에 그 흔적을 남겨두고 있다. 팽(烹)은 정(鼎)으로 끓여 죽이는 방법이다. 사죄(死罪, 죽을 죄)를 곧잘 정확(鼎鑊)의 형이라고 부르는 것은 거기서 기원한다.

걸(桀)이 행한 포락(炮烙)의 형벌도 분살(焚殺)에 속하는 것이었다. 구리기둥을 위에 걸쳐두고 그것에 기름을 바른 후 아래서부터 불을 지피고, 수형자에게 구리기둥 위를 건너가게 하는 형벌이었다. 구리기둥에 닿은 부육(腐肉)은 불에 타서 너덜너덜하게 되고 뼈가 드러나게 되어, 수형자는 마침내 불 속에 떨어져 타 죽었다. 주왕(紂王)의 비 달기(妲己)가 그 형벌을 보는 것을 좋아하여 포락의 형벌이라고 이름 붙였다.[114] 주(紂)는 폭정을 비난하는 현인들을 죽여 마른 고기로 만들어 소금에 절이기도 했다. 또 임부의 배를 가르는 등 포학한 짓을 저질렀다. 현인의 심장에는 일곱 구멍이 있다고 하여 그것을 알아보려고 왕자 비간(比干)을 죽이기까지 했다. 기자(箕子)는 미치광이를 가장하여, 가까스로 면했다고 전한다.

원곡(元曲) 가운데 명곡이라 일컬어지는 비극 「두아원(竇娥寃)」은 억울한 죄 때문에 사형을 받은 두아의 혼령이 갖가지 기적을 드러내어, 어려서 헤어져 지금은 법관이 된 아버지가 그 혼령의 인도로 진범 장려아(張驢兒)를 체포하는 이야기이다. 장려아는 과도(剮刀)의 형벌에 처해져, 135개의 칼이 그에게 가해졌다. 과(剮)는 칼로 고기를 저며서 죽음에 이르게 하는 형벌이다. 咼(괘, 입 비뚤어지다)는 骨(골, 뼈)의 형상을 나타내는 글자이다. 禍(화, 재앙)는 그 글자를 따른다. 장려아의 형벌은 서사물에서의 이야기이지만, 청나라 때는 실제로 이것과 유사한 능지형이란 것을 시행했다.

생명형의 기원은 고대에 있어서 공희(供犧)의 방법, 특히 이민족 희생을 사용하는 방법과 관계가 있을 것이다. 은나라 때의 이민족 희생은 능묘에 나타난 수많은 단수장을 통해 그 실태를 알 수가 있다. 갑골복사에는 강(羌)·남(南)·복(𡰥) 등 이민족을 희생으로 삼은 사실이 많이 기록되어 있다. 그 방법으로서는 머리를 자르는 伐(벌)(사진 22·1), 두 쪽으로 찢는 卯(묘)(사진 23·1), 肉(육)을 저미는 剮(과), 肉(육)을 도마 위에 올리는 宜(의)(사진 25·1), 물에 흘려보내는 沈(침, 잠기다), 흙에 묻는 薶(매, 메우다) 등의 방법이 있었다. 모두 각각 그 방법을 그대로 자형으로 만든 것이다. 薶(매)의 초문은 사람이나 짐승을 묻는 형태로 적혀 있다. 지금은 埋(매, 묻다)란 글자를 사용한다. 동물 희생에 대해서도 행해졌던 방법이다.

갑골복사에는 또 '복강(箙羌)'이라는 말이 보인다. 箙(복, 전동)은 전통(箭筒, 화살통)인데, 여기에서는 畐(부)의 가차자이다.

대나(大儺)의 때에 성문에서 개를 채찍질하는 제사풍속이 있었는데, 그 방법을 또 벽고(䵮辜)라고 한다. 벽(䵮)이란 희생물의 가슴을 연다는 뜻이므로, 복강(䐶羌)은 희생물에 대해 그러한 방법을 사용했다는 의미일 것이다. 뒷날의 일이지만, 등짝을 여는 형벌에 박피(剝皮)라는 것이 있었다고 한다. 아마도 제사풍속의 방법일 것이다. 오자서의 시체를 치이에 싸서 흘려보낸 이야기를 비롯하여, 중국에는 기괴한 전통으로 전해지는 형벌 이야기가 많다. 어느 경우나 모두 옛 시대의 공희(供犧) 의례의 흔적을 남기고 있는 것들이다.

신체형의 기원에 대해서도 같은 사실을 말할 수 있을 듯하다. 이미 보았듯이, 臣(신)·첩(妾)·동(童)은 본래 신에게 바친 희생이었다. 눈에 상처를 입은 데다가 다리 하나를 상실한 모습을 신 그 자체의 모습으로 여기는 일은 일본에도 있었다. 중국에서는 다리를 상처 입히는 일을 벽(辟)이라고 했다. 辟(벽)(4장 표제지 8-5)은 날카로운 곡도(曲刀)로 후부의 肉(육)을 저미는 자형으로, 대벽(大辟)이라고 하면 사형을 의미한다. 擘(얼)은 신육(脤肉, 제사에 사용하는 고기)을 저며내는 형태로, 또 화(禍)를 의미하는 글자이기도 하다. 다리를 절단하는 형벌은 刖(월, 베다)이라 하고, 다리를 저는 사람을 躄(벽, 앉은뱅이)이라고 한다. 춘추시대 말기에 제나라 경공(景公)은 월형을 즐겨 시행했으므로, 저자에서는 일반 신발이 싸지고 목발 값이 올랐다고 하는 이야기가 『춘추좌씨전』에 나온다.[115] 그 밖에, 코를 자르고 귀를 자르며 또 손과 발을 자르는 단비(斷臂)나 멸지(滅趾) 등의 형이 있다. 도적질을 하여 왕의 거마를 건드리는 자에게 이런 형벌이 가해졌던 일이 많았다. 이것들은 범죄 때에 사용한 신체 일부에 직접 가해를 주는 반영형(反映刑)이라고 봐도 좋을 듯하다.

반영형으로는 궁형이 전형적이었다. 궁형은 성적 범죄에 대하여 가하는 경우가 많았다. 때로는 능욕적인 의미를 드러내는 일도 있었다. 한나라 무제가, 『사기』의 저자 사마천에게, 이릉(李陵)을 변호했다는 이유로 궁형을 부과한 일은 널리 알려져 있는 예이다. 옛날에는 궁형을 받은 자는 가내 노예가 되었다. 『시경』이나 『좌전』에 보이는 시인(寺人)이라는 후궁의 미관(微官)은 거의 이 수형자였다. 진나라 시황제가 아방궁을 쌓았을 때 궁형의 인물 70만 명을 동원했다고 전한다. 이야기가 조금 과장된 듯하다. 궁형은 또한 노예화의 방법이기도 했다. 전한의 문제는 모든 육형을 제했으나, 궁형만은 여전히 남겨두었는데, 수나라에 이르러서 비로소 폐기되었다. 하지만 명나라・청나라 후궁에서는 환관을 사용했으므로, 일정한 조건하에 스스로 거세하여 환관으로 되는 길이 열려 있었다. 갑골복사에는 강인(羌人)의 거세를 나타낸다고 생각되는 어휘의 예가 있다. 그러한 가내 노예로는 오래전부터 이민족을 사용했던 듯하다. 거세의 방법에 대한 지식은 희생물을 사육하면서 얻었을 것이다.

사진 20_금문 백헌화(伯憲盉). 서주 전기. 소백(召伯) 부신(父辛)을 제사하는 기물을 만들었다. 백헌은 소공의 형제에 해당하는 사람이다. 화(盉)는 주기(酒器)

신체형으로서 가장 일반적인 것은 묵형(墨刑, 죄인의 이마나 팔에 죄명을 문신)이다. 입묵(入墨)에는 커다란 바늘, 즉 辛(신)을 사용했다. 죄를 의미하는 글자에는 辛(신)을 요소로 하는 것이 많다. 辠(죄, 허물)는 罪(죄)의 초문인데, 코에 입묵한 것인 듯하다. 진나라 시황제는 辠(죄)의 자형이 황제의 皇(황)자와 유사하다는 점이 마음에 안 들어 글자를 罪로 고쳤다고 한다.

묵형을 받은 자는 자유로운 씨족원으로서의 자격을 빼앗겨 노예가 되었다. 노예는 남자의 경우는 童(동)이라 하고, 여자의 경우는 妾(첩)이라고 했다.[116] 童(권두사진 10-6)은 눈 위에 입묵하고 성부(聲符)로 東(동)을 더한 것이 그 초형이다. 伯憲(백헌)(사진 20·1)의 憲(헌)도 초문이 그것과 비슷하며, 눈 위에 자할(刺割)을 가하는 형벌을 의미했다.

童(동)은 묵형을 나타낸 글자이다. 수형자는 관(冠)을 쓰지 못하게 하고 머리카락도 묶지 못하게 했으므로 유동(幼童)의 동(童)에도 사용하게 되었다. 『좌전』 등 역사서에, 옛날 동요(童謠)가 많이 실려 있는데, 이것들은 노예인 동(童)의 노동가이다. 일본의 『일본서기』 「천지기(天智紀)」에 나오는 동요도 그런 의미이다. 이 동요들은 언점(言占)처럼 아무렇지도 않게 무의식적으로 내뱉은 말인데, 점치는 재료로 간주되어, 기록으로도 남기게 된 것이다. 노예의 童(동)은 뒷날 僮(동)으로 적었다. 노예의 노동조건 등을 정한 문서는 동약(僮約)이라고 한다. 한나라 문헌이 남아 있다.

수나라·당나라에서는 형벌이 笞(태)·杖(장)·徒(도)·流(류)·死(사)의 다섯이었고, 태와 장이 육형(肉刑)을 대신했다.

하지만 태장의 수도 삼백, 오백이 되면 살갗이 찢겨나가 마침내 죽음에 이르는 일도 있었으므로, 뒷날에는 도형 즉 노역형으로 이를 대신하게 되었다.

고대의 형벌에서 입묵을 사용하는 것은 문신 풍속과 관계가 있으리라고 생각된다. 문신은 성화(聖化)의 수단인 신체 장식이었다. 그래서 입묵도 처음에는 신에게 바치는 노예로 만들기 위해 행했을 것이다. 그러다가 뒷날 수형자의 표시로 간주하기에 이르렀다. 사흉의 방류(放流)를 시작으로 자유형·신체형의 오래된 형식이 거의 신에 대한 더럽힘을 털어내는 일로, 속죄이자 희생이었다는 사실은, 원시 형법의 문제를 고찰할 때 중요한 사항이 아닐까 생각한다. 법의 기원도 옛날에는 신화를 바탕으로 그 근거가 마련되었던 것이다.

백이 전형

『시경』의 대아 「숭고(崧高)」는 "높다란 저 산이, 우뚝 솟아 하늘에 닿았도다. 저 산이 신령을 내리어, 보후와 신후를 낳게 했도다"[117]라고 노래한다. 악신(岳神)의 자손으로 간주되는 강성(姜姓)의 네 나라가 있었다. 제(齊)·허(許)·보(甫)

· 신(申)의 네 나라이다. 제나라 태공망 여상은 일찍이 산동으로 이주하고, 하남 서남의 땅에는 허 · 보 · 신의 세 나라가 있었다. 보는 또 여(呂)라고도 적는 나라이다. 『시경』의 왕풍(王風) 「양지수(揚之水)」는 이 세 나라에 대하여 주나라가 방인(防人, 수자리)을 파견한 일을 노래하고 있다. 강성(姜姓)은 희성(姬姓)의 주와 옛날부터 통혼 관계에 있던 나라이다.

岳(악)은 갑골복사에 나온다. 은나라 왕실이 제사의 사자를 파견하고, 또 기년(祈年)의 제사도 행했다. 岳(악)은 아마도 대악(大岳)일 것이다. 갑골복사에 나오는 관련 지명이나 씨족 이름으로 보면, 그것은 뒷날 등봉(登封, 하남성 서북부)의 숭산(嵩山)을 가리킨다고 생각된다. 이 악(岳)은, 『좌전』(장공 22년)에 "강(姜)은 대악의 후손이다"라고 한 데서 알 수 있듯이, 강족의 성지였으며, 악의 신은 강족의 조상신이었다. 그 신을 백이(伯夷)라고 불렀다.

그래서 『국어』 「정어(鄭語)」에는 또 "강은 백이의 후손이다"라고 했다. 이 강성(姜姓)의 성지는 은나라 때 은의 지배 아래

사진 21_갑골문의 자형. 악(岳)과 강(羌)과 강(姜)은 자형상 서로 관계가 있다

있었으며, 은이 그 땅에서 제사를 행했던 것이다.

백이는 아우 숙제(叔齊)와 함께 수양산(首陽山)에서 굶어 죽은 은사로서 이름이 알려져 있으나, 본래는 강성의 조상신이었다. 주나라 무왕이 문왕(文王)의 사후에 그 목주(위패)를 싣고 은나라 주왕을 정벌하려고 했을 때 그 두 사람은 말의 고삐를 잡고 간했으나 무왕은 듣지 않았다. 두 사람은 주나라 세상에 사는 것을 부끄럽게 여겨 수양산에 숨어서 고사리를 먹다가 마침내 굶어 죽었다. 사마천은 『사기』의 열전 처음에 두 사람을 표창하는 전(傳)을 내걸었다. 『사기』에 의하면 백이 · 숙제는 고죽군(孤竹君)의 두 아들이라 하지만, 북해(北海)에 가까운 고죽군의 왕자가 주나라와 교섭할 리가 없다. 이 이야기는 아마도 희성(姬姓)과 통혼 관계에 있던 강성이 처음에 주나라의 동쪽 정벌에 찬성하지 않았다고 하는 역사 사실을 반영하는 것이 아닐까 생각된다.

강성의 나라는 강족이 토착하고 있던 중원의 여러 종족들 가운데 하나로, 강(羌)의 자형으로 보아 양 치는 족속이고 변발을 하고 있었으며 티베트계 종족이었다. 목축의 종족이기는 하지만 그리 전투적인 성격을 지니지는 않았던 듯하다. 악신 백이는 또한 허유(許由)라고도 한다. 『좌전』(은공[隱公] 11년)에 "허(許)는 대악의 후예이다"라고 했고, 그 이름은 또 고요(皐陶)라고도 전한다. 허유가 요(堯)로부터 천하를 양보 받으라고 듣고는 영천(潁川)에 귀를 씻고 떠났다고 하는 이야기는, 아무래도 이 종족의 생활방식을 반영하는 설화인 듯하다. 하지만 이 온순한 종족도 일찍이 묘족과 지역을 접하고 있어서, 격렬한 투쟁을 반복했다는 사실이 신화로 전해지고 있다. 신앙을 달리 하는 고대의 민족들은 서로 격렬하게 싸우지 않고는 배길 수 없었다는 사실을 드러내주는 하나의 예이다.

『서경』「여형」편은, 「요전(堯典)」과 나란히 신화의 체계를 아주 풍부하게 지니고 있는 글이다. 당시 남인(南人)이라 불리던 묘족은 강북의 동백(桐柏)·복우(伏牛) 산맥 부근까지 세력을 미치고 있으며, 하남 서부의 강족과 서로 접하고 있었다. 이 묘족 백성이 황제의 명을 듣지 않고 질서를 혼란시키며 인민을 괴롭혔으므로, 황제는 중여(重黎)에게 명하여 천지의 교통을 끊고 묘족 백성을 방축했다. 그리고 황제는 백이에게 명하여 다섯 형벌을 만들게 하여 질서를 회복시켰다. 형법의 기원을 강족과 묘족의 갈등이라는 사실을 통하여 신화적으로 설명한 것이다. 중려가 천지의 교통을 끊었다고 하는 이야기는 이른바 천지개벽 설화이다.

백이가 전형(典刑)을 제작했다고 하는 강성의 신화는 「요전」의 다른 대목에도 소개되어 있다. 「요전」을 보면, 황제는 고요에게 명하길, 만이(蠻夷)가 중하(中夏)를 가득 채워 구적(寇賊)이 번성하므로 너는 사(士)가 되어 오형을 제작하라고 말하고, 또 사악(四岳)이라 불리는 사방 관리의 한 사람으로서 백이에게 명하기를 질종(秩宗)이 되어 질서 유지의 임무를 맡으라고 말했다. 질종은 전례를 제작하는 관리이다. 백이와 고요를 둘 다 전형의 제정자로 간주한 것이다. 신화가 분화하고 변형하면서 새로운 체계 속에 흡수되어 가는 과정을 여기서 볼 수가 있다.

남인의 운명

묘족은 옛날부터 남인이라고 불렀다. 갑골복사에는 소수이기는 하지만 남(南)을 인신희생으로 사용한 예가 나온다. 강인과 비교하여 그 수가 대단히 적은 것은 은나라 사람과 접촉하는 일이 적었고, 또 그 민족이 극히 굳세고 사나왔기 때문일 것이다. 그들을 남이라고 일컬은 것은 그들의 독자적인 악기 남임(南任)에 의거해서 그렇게 이름 부르게 된 듯하다.

南(2장 표제지 2, 4장 표제지 15-2)은 북의 형태이다. 뒷날의 동고(銅鼓)가 그 기물의 형태를 전하고 있는 듯하다. 갑골복사의 정인(貞人) 가운데 敉(사진 24·1)이라는 이름이 보이는데, 南(남)을 치고 있는 형태이다. 은나라 동기銅器에도 그 글자가 보인다. 『설문해자』에는 南(남)을 가지가 무성하다는 의미로 보지만, 『한서』「율력지(律曆志)」에서 "남방은 남임이다"라고 한 것이 옳다. 남임이란 지금도 묘족이 그 동고를 부를 때 사용하는 이름이다. 글자의 윗부분은 북을 내건 형태이다. 鼓(고, 북)(5장 표제지 9-1)나 磬(경, 경쇠) 등은 모두 무언가에 걸어서 울려내는 악기였다.

동고의 가장 오랜 형식의 것은 강서(江西)와 호남(湖南), 특히 주로 동정호(洞庭湖) 부근에서 출토됐다. 이것은 일본의 동탁과 같이, 정성스럽게 매장되어 있었다. 아마도 그들이 중원 여러 민족의 압박을 받아 그 거처를 방기하고 남하할 때에, 복귀할 것을 기약해서 묻어두고 떠난 것인 듯하다. 중국의 문헌에 의하면, 복파장군(伏波將軍)이라 일컬어지는 후한의 마원(馬援)이 남방을 정벌할 때, 이것을 사용했다고 한다. 동고의 성립은 그보다 훨씬 이전의 일일 것이다. 그들은 대부분 산간에 살며, 위급할 때 이것을 쳐서 서로 알렸다. 그 음은 청명하게 울려서 산곡에 메아리 쳤다고 한다.

南(남)이 악기의 이름이라고 하는 것은 『시경』에도 보인다. 소아(小雅)의 「고종(鼓鐘)」은 회수(淮水)에 임하여 사람을 추모하는 일을 노래한 것인데, 그 마지막 장에 종고(鐘鼓)·금슬(琴瑟)·생경(笙磬) 등을 연주하고 아(雅)나 남(南)을 사용하는 일을 노래하고 있다. 아(雅)는 서주의 도읍 부근에서 유행했던 악기이고, 남(南)은 아마도 남인의 악기인 동고일 것이다. 그 악조(樂調)는 옛날부터 하남 서부에 유행했다. 『시경』의 15국풍 가운데 주남과 소남의 두 나라 노래만 南(남)이라는 이름을 붙인 것은 그 악조를 사용했기 때문일 것이다. 그렇다면 남인은 옛날에는 이 부근에 인접하는 지역에 거주하면서 은나라 사람이나 강족과 상대하고 있었던 셈이다.

남인은 『서경』의 「여형」편에 보이듯 전투에 패한 뒤 점차 추방되어 대부분 지금의 해남도(海南島)까지 남하하여 그곳에 봉쇄되어 정착하기에 이르렀다. 하지만 그 가운데 완강한 종족은 여전히 본토에 그대로 머물러 있었다. 그 한 계열인 계족(溪族)의 경우는 지금도 동정호 서방의 무릉(武陵)의 산 속에 살며 민족자치구를 얻었다.

진(晉)의 무렵에 도연명이 기록한 무릉산 속의 도화원은 어쩌면 이 계족의 생활이 아니었을까 한다. 도연명의 증조부 도간(陶侃)은 진(晉)의 대장군까지 올라갔던 사람이거늘, 당시의 귀족들로부터 늘 '계구(溪狗)'라고 모욕을 받았다. 남인은 개 머리의 조상신을 떠받들었으며, 황제의 희성(姬姓)을 얻었다는 견신(犬臣) 반호(槃瓠)의 자손이라고 전해져 왔다. 제사 때에는 지금도 개 머리의 조상신 앞에서 개의 모습을 한 채 먹고 마시고 한다. 도연명이 그렇게도 세간을 혐오한 것에는, 어쩌면 계구라고 조소를 받은 그 가계의 수수께끼와 같은 그림자가 관련 되어 있는지도 모른다.

강인과 남인 모두 본래는 하남의 한 구석을 점유하고 있던 옛 종족이었다. 중국의 주변 종족들 가운데는 그들과 같은 운명을 거친 종족이 또 있지 않았을까 생각된다. 중국에 고대문자가 성립했을 때 강인이나 남인은 은과 접촉하는 지역에 있으면서 독자적인 신앙과 문화를 지닌 존재로서 그들에게 강렬한 인상을 주었다. 그 결과로 은나라 사람의 문자 형상 속에 각각 혼적을 남기고 있는 것이다. 남방을 의미하는 글자로 악기인 南(남)의 형상을 빌린 것도, 그 강렬한 인상 때문이리라. 『시경』에서 "南(남)에 교목(喬木)이 있다"[118]라든가 "南(남)에 가어(嘉魚) 있다"[119]라고 했을 때, 南(남)은 일종의 신성한 감각을 지닌 말로서 사용되고 있다. 이민족 신에 대한 신앙과도 비슷한 감정이, 거기에 남아 있는 것 같다.

천명 사상

은 왕조의 질서 원리는 신화이자 제사의 체계였다. 신화는 오랜 옛날부터 여러 씨족의 신앙과 전승 위에 구축되어왔는데, 왕조는 그것을 왕조적 표현으로 확대하여, 왕조 존립의 기초로서 체계화시켰다. 그로써 국가신화가 성립했다.

천지개벽의 설화에는 강성 제 종족(諸種族)이 전하는 중려(重黎) 설화가 『서경』「여형」편에 나오고, 또 별도로 기원이 담긴 반고(盤古) 설화가 따로 있었다. 반고 설화는 남방 전승의 것인 듯하다. 지난날 하늘과 땅이 갈라지기 이전에 세계는 하나의 혼돈이었다. 그 속에서 반고가 태어났다. 반고가 하루에 1장(丈)씩 자라서 1만 8천 년 뒤에 천지는 지금의 모습으로 되었다. 거인 설화 형식의 개벽 설화는 북유럽에도 비슷한 것이 있다. 반고의 시체에서 자연이 태어났다. 기(氣)는 풍운이 되고, 목소리는 우레가 되며, 눈은 해와 달이 되고, 사지오체는 사방 사극과 오악이 되며, 혈액은 강하를 이루고, 근맥은 지리가 되며, 피부와 살은 전토(田土)를 형성하고, 수염은 성진(星辰), 가죽과 털은 초목이 되었다. 하지만 이 신화를 가지고는 바람이나 구름을 영적인 새 짐승의 형태로 제시하는 이유를 설명할 수가 없고, 그것과 고대문자와의 관계도 찾을 수가 없다. 이런 화생(化生) 설화는 일본의 이자나미노미코토의 죽음에서 곡물이 출현했다고 하는 설화에서도 유사하게 나타나며, 그 원리는 한반도로부터 이식된 것이다.

반고 계열의 남방설화에 비하여 북방에는 별도의 전승이 있었다. 북방의 설화에서는 태양은 본래 열 개였다. 열 개의 태양은 교대로 운행했다. 태양은 아침에 부상(扶桑)의 가지를 떠나 저녁에 상유(桑楡)에 이르고, 저녁에는 우연

(虞淵)에 가라앉아 휴식을 했다. 희화(羲和)가 그 어자(御者)였다. 열 개의 태양에는 각각 갑, 을 등 십간의 이름을 붙여, 무함(巫咸)을 비롯한 신무들이 이를 관장했다. 어느 때인가 열 개의 태양이 잘못하여 한꺼번에 나타나서 지상의 모든 것이 달구어져 말라죽게 되었다. 이때 유궁(有窮)의 군주 예(羿)라고 하는 자가 이것을 활로 쏘아, 해 속의 까마귀 날개를 맞추어, 아홉 개의 해를 떨어뜨렸다. 해 속에 까마귀가 있다고 하는 이야기는 널리 퍼져 있었던 설화이다. 은나라 왕의 이름을 대을(大乙)이니 무정(武丁)이니 하는 식으로 십간의 이름으로 부른 것은 열 개의 태양 설화를 배경으로 하는 것이리라. 하루의 길흉은 십간의 이름으로 정했다. 열흘은 旬(순)(3장 표제지 6)이라 부르고, 구름이나 무지개와 마찬가지로 용의 형태로 그렸다.

홍수 설화도 북방의 것이다. 옛날에 곤(鯤)의 치수 설화와 우(禹)의 치수 설화가 있었다. 우의 족적은 회계(會稽)에까지 이르렀다고 한다. 禹(우)(사진 26·3-4)도 용의 모습을 조합한 형태의 글자이다. 아마도 황하 상류의 범람 지대에서 거주한 여러 종족들 사이에 전해지는 설화일 것이다. 황하의 중류에는 은나라 무렵 그 하신을 제사 지내는 성지가 있었던 듯하다. 악(嶽)이 강성 제 종족의 시조신으로 간주되었다는 사실은 이미 서술했다. 이 하(河)와 악(嶽)의 제사권을 은이 장악함으로써 왕조의 지배가 그들 제 종족에까지 미치게 된 것이다.

은의 왕조가 인황(人皇) 이전의 신들로서 전승하는 신화적 시조신들 가운데에도, 이런 식으로 은의 제사 체계에 편입된 것이 있을 터이다. 신들의 제사를 통하여 많은 의례가 태어났다. 또 사흉의 방찬(放竄)이나 「여형」편에 나오는 강·묘 두 종족의 갈등 등, 고대의 신화로부터 원시법의 기초가 되는 여러 관념과 의례가 태어나게 된 것이다. 은 왕조의 질서 원리는 이러한 신화를 배경으로 한 것이었다.

주 왕조는 그 전승으로 미루어 본래 서북의 목축 종족이었던 것이 아닐까 생각된다. 그들은 강원(姜嫄)의 감생제(感生帝) 설화와 같은 시조신 서사물을 갖고 있었으나, 신화의 체계는 갖고 있지 않았다. 그들은 문화적으로도 후진적이었다. 은나라는 국호를 상(商)이라고 했다. 商(사진 25·2)은 커다란 辛(신)을 대좌 위에 세워서 형벌권을 표시하는 글자이다. 그것은 왕조에 부합하는 기호였다. 周(주)(사진 16·1)는 장식을 붙인 방패의 모습이다. 그 특수한 방패를 종족의 표시로 삼고 있었던 것이리라. 그들은 통혼 관계에 있던 강성의 여러 종족이 보더라도 호전적인 종족이었던 모양이다. 백이·숙제의 서사물이 그러했던 상황을 조금이나마 전해주고 있다.

은나라는 최고신으로서 제(帝)를 제사하고, 스스로를 그 직계자로 여겼다. 帝(사진 13)는 신에게 제물을 바치는 탁자의 형태이다. 帝(제)를 제사하는 뜻의 禘(체)는 옛날에는 ㅂ를 더하여 啻(시)라고 적었는데, 그것은 嫡(적, 정실)의 초문이다. 帝의 직계자만이 帝를 제사할 수가 있었다. 결국은 은나라 왕 스스로 제을(帝乙)·제신(帝辛)과 같은 식으로 帝(제)라고 칭하게 되었다. 하지만 왕이 신과 동위의 존재라고 자부할 때 그 나라는 멸망했다.

주나라는 서방의 여러 종족들과 연합하여 은나라를 쳤다. 제신(帝辛)이 두 번에 걸친 동방 정벌로 인해 국력을 소모한 때에 은나라를 분쇄하고 주 왕조를 세웠다. 하지만 주나라에는 은나라를 대신할 만한 신화가 없었다. 신화는 종족의 생활 속에서 태어나고 장구한 전통을 바탕으로 형성되는 것이다. 그들은 왕조 질서의 기초가 되는 새로운 원리를 찾지 않으면 안 되었다. 왕의 자격은 그저 제(帝)의 직계자라는 그 계통상에만 존재하는 것은 아니다. 그것은 제(帝)의 뜻에 부합하는 것, 천명을 받은 자에게 부여되는 것이 아니겠는가. 천명은 민의에 의해 제시된다. 민의를 얻은 자야말로 천자가 될 만하지 않은가. 이렇게 민의를 매개로 삼아 천(天)에 대한 인식이 태어났다. 거기에 천명사상이 성립한 것이다. 천명사상은 은·주 혁명에 의해 태어나 혁명의 이론인 동시에 주 왕조의 지배 원리이기도 했다.

天(4장 표제지 2-4)은 人의 顚(전, 정수리)을 나타내는 글자이다. 갑골복사에도 그 글자가 있어서, 은나라 신도(神都)를 천읍상(天邑商)이라고 불렀다. 하지만 그 글자를 천자의 뜻으로 사용한 것은 주나라 혁명 뒤의 일이라고 생각된다. 命(명)(사진 22·2)은 본래 令(영)이라고 써서, 예관(禮冠)을 쓴 무축이 신의 계시를 받고 있는 형상이다. 훗날 축고 ㅂ를 더한 것이 命(명)(권두사진 4-3)이다.[120] 帝(제)는 이른바 인격적인 신이었다. 갑골복사에서는 도성의 영건이나 둔창(屯倉)의 설치, 그 밖에 연곡(年穀)·풍우(風雨) 등에 대하여 帝(제)의 뜻을 점복한 예가 많다. 주나라는 帝(제)의 직계자다운 신화를 지니지 않아서 帝를 지상신으로 간주할 수가 없었다.

그래서 주나라 사람은 帝(제)를 비인격화한 이념으로서의 天(천)을 궁극의 것으로 간주했다. 이로써 주나라는 오래된 신화와 단절했다. 신화의 세계는 멸망했다. 그리고 이성적인 天(천)이 이를 대신했다. 그것은 중국 정신사에 있어서 최초의 혁명적인 전환이었다.

지금까지 주술적인 신비스러운 힘의 지배를 받았다고 생각되던 존재들에 대해, 모두 도덕적이자 내부에서 지지를 얻는 것으로서 하늘의 뜻에 부합한가 그렇지 않은가에 따라 의미를 부여하고 평가하게 되었다. 德(덕)(4장 표제지 9-2)은 본래 目의 주술력을 의미했던 글자이다. 눈 위에 붙인 표시는 주술력을 보여주기 위해 더한 것이었다. 일본 신화에서도 야마토(大和)의 타카사지노(高佐士野)를 가는 처녀가 오오쿠메노미코토(大久米命)에게, "어머, 치도리(물떼새) 같은 눈이군요. 어째서 눈에 입묵을 했나요"[121]라고 그 눈의 이상한 모습을 물었다. 이민족에 접할 때에는 그러한 문식을 가했던 것이리라. 德(덕)의 초문도 그러한 글자였다. 처음에는 心(심)을 더하지 않았다. 彳(척)을 더하고 있는 것은 눈의 주술력으로 타자와 접한다는 의미이다. 省(성, 살피다)(4장 표제지 13-11)도 거의 같은 형태를 지닌 것을 붙이고 있

196

다.[122] 그러나 이윽고 그 주술적 힘이 문식에 있는 것이 아니라 내적인 덕성, 정신적 힘에 뿌리를 둔다고 간주되기에 이르렀다. 고대의 주술적 행위를 나타내는 글자는 이런 식으로 인간의 내면적 덕성을 의미하는 말이 되었다. 德(덕)의 글자에 心(심)을 더하기 위해서는, 帝(제)에서 天(천)으로의 전환, 인간 내면성에 대한 자각을 필요로 하였다.

확실한 동시대 자료로, 주나라 초 강왕 23년의 기년을 기록한 대우정(大盂鼎)(4장 표제지)[123]의 앞부분을 들 수 있다.

아아 9월, 왕이 종주(宗周)에 있으면서 우에게 책명(冊命)한다.

왕이 이와 같이 말한다. "우여, 심히 훌륭하신 문왕, 하늘이 내린 대명을 받으시고, 분왕을 이어 무왕이 나라를 만드셨다. 그 악(惡)을 열어젖히고, 사방을 보유하여, 그 백성을 준정(畯正)했다. 어사(집무)에 있어서 술에 이르러서도 감히 취하지 말고 제사하며, 증사하는 일이 있어도 감히 어지럽히는 일 없도록 하라. 그래서 하늘이 익림(翼臨)하여 자애를 하며, 선왕을 법보(灋保)하고, 사방을 □有하도록 하라.

내가 듣건대 은이 하늘이 준 대명을 떨어뜨린 것은 이
는 은의 변후전(邊侯甸, 제후)과 은의 정백벽(正百辟, 많은 군장)
이 앞장서서 술에 빠져서라고 한다. 그러므로 사(師, 인민)
를 잃어버리고 말았다.

아아, 너는 매신(昧辰, 새벽)에 대복(大服, 의례)의 일이 있다.
나는 아아, 나의 소학(小學)에 가리라. 너는 나, 너의 벽(辟,
군주)인 한 사람에 아첨하지 말라.

지금 나는 형름(刑稟, 규정)을 따라 문왕의 정덕에 나아가,
문왕의 명하신 바 이삼정(二三正, 서너 통치원칙)에 따르고자
한다. 지금 나는 아아, 너 우에게 명하여 섭영(보조)하도록
하게 한다. 덕경(德經, 덕의 기본)을 경조(敬雕)하여 민첩하게
조석으로 들어와 간하여, 잘 분주하여 천외(天畏)를 두려워
하라."

왕이 말했다. "아아, 너 우에게 명하여 네가 뒤를 잇는
시조 남공을 본받도록 하라."

왕이 말했다. "우여, 즉 협협(보상, 재상)으로서 융사를 사
사(死嗣, 결정)하라. 사송(詞訟)을 민첩히 하여 삼가, 숙석(夙
夕, 조석의 섬김)하여 나 한 사람을 도와서 사방에 군주답도록
만들라. 나에게 있어서 선왕께서 주신 백성과 선왕께서

주신 강토를 율성(適省)하게 하라."

[隹(同唯)九月, 王才(通在)宗周, 令(通命)盂. 王若曰:"盂, 不 (通丕)顯玟王受天有(通佑)大令(命), 在(載)珷王嗣玟乍邦, 闢 (通辟)氒(通厥)匿(通慝), 匍有四方, 畯(通畯)正(通政)氒(厥)民, 在 (通于)御事, 酉(通酒)无敢酖, 有紊 · 蒸, 祀无敢擾扰, 古(通故) 天异(通翼)臨子, 灋保先王, 有四方. 我聞殷述(通墜)令(命), 隹(唯)殷邊侯田(通甸) (通與)殷正百辟, 率肆(通肆)于酉(酒), 古 (故)喪師, 巳. 女(通汝)妹(通眛)辰(通晨)又(通有)大服, 余隹(唯)即 朕小學, 女(汝)勿克克余乃辟一人. 今我隹(唯)卽井(通型) 于 玟王正德, 若玟王令(命)二三正. 今余隹(唯)令(命)女(汝)盂, 榮, 敬擁德巠(通經), 敏朝夕入讕(通谏), 享奔走, 畏天畏(通 威)."

王曰:"!令(命)女(汝)盂井(型)乃嗣且(通祖)南公."

王曰:"盂, 廼夾死(通尸)司戎, 敏諫(通勅)罰訟, 夙夕召我一 人烝四方, (通與)我其適省先王受民受疆土.]

늦어도 기원전 천 년 이하로 내려가지 않는 문장이다. 여기서는 명확한 형태로 天(천) 사상을 진술하고 있으며, 문왕과 무왕의 통일은 하늘이 그 대명을 부여한 것이라고 선언하고 있다. 그것은 제사 때에도 천의에 따라 그 덕을 삼갔기 때문이다. 이에 비하여 은이 천명을 잃은 것은 그들이 제사에 임하여 술에 취해 난동을 부리며 반성하는 일이 없었기 때문이라고 규탄하고 있다.

은나라는 제정일치의 왕조였다. 한 해의 전 기간을 모두 제사로 가득 채움으로써 지배 질서를 성취했다고 볼 수 있는 왕조이다. 제사에는 많은 술을 사용했다. 이것은 은나라 청동기의 대부분이 술그릇이었다는 사실로부터도 알 수가 있다. 그들은 술에 취함으로써 신과 동화하고 신의 뜻을 즐겁게 할 수 있다고 생각했던 것이다. 취하는 일은 제사에 필요한 조건이었다. 하지만 현실적인 주나라 종족의 관점에서 보면, 이것은 이해할 수 없는 습속이었다. 天(천)은 훨씬 엄숙한 것이다. 서북 산릉 지역의 엄중한 자연조건 속에 생활했던 주 종족으로서는 술에 취한다는 것은 퇴폐의 상태를 드러내는 사실로밖에 생각할 수가 없었다. 은나라가 멸망한 것은 제사에서의 주란(酒亂)이 신의 뜻을 어기는 일로 비쳐졌기 때문이라고 여겼다. 이러한 주나라 사람의 이해 방식은 『서경』「주고(酒誥)」편에도 서술되어 있고, 또 그 밖의 주서(周書)라 불리는 부분의 여러 편에도 나온다. 「주고」에서는, 주나라가 은나라 사람에 대하여, 은나라 멸망의 원인이 주란에 있음을 말했다. 주서의 다른 편에서도 은나라 사람이 천명을 잃은 것은 은나라 사람 스스로에게 귀결할 이유가 있음을 설득하려고 애쓰는 듯하다. 이 대우정의 기물을 만든 우(盂)도 별도로 간(干)의 이름을 지닌 부조(父祖)의 기물을 만들었으므로, 본래 은나라 계통에 속하는 씨족이었다고 생각된다. 그렇기에 왕의 고명(誥命)에서 또 은의 천명 실추의 일을 언급한 것이다.

풍요로운 농경사회를 기초로 성립하고, 제사를 계절적인 리듬에 따라 거행하며, 많은 신들과 함께 생활했던 동방 고대의 은 왕조는, 목축 사회를 기초로 하고 주위의 유목민족과 과감한 투쟁을 하면서 살아온 주 종족의 관점에서 보면, 그야말로 신화 속에 잠자는 사회였다.

도덕적 관념이 주나라에 이르러 고양되었던 이유의 하나로서, 다음과 같은 사실을 지적할 수가 있으리라. 주나라는 본래 은나라의 한 종족에 지나지 않았다. 그 지배는 불과 섬서 북부 산릉의 지대에서 위수(渭水)에 이르는 범위에 지나지 않았다. 무력으로 은 왕조를 붕괴시킬 수는 있었으나 고대 왕조가 지닌 잠재적 실력은 아직 얕잡아 보기 어려운 면이 있었다. 『서경』 주서(周書)의 여러 편에 의하면, 주는 이미 멸망한 은나라 사람을 늘 '대방은(大邦殷)'이라고 부르고 있다. 연해의 동이계에 속했다고 여겨지는 이 은나라 왕조에 대해서는 여전히 동이계 종족들의 변함없는 지지가 있었다. 이에 비하여 주를 수령으로 하는 서북의 하계(夏系) 제 종족은 통일되지 않은 연합체에 불과했다. 수백 년에 걸쳐 은 왕조가 이룩했던 통일체가 하루아침에 전복되지 않을 것이라는 점은 주나라 사람도 숙지하던 바였다. 그래서 은나라의 기내(畿內)에 있던 위(衛) 땅에는 특히 주공의 형제인 관숙(管叔)·채숙(蔡叔)·곽숙(霍叔)을 골라서 투입했으나, 이 삼감(三監)은 은나라 세력에 휘둘려 도리어 주나라에 반란을 일으키고 말았다. 이러한 끊임없는 시련과 긴장 속에서 주나라 통일 사업은 추진되었다. 정신적인 긴장은 인간의 내면에 있는 새로운 가능성을 환기시키기 마련이다. 삼감의 반란 때 옹립된 왕자 녹부(祿父)는 녹자성(祿子聖)이라고도 부르고 또 천자성(天子聖)이라고도 부르는 이름으로 기록된 기물을 남기고 있다. 이들도 또한 천자의 이름을 가지고 주나라에 대항하려고 한 것이리라.

주나라는 후진의 나라였다. 충분한 청동기 문화도 없었고, 문자도 은에서 배운 것이었다. 서주 시기에 들어서서도 청동기를 남기고 있는 것은 대부분 동방계의 본래 은나라 문화권에 속하던 여러 종족이었다. 주나라는 은나라 문화권의 종족들 가운데 귀족이나 직능적 씨족의 대부분을 성주(成周, 지금의 낙양)나 종주(宗周, 지금의 서안)로 이주

사진 22. 금문 대보궤(大保殷). 서주 전기. 왕이 은의 왕자 녹자성(彔子聖)을 치는 정명(征命)을 발하여, 대보(大保)가 그 토벌에 성공하여, 토지를 하사하고 기물을 만든 사실을 기록했다

시켰다. 성주로부터 출토되는 초기 청동기에는 대표적인 우수품이 많지만, 그것들은 성주에 이주당한 은나라 귀족들, 즉 서은(庶殷)의 기물이다. 또 중기의 방경(奔京)에서 벽옹 의례를 집행한 사람들도 대개 서은이었다. 주나라는 정치적으로는 지배자였어도 문화적으로는 아직 대단히

후진적인 나라였다.

만일 이 동방계 제 종족들을 귀화족이라는 말로 부르는 것이 허용된다고 한다면, 서주의 문화는 귀화족에 의하여 지탱되고 전개되어, 차츰 주의 예악문화를 형성해갔다고 할 수 있다. 그 군사력에서도 은나라의 팔사(八師), 서(西)의 육사(六師) 등, 이 귀화족을 가지고 편성한 군대를 사역시켰다. 그런 가운데서도 주나라 사람의 창조라고 인정할 만한 것이 있다고 한다면, 그것은 天(천)의 사상이다. 그리고 이 사상혁명은 의식의 변혁을 가져와서, 문자에 대해서도 종래의 어의(語義)의 내용에 상당한 개변을 가져왔다는 사실은 부정할 수가 없다. 앞서 대우정에 나오는 도덕적인 의미를 지닌 어휘들은 갑골복사에는 그리 보이지 않는다. 또 앞서 존재하던 어휘들이라고 해도 그 어의를 바꾼 것이 많다. 德(덕)이란 한 글자를 보아도 그 점을 잘 알 수가 있다.

鹽(소)(사진 20)는 본래 신을 초빙하는 예를 뜻하는 글자였는데, 대우정에서는 보상(輔相)의 의미로 사용했다. 畏(외)(4장 표제지 11-2)는 귀신을 경원하는 뜻을 지닌 말이었는데, 천의 명위(明威), 천명의 엄숙(嚴肅)을 뜻하게 되었다. 諫(간)(4장 표제지 10-11)은 소송의 때에 속시(束矢)를 납부하는 형태라고 생각되는 東(동) 자를 더하고 있으므로 본래 맹세한다는 의미의 말이었겠으나, 간계(諫戒)의 뜻이 되었다. 敏(민)(4장 표제지 12-9)은 부인이 제사에 서두르는 모습을 나타내는 글자였는데, 정무에 힘쓰는 뜻으로 사용하게 되었다. 奔走(분주)(4장 표제지 10-13)나 夙夕(숙석)(4장 표제지 12-13) 등도 본래는 제사용어이지만, 여기서는 왕사에 분주하는 뜻으로 되었다. 사상의 변화에 따라 어의가 달라지는 현상은 지금도 흔히 볼 수 있는 일이다. 어의 변천의 커다란 요인으로서 이러한 사실도 흘려 보아서는 안될 것이다. 어의는 사회생활과 그 의식의 변화에 따라서 추이한다. 은·주의 변혁기는 이런 의미에서도 역사적으로 중요한 시기였다.

14 13 12 11 10 9 8 7 6 5 4 3 2 1

금문 대극정(大克鼎) 후반. 서주 후기. 선부극(善夫克)이
책명(冊命)을 받고 많은 토지를 하사받은 사실을 기록했다

제5장
사회와 생활

전쟁과 평화

武(무)를 『설문해자』에서는 "止戈(지과)를 武(무)라고 한다"라고 했다. 즉, 무력을 억제하는 것이 무(武)라고 한 것이다. 이 설은 복문과 금문의 자형이 戈(과, 창)를 들고 전진하는 형태(권두사진 1-9)로 되어 있는 점에서 보면 분명히 잘못이다. 하지만 이러한 해석 속에 전쟁 부정을 원하는 인류의 희망이 반영되어 있다고 생각된다. 병법서 『손자』는 그 권두에 "병(兵)은 나라의 대사요, 생사의 경계, 존망의 도이다. 자세히 살피지 않으면 안 된다"라고 서술하고 있다. 兵(병)은 斤(근, 도끼)을 휘두르는 글자이다. 戒(계, 경계하다)는 戈(과)를 두 손으로 들고 있는 형태이다. 무력은 본래 방위적으로 사용해야 할 것이다.

戰(전)은 單(단)과 戈(과)로 이루어진 글자이다. 單(단)은 원형 혹은 타원형의 방패로, 위에 장식을 붙이고 있다. 미개 사회에서는 방패에 깃 장식 따위를 붙이는 일이 많다. 周(주)(사진 16·1, 3)는 본래 방형의 방패에 조각을 하여 장식을 더한 글자이다. 아래에 ㅂ가 놓여 있는 것은 축고(祝告)를 한다는 뜻을 나타낸 것이다. 방패 盾(순)은 방패를 가지고 얼굴 전면을 덮고 있는 모습이다. 盾(순)은 전쟁에서도 사

용하고 수렵에서도 사용했다. 그래서 사냥할 狩(수)의 초
문도 單(단)과 犬(견)으로 이루어졌다. 獸(수, 짐승)(4장 표제지 15-6)
는 狩(수)의 초문이다. 狩(수)는 뒷날의 형성자이다. 수렵은
옛날에는 군사 훈련의 의미를 겸했다. 獸(수)의 아랫부분
에 ㅂ가 있는 것은 狩(수)의 성공을 기원하는 축고의 그릇
을 더한 것이다. 犬(견)은 옛날부터 수렵에 사용했다. 주나
라 초의 금문에는, 왕이 수렵할 때 犬(견)을 동원하였는데
그 개를 다루는 솜씨가 훌륭하다고 칭송을 받자 기물을
만들었다는 사실을 기록한 것이 있다.

　군사를 가지고 다른 읍을 정복하는 일을 正(정)이라고 한
다. 正(사진 24·2)은 口과 止의 형태로 적는다. 口은 성읍의
형상이다. 그 아래에 사람의 형태를 더한 것이 邑(읍)이고,
다수의 사람들을 도열시킨 것이 衆(중)이다, 邑(읍)을 戈(과)
로 衛(위, 지키다)하는 것이 或(혹)(사진 23·2-3)으로, 곧 國(국)의 초
문이다. 正은 갑골복사나 금문에서는 정장(正長), 즉 관리
의 장이란 의미로 사용했다. 대우정에 '은의 정백벽(正百
辟)'(4장 표제지 6)이라고 한 正(정)이 그것이다. 이것은 읍의 지
배자를 의미했다. 지배자의 임무는 거기서 부세를 징수하
는 데 있었다. 부세를 취하는 일을 옛날에는 征(정)(사진 22·

사진 23_금문 보유(保卣). 서주 전기. 보(保)는 왕명에 의해 은의 동국을 순찰할 때 오후(五侯)가 그에 협력하여, 보로부터 그 공으로 상을 받게 되어 만든 기물의 명문. 3행에 '멸력(蔑曆)', 명문 끝에 '이월 기망(二月旣望)'의 글자가 보인다. 유(卣) 는 주기(酒器)

2-2)이라고 했다. 정취(征取, 징취)의 뜻이다. 『맹자』에 "관시(關市)는 기(譏)하되 정(征)하지 않는다"[124]라는 말이 있다. 입국자의 짐을 검사할 뿐, 관세를 취하지 않는다는 의미이다. 정복자는 그 정복한 토지로부터 부세를 정취(征取)했다. 그것을 政(정, 정사)(권두사진 31-4)이라고 했다. 그 일을 관장하는 자가 正(정)이었다. 정취의 권리는 정복자로서는 극히 정당한 것으로 간주되었다. 그러므로 그것은 또한 正義(정의)의 뜻이 되었다. 정의란 대체로 지배자의 논리이다.

전쟁에는 고사(瞽師)나 무녀(巫女)가 따라갔다. 고사는 사광(師曠)처럼, 북 鼓(고)의 음이나 자연의 소리에 의해 길흉을 예지할 수가 있었다. 갑골복사에서는 적의 내침을 '래고(來鼓)'라고 했다. 북을 치는 것은 무녀였다. 무녀는 媚(미)(사진 7)라고 불리는 존재로, 적에게 주술력을 걸기 위해 북을 끼고 군대의 선두에 섰던 것이리라. 혹은 말싸움 같은 일도 행했을지 모른다. 전쟁은 주술력의 싸움이며, 더 나아가서는 씨족이 받드는 위엄스런 신령들의 싸움이었다. 그 위엄스런 신령을 나타내는 것이 媚(미)였다. 그러므로 싸움에 이기면 媚(미)를 죽여서 적의 주술력을 완전히 봉쇄했다. 그 글자가 伐(벌)로, 蔑(멸)의 초문이다. 금문에서는 전공을 표창하는 일을 멸력(蔑曆)이라고 했다. 난해한 말로 간주되어왔으나, 蔑(멸)은 伐(벌)과 같아, 그 공을 정표(旌表)한다는 의미이다. 曆(력)의 초문은 厤(력)으로, 厤은 전공(戰功)을 말한다. 글자는 禾(화)를 나란히 둔 형태, 즉 兩禾를 구성요소로 한다. 이 글자에 대해서는 조금 설명을 할 필요가 있다.

禾(화)를 따르는 글자에 和(화, 화하다)가 있다. 『설문해자』에는 창화(唱和)의 뜻으로 풀이했으나, 그것은 禾(화)를 성부로 보고 ㅂ를 口耳의 입 口(구)로 해석한 것이다. 글자의 오래된 용법에서 和(화)는 군문(軍門)을 뜻하는 말이었다. 『주례』의 「대사마(大司馬)」에, "旌(정, 깃발)을 가지고 좌우 和(화)의

문으로 삼는다"라고 했고, 후한 때 정현(鄭玄)의 주에 "군문을 화(和)라고 한다. 지금은 이것을 누문(樓門)이라고 한다. 두 旌(정)을 세워서 그로써 이것을 만든다"라고 했다. 하지만 옛날에는 旌(정)이 아니라 禾(화)를 세웠던 것이다. 禾(화)는 禾黍(화서)의 禾(화)가 아니라 상단이 조금 구부러진 나무, 혹은 그 선단에 횡목을 더한 형태의 것이다. 두 禾(화)를 군문이라 하는 것은 그런 나무를 군문에 세운다는 뜻이다. 『손자』에 "交和(교화)하여 舍(사)한다"라고 했듯이, 그것은 주둔지의 문이었다. [125]

休(휴, 쉬다)(사진 22·3 끝)도 禾(화)를 구성요소로 하는 형태가 오래된 자형이다. 곽말약은, 休(휴)는 군대가 휴식을 취한다는 뜻이며, 군대의 일이니 경작물 위라도 상관없이 휴식하기 때문에 글자가 禾(화)를 구성요소로 한다고 했다. 하지만 禾(화)가 군문을 나타낸다는 것을 안다면, 그러한 해석을 하지 않아도 된다. 고대의 군대는 신의 깊은 사려에 따라 행동했으므로 그런 터무니없는 짓은 하지 않았을 터이다. 또 休(휴)는 본래 휴식을 의미하는 글자가 아니다. 금문에서는 "천자의 丕(비, 크다)하게 顯(현, 나타나다)하는 魯休(노휴)"(5장 표제지 12-3)라는 식으로, 천자나 군주로부터의 상사

(賞賜)를 休(휴)라고 했다. 영광을 의미하는 글자이다. 그것은 본래 군문 앞에서 표창하는 것을 의미했다. 그래서 모든 축하할 만한 일을 休(휴)라고 했다.[126]

禾(화)가 군문을 뜻한다고 한다면, 和(화)의 의미는 저절로 분명해진다. 和(화)는 군문 앞에서 강화(講和)를 맺는 일이다.[127] ㅂ는 그 맹약을 나타내는 기물이다. ㅂ 속에는 축고의 글을 수납했다. 그것이 日(왈)이다. 즉 蔑曆(멸력)의 曆(력)은 산등성이 따위를 등지고 주둔지의 군문 앞에 축고의 글을 둔 형태이다. 그것은 아마도 군공을 기록한 것이었으리라. 曆(력)은 그 군공을 가리키는 말이다. 蔑曆(멸력)이란 군공을 표창하는 것을 말한다. 蔑(멸)의 글자에도 禾를 더한 형태가 있는 것은 그 의례를 군문에서 행했기 때문이다.

和(화)는 또한 동음의 관계 때문에 桓(환, 굳세다)이라고도 한다. 한나라 때에는 역정(驛亭)에 그런 나무를 세워서 그것을 桓(환)이라고 불렀다. 亭(정)은 1백보 사방의 위를 높이 쌓고 그 위에 건물을 만들어, 옥상에 높은 지붕을 세운다. 높이는 1장(丈) 정도이다. 그 윗부분에 기둥을 관통시켜 사방으로 나가는 작은 횡목을 붙였다. 이것을 환표(桓表)라고 부른다. 환표는 또한 화표(和表)라고도 했다. 뒷날의 화표(華表, 일본 도리이[鳥居])의 원형을 이룬 것이다. 도리이의 반 정도의 형태라고 생각하면 좋다. 일본의 도리이는 남방 기원의 것인 듯하다. 동남아시아의 타이 북부에 있는 이코족은 마을 입구에 도리이를 세워 신의 사자인 새를 장식으로 붙여둔다고 한다. 북방의 만몽(滿蒙) 지역에서는 가문 등의 앞에 높은 기둥 하나만을 세워서 신간(神桿, 솟대)으로 삼았다. 신간과 화표와 도리이는 남북의 차이가 있기는 하지만 같은 기원을 지닌 것으로 생각해도 좋다.

화표는 성이나 가문, 또 묘문의 입구에 세우는 것으로, 한나라 때는 그 형태를 따라 교오주(交午柱)라고도 불렀다. 지난날 요 임금은 통로 부근에 이것을 세워두고 비방(誹謗)의 나무라고 불러, 백성으로 하여금 생각하는 바를 기록하게 했다. 말하자면 투서함과 같았다. 신을 통하여 고한다고 하는 의미이리라. 진나라 시황제는 이를 싫어하여 폐기했으나, 한나라 때 다시 그 제도를 회복시킨 것이 교오주라고 한다. 비방의 나무라는 것은 전설에 지나지 않지만, 그 옛날 호소할 곳 없는 고통을 지닌 사람들은 신이 머문다는 나무에나 기도할 수밖에 다른 도리가 없었을 것이다.

만몽 지역의 가문 앞에 세워진 신간(솟대)은 반육(飯肉)을 바치는 완(椀)을 기둥 상부에 붙여 두었다. 옛날에는 제사의 신간으로서 그 부분에 축고의 그릇을 붙여 두었던 것이 아닐까 생각한다. 그리고 신이 지배하는 지역에 그러한 표목들을 세웠다. 標(표)는 일본에서도 '점을 묶는다'는 뜻으로 사용하는 말이다. 그 표목의 형태가 在(재)이다. 대우정에 나오는 "宗周(종주)에 在(재)하다"의 在(4장 표제지 1-5)가 그 형태이다. 在(재)란 신이 머무는 곳을 의미했다. 在(4장 표제지 2-8)의 자형은 그것을 士(사) 즉 병기에 더한 형태로, 신성한 표시를 붙여 정화하는 것을 말한다.[128]

木의 가지에 축고를 걸쳐둔 형태가 告(고), 이것을 손으로 받들고 있는 것이 史(사)이다. 史(사)의 윗부분도 在(재)의 초문과 같은 형태인 것이 있다. 이것을 작은 형태로 만들어 사물을 정화할 때 사용한 것이다. 전쟁을 시작할 때는 이것을 戈(과)에 붙여서 정화했다. 𢦏(재)가 그것이다. 이것에 또 축고를 더하면 哉(재)가 된다. 哉(재)는 군사를 일으킬 때의 의례였다. 그래서 哉(재)에는 '처음'이란 뜻이 있다. 이것에 車(거)를 더하면 載(재, 싣다)이다. 載(재)도 원래 뜻은 '시작한다'이다. 車(거)에 수호 부적을 붙인다고 하는 부류이다. 어느 것이나 모두 군사에 관한 글자였다. 이 점으로 미루어, 裁(재)·栽(재)의 𢦏(재)도 그저 성부인 데 그치는 것이 아닐지도 모른다. 裁(재)는 신의(神衣)를 마름질하는 일, 栽(재)는 신목(神木)을 심는 일을 뜻한다고 생각할 수 있다. 일반적으로 그저 성부라고 생각되고 있는 것들 가운데에도, 그 글자가 성부로서 선정될 때 글자의 원래 뜻을 고려하는 일이 있었기 때문이다. 특히 아주 오랜 옛날에 성립한 문자에는 그 관계를 고려할 것이 많다. [129]

가요에 대하여

말이 신과 함께 존재하여, 말이 신 그 자체였던 시대에, 신과 교섭하는 직접적인 수단은 말의 주술능력을 고도로 발휘하는 일이었다. "말의 정령이 축복하는 나라"[130]라는 것은 단지 일본의 고대만은 아니었다. 중국에서도 말의 정령을 경원하는 관념이 고대문자의 구성에 나타나 있다.

주술로서의 말은 일상의 언어 사용과는 다소 차이가 있어야 주술력의 효과를 높일 수 있다고 여겼다. 불경을 읽고 성서를 읽을 때도 적당한 억양이나 리듬이 필요하다.

그 가장 고대적인 것이 노래였다. 일본어에서 歌(가, 노래)를 뜻하는 '우타'라는 말은 어쩌면 '우츠타후(호소하다)'라는 말과 관계가 있는지 모른다. 노래는 신에게 호소하고 애고(哀告)하는 말이었다.

고대인의 감정은 소박하고 겉치레 없이 담백했으며, 인위적인 면이 없었다. 그들이 신에게 기도하는 것은 본래 신에게 애소(哀訴)하는 것이었다. 그들의 감정은, 기도하는 이상 실현되어야 한다고 요구해 마지않았다. 어찌해서라도 신이 들어주지 않으면 안 된다고 하는, 억지 하소연에 가까운 면이 있었다. 歌(가)는 可(가)를 요소로 하는 글자로, 금문은 訶(가)로 적었다. 可(가)는 축고를 표시하는 ㅂ를 앞에 두고 柯(가, 가지)를 가지고 呵(가, 꾸짖다)하는 형태이다. 그것은 신을 呵(가)하여 자신이 기도하는 바의 승인을, 허가(許可)를 요구하는 것이었다. 주나라 예악의 창시자로 간주되는 주공은 일찍이 형 무왕이 병석에 누웠을 때 건국 초창기이므로 자신이 대신하게 해달라고 기도한 일이 있다. 그것은 비밀리에 행해져, 그 기도는 자물쇠로 엄중하게 밀폐한 금등(金縢)에 수납되었다. 그 때문에 주공에 대한 의혹이 일어나 삼감(三監)의 반란이라는 대사건을 초래했다. 『서경』「금등」편은 그 설화를 기록한 문장인데, 이 때 주공은 갖가지 수많은 옥들을 신 앞에 봉헌한 뒤 "만일 이 기도를 들어주지 않는다면 이 봉헌한 것들을 모두 물리고 말 것이다"라고 신을 위협했다. 신을 呵(가)하여 그 실현을 요구한 것이다.

歌(가)는 哥(가)를 따른다. 금문에서도 訶(가)의 방(旁)을 그 형태로 삼은 것이 있으니, 나란히 축고한다는 뜻이리라. 축고의 말에는 억양과 리듬이 있었다. 그것이 歌(가)이다. 뒷날 欠(흠, 하품)을 따르는 것은 입을 벌려 노래하는 사람의 형상을 더한 것이다.[131]

歌(가)는 『시경』에서는 주술가라는 뜻으로 사용한 것이 많다. 진풍(陳風)의 「묘문(墓門)」은, 남편의 무정함을 원망하는 시인데, "그 사람 어질지 못하니 노래로 일러주네(夫也不良, 歌以訊之)"라고 호소하고 있다. 소아 「하인사(何人斯)」편은 남을 저주하는 시인데, "호가 한 곡 지어 바치니, 못 믿을 그대 마음 따져나 보세(作此好歌, 以極反側)"라고 했다. 호가(好歌)란 것은 歌(가)의 주술력을 요란스럽게 떠들며 하는 말이다. 또 대아 「상유(桑柔)」는 16장이나 되는 장편의 정치시[132]인데, 위정자의 실정에 공격을 가한 뒤, "그대가 비록 알 바 아니라고 하겠지만, 이미 그대 위해 이 노래 지었네 (雖曰匪予, 旣作爾歌)"라고 매듭지었다. 한번 노래로 표현이 되면 그것은 움직일 수 없는 실재의 것이 되어, 그 주술력을 발휘한다. 어떠한 권력자도 그 주술적 속박으로부터 벗어날 수가 없다고 하는 확신이 이러한 표현을 성립시킨 것이다.

謠(요, 노래)는 본래 䚻(요)로 적었다. 言(언)은 축고이며, 다른 부분은 肉(육)을 걸어 바치는 형상이다. 점복이나 애소에 대하여 신이 고하는 바가 䚻(요)이다. 갑골의 복점에서 그 점단의 語(어)를 䚻(요)라고 했다. 점단은 본래 신의 계시에 의한 것이다. 동요를 점단에 사용하는 것은 그것이 무의식적인 신의 계시의 말이라고 간주되었기 때문이다. 『국어』「진어(晉語)」에는 "요상(妖祥)을 謠(요)로 변별한다"라는 말이 있다. 歌謠(가요)란 인간이 말의 주술력을 최고도로 높여서 신과 교통하는 수단으로 삼은 것이었다. 따라서 가요의 가장 원시적인 것은 제사나 의례에 사용하는 것이었다.

諺(언)은 일본에서는 옛날부터 '와자우타'라고 읽었다. '와자'란 주술적 힘을 지닌다는 뜻이다. 고토와자(속담)도 마찬가지여서, 주술적인 언어였다. 『설문해자』에서 諺(언)을 "傳言(전언)이다"라고 풀이한 것은 諺(언)과 傳(전)의 운(韻)이 같기 때문에 첩운(疊韻)의 훈을 사용한 것인데, 옛날부터 전승되어온 諺(언)이란 뜻을 드러내는 듯하다. 일본의 경우 『히타치 풍토기(常陸風土記)』에 諺(언)의 예가 많이 실려 있다.

> 국속의 고토와자에, "츠쿠바 산에 검은 구름이 걸려 있으니, 옷소매의 히타치 구니"라고 하는 것이 이것을 말한다.[133]

그것들은 본래 토지의 혼령을 환성시키는 말이었다고 여겨졌다. 그 말들은 신이 가르쳐준 신탁에 기원한다고 간주되었다. 이자나기노미코토(伊邪那岐命)가 "일본은 마음이 평안한 나라, 정교한 무기가 갖추어진 나라, 지상에 정돈되어 나타난 나라"[134]라고 고했다는 이야기 등이 그것을 나타낸다.[135] 앞서 들었던 『국어』의 주에 "諺(언)은 俗(속)의 善謠(선요)이다"라고 한 것은 이런 종류의 말을 가리킨 것으로 보이며, 중국의 고대에도 말의 주술능력을 믿었던 것이다.

고토와자의 와자는 '와자와이(재앙)'를 나타내는 말이다. 諺(언)도 본래는 주술의 말을 가리킨다. 선악의 두 뜻으로 사용되지만, 어느 쪽인가 하면 저주에 가까운 말이다. 언어는 본래 주술적인 말이다. 言(언)은 辛(신)과 축고의 ㅂ를 구성요소로 하는 자기 저맹의 말이다. 語(어, 말씀)는 저주를 막는 방어적인 말이다. 語(어)의 초문은 吾(오, 나)(권두사진 26-5)로, ㅂ 위에 무거운 뚜껑을 덮어서 저주력을 지키는 뜻이다. 吉(길)(사진 31·1)과 咸(함)(사진 25·2)도 모두 병기를 지니고 ㅂ를 지키는 형태이다. 그러므로 '詰(힐, 묻다)한다', '緘(함, 봉하다)한다'의 뜻이 된다. 古(고)(4장 표제지 4-12)는 같은 의미의 글자로, 견고의 뜻이 있다. 古(고)를 쳐서 부수는 것을 故(고, 연고)라고 한다. 사고를 의미한다. [136]

諺(언)은 두말할 것도 없이 형성자이다. 彦(언, 선비)에 의미가 있는 것이 아니다. 그 글자는 옛날에는 衒(현)으로 적었을 것이다. 衒(현)은 또 衙(현, 자랑하다)으로 쓰기도 한다. 복문에는 行(행)의 사이에 媚(미)를 적은 것이 있다. 衒(현)은 도로에서 저주하는 뜻을 나타내는 글자이다. 媚(미)는 그 주술자를 나타내는 글자이다.

衒(현)은 신들림의 말로서, 『초사』에 나온다. 『초사』「천문」편은『산해경』과 함께 고대 신화전설의 보고로 간주되는 매우 이색적인 글이다. 그 속에는 '요부예현(妖夫曳衒)한다'[137]라는 구절이 있다. 옛날 서주 마지막 왕인 유왕(幽王) 때, 신들린 기이한 남자가 달려가면서 기괴한 말을 외쳐대었다고 전한다. 서주의 멸망에 얽힌 이야기이다.[138] 또 주나라가 동쪽으로 천도할 무렵 이천(伊川)의 언저리에 머리를 풀어헤치고 들판에서 신을 제사하는 남자가 있어, "백년 뒤 이 지역은 융적의 거처가 되리라"라고 미친 듯 외쳤다. 둘 다, 무언가 신이 들러붙어서 신들림의 말을 외치게 만든 것이다. 고토와자가 일본에서 신탁의 말로 간주되는 것도 본래는 신들림의 말이기 때문이리라.

衒(현)은 '과시하다'의 뜻으로 읽는 글자이다. 사람을 환혹(幻惑)하는 기술을 가리킨다. 術(술, 재주)은 求(구, 구하다)와 비슷한 형태를 구성요소로 하고 있다. 求(구)는 裘(구, 갖옷)이고, 術(술)은 동물의 가죽이다. 아마도 동물령을 이용하여 도로에서 저주하는 것을 말하는 듯하다. 殺(살)이나 弑(시, 윗사람을 죽이다)의 편방과 비슷한 글자로, 탈을 일으키는 동물령을 사용한 것이다. 衒(현)은 玄(현)을 성부로 하는 글자인데, 行(행) 사이에 媚(미)를 더하고 있는 복문의 글자와 의미가 같을 것이다. 媚(미)란 요사(妖邪)한 무고(巫蠱)를 가지고 사람을 현혹시키는 행위를 뜻한다. 현미(衒媚)란 그러한 주술을 말하는데, 말에 의한 저주를 현(衒)이라 한다. 전쟁을 시작하기 전에 적을 향하여 미녀(媚女)가 거는 저주를 뜻했다.

謠(요)나 諺(언)은 또한 妖言(요언)이라고도 일컫는다. 동요에는 요언으로서의 일면이 있다고 간주되었다. 요언은 신이 행하는 심술이었다. 그것은 젊은 여자인 무녀가 하는 일이었다. 젊고 아름다운 여자를 요염(妖艶)이란 말로 표현한다. 妖(요, 요사하다)란 기이한 힘을 느끼게 만드는 아름다움이다. 요사(妖邪)를 이룬다고 할 때의 妖(요)는 祅(요, 재앙)로 쓰는 것이 옳다. 芺(요, 엉겅퀴)는 아마도 笑(소, 웃음)의 초문일 것이다. 笑(소)는 본래 요사한 짓을 하는 것을 뜻했다.

웃음은 신비하다. 모나리자의 아름다움은 그 미소 속에 있다. 사람은 웃는 일을 추구한다. 한때의 웃음을 추구하여 사람들은 하루하루 괴로움을 참는다고 할 수 있다. 하지만 웃음은 본래 신의 것이었다. 혹은 신에게 작용을 하는 행위였다. 笑(소)란 글자는 竹(죽)과 犬(견)으로 이루어져 있다고 생각되어왔다. 犬(견)이 대나무(竹) 광주리를 들쓰고 괴로워하고 있는 형상이 우습다고 설명한다든가, 옛날 그림에도 대나무 가지 아래 犬(견)을 기르고 있는 그림이 있다고 설명하는 식이었다. 개 犬(견)이 웃음을 표시한다고 하면, 슬픔을 표시하는 哭(곡, 울다)은 어째서 개 犬을 구성요소로 하느냐며 반론을 한 학자도 있었다. 코끼리나 호랑이가 어떤 종류의 식물을 먹으면 취하여 갈지자 걸음을 걷는다든가 웃는다든가 한다는 이야기는 있지만 개가 대나무를 먹어서 웃는다고 하는 이야기는 전혀 들은 바가 없다. 그러자, 바람이 불어서 한 쪽으로 기우는 대나무 모습이 웃는 모습과 비슷하기 때문에 그런 글자가 만들어졌다는 설이 제시되었다. 설령 그렇다고는 해도 불가해한 조자법이라고 말할 수밖에 없다.

사진 24. 갑골문 약(若)과의 전쟁(戰爭). 무정기(武丁期). 3행에 나오는 약방(若方)은 문헌에 보이는 귀방(鬼方)일 것이다

笑(소)는 妖(요)의 본자가 祅(요)라는

점에서 알 수 있듯이 풀 艸(초)의 머리를 따르는 글자였다. 하지만 이때의 艸(초)는 풀이 아니라, 젊은 여자의 흐트러진 머리칼을 형상했다. 그 점은 若(약)의 자형을 통해 알 수가 있다. 若(약)은 갑골복사에서 신의 뜻을 물을 때 "庚申(경신) 卜(복)하여 穀貞(남정)한다. 왕은 苦方(고방)을 정벌할 것인가. 下上(하상), 不若(불약)할까. 나에게 祐(우, 복)를 줄 것인가"(사진 24)라고 묻는 식으로, 신의 승낙을 의미하는 글자였다. 그 글자는 무녀가 장발을 흐트러뜨리고 두 손을 위로 쳐들어 엑스터시 상태가 되어 신의 뜻에 부합하는 모습이다. 아폴론 신탁이 젊은 무녀의 입을 통해 고지되었듯이, 신탁은 무녀에게 빙의되어 무녀의 신들림 상태 속에서 고지된다. 그것이 신의 승인을 나타내는 말이었으므로, 若(약)은 길선(吉善)의 뜻을 지니고, 승낙의 뜻을 나타낸다. 下上(하상)은 上下帝(상하제)라는 말이다. 不若(불약)은 신이 재앙을 내린다는 뜻이다. 뒷날 축고의 ㅂ 형태를 더하여, 若(약)(권두사진 12-14)의 자형이 되었다. 금문에 "王, 若(약, 이와 같이) 曰(왈)하길"(권두사진 1-1)이라고 했는데, 그것은 신의 뜻에 따라 고하는 말이었다. 왕은 무축장이었기 때문이다. 이렇게 해서 若(약)은 順(순, 따르다)한다는 뜻을 지니고, '이와 같이'라는 강한 지시의 말이 됐으며, 또 그 무녀를 가리키는 말로 若女(약녀)를 의미하게 된 것이다. [139]

笑(소)의 상부도, 若(약)의 상부가 艸(초, 풀)로 해석되듯이, 본래 艸(초)로 해석해야 할 형태이다. 그 글자가 祆(요)에 남아 있었다. 若(약)이 무릎 꿇고 앉아 신의 뜻을 듣는 형태인데 비하여, 笑(소)는 머리를 기울인 형태인 夭(요)로 적었다. '요부예현(妖夫曳衒)'처럼 미친 듯한 엑스터시의 상태를 표시하는 자형이다. 그리고 또 요약(夭弱)의 뜻을 지니는 것도 若(약)과 마찬가지이다. [140] '桃之夭夭(도지요요)' [141] 라는 『시경』 「도요(桃夭)」의 구절은 그러한 신비한 젊은 힘을 지닌 것을 형용한 말로, 축송의 의미를 지닌다. 『설문해자』에 "의복, 가요, 초목의 괴이함, 이것을 祆(요)라고 한다"라고 되어 있다. 의복과 가요의 부류도 모두 妖(요)의 祥(상, 상서 · 조짐)이었다. 『설문해자』의 여부(女部)에 娃(요)라는 글자가 있고, 여자의 웃는 모습이라고 해설해두었다. 여자가 웃을 때, 그것은 신이 빙의한 것이다. 아마테라스(日神)가 이와야(窟屋)에 숨어서 천지가 컴컴하게 되었을 때 아메노우즈메노미코토(天鈿女命)가 엎어지고 자빠지며 발을 쾅쾅 굴려서 신들린 상태가 되어 가슴팍을 풀어헤치며 치마의 끈을 늘어뜨리

고 춤을 출 때 신들은 다카마가하라(高天原)[142]를 들썩이게
할 정도로 깔깔 웃어대었는데,[143] 그 웃음은 천지의 어둠
도 깨뜨려 버릴 정도로 힘이 있었다.[144] 그것이 가구라(神
樂)였다.[145]

무악의 기원

무(舞)는 본디 기우제였다. 舞(무)의 아랫부분은 두 발을
벌려 춤추는 모습이다. 윗부분은 웃옷의 소매에 주술도구
같은 것을 붙여 두 손을 벌리고 있는 형상이다. 無(무)(사진
25·1)가 그 초문이다. 無
(무)를 유무(有無)의 무로
사용하게 되자, 거기에
두 다리를 더한 무(舞)의
자형을 별도로 만들었
다.[146] 『주례』의 사무(司
巫)와 여무(女巫)의 조항
에, 한발(旱魃, 가뭄)이 들
었을 때 무(巫)가 무우(舞
雩)의 무(舞)를 추는 일을

사진 25_금문 작책반언(作冊般甗).
은나라 말기. 작책의 직에 있는 반
(般)이 왕으로부터 패(貝)를 하사받
고, 부의 제기를 만든 사실을 말하고
있다. 언(甗)은 시루

기록해두었다. 또 무사(舞師)의 직분에 대해서는, 산천의 제사에는 병무(兵舞), 사직의 제사에는 불무(帗舞), 사방의 제사에는 우무(羽舞), 한발의 때에는 황무(皇舞)를 연주한다고 했다. 갑골복사에도 무(舞)의 일이 많이 나타난다. "河(하)와 岳(악)에 舞(무)할 것인가", "舞(무)하는 때는 비가 내릴까"라는 식으로 그 예가 많다. 舞(무) 글자는 또 雨(우) 아래에 無(무)를 더한 자형을 사용하는 일도 있다. 여기서, 舞(무)가 본래 기우를 위한 것이었음을 알 수 있다.

또한 때로는 雨(우) 아래에 皇(황)을 더한 글자가 있다. 이것은 『주례』에서 말하는 황무(皇舞)에 해당하는 것일 듯하다. 무(舞)에는 또 악(樂)을 합하여 사용했다. 『예기』「월령(月令)」에 "성대하게 帝(제)에게 雩(우, 기우제)하는데, 성대한 樂(악)을 사용한다"라고 했다. 또 기우제의 말에는 '吁嗟(우차)'라는 기도의 말을 발했다. 애소의 감동사이다. 巫(무)와 舞(무), 雩(우)와 吁(우)는 각각 동일 계열의 음이므로, 어원적으로도 관계있는 말일 것이다. 舞(무)는 巫(무)가 행하는 것이다. 『묵자』「명귀(明鬼)」편에 인용된 '탕(湯)의 관형(官刑)'이란 것에, "늘 궁중에서 춤을 춘다. 이것을 巫風(무풍)이라고 한다"라고 했다. 舞雩(무우)는 산천의 제사로, 그 장소가 정해져 있었으므로, 그 땅을 무우라고도 했다. 『논어』「선진」편에는 공자와 제자들의 문답을 기록한 장문의 글이 있다. 여러 제자가 대답한 뒤에 증자의 아버지 증점(曾點)에게 답하라고 권하자, 증점은 지금까지 손으로 뜯고 있던 금(琴)의 연주를 멈추고, 다음과 같이 답했다.

늦봄에 춘복이 만들어지고 나면, 관을 쓴 자 대여섯 사람과 동자 예닐곱 명과 함께 기수에서 목욕하고 무우에서 바람 쐬며 시를 읊다 돌아오겠습니다.

[暮春者, 春服旣成, 冠者五六人 童子六七人, 浴乎沂, 風乎舞雩, 詠而歸.]

이 말을 듣고 공자가 그 우유(優遊, 넉넉함)의 뜻을 칭송하여, 자신도 완전히 같은 생각이라며 감탄했다고 한다. 이 이야기는 와츠지 데츠로(和辻哲郎)의 『공자』도 지적했듯이, 증자학파가 힘을 갖게 된 이후 그 부친을 공자 문하의 제자들 위에 두려고 다른 장의 여러 이야기들을 주워 모아 만든 인위적인 글이다. 다만, 무우의 풍속을 전하는 것이 흥미롭다. 「월령」에 의하면 무우는 중하의 달, 즉 5월의

행사이다. 모춘이라고 하면 3월이다. 이는 복사꽃 절기이
다. 한나라 때는 2월과 8월, 해마다 두 번 무우를 거행했
던 듯하다. 이러한 정례의 무우는 이미 기우를 위한 특별
한 의례가 아니었다.

『춘추번로』「구우(求雨)」편은 춘우(春雩)의 의례를 기록해
두었다. 祝(축)이 봄옷인 푸른 옷을 입고, 아이 8인에게도
푸른 옷을 입혀서 춤을 추게 했다고 한다. 『논어』에서 말
하는 관자(冠者)는 어쩌면 무축의 무리일지 모른다. 한나라
때의 제례 등을 기록한 『한관의(漢官儀)』에 따르면 춤을 추
는 사람은 72인이었다. 그 가운데 관자는 30인이다. 『논
어』의 관자 5, 6인을 승산(乘算, 곱셈)하면 30인이 되고, 동자
6, 7인을 승산하면 즉 42인이어서, 그 둘을 합하여 72인이
다. 72는 성스러운 수로, 공자의 고제(高弟)가 72인, 한나라
고조의 검은 점의 수가 72라는 식이다. 뒷날 운교(雲翹)의
춤이라고 하는, 구름 기운을 바라는 무악을 행했는데, 그
것은 이 옛날 무악의 유풍이었을 것이다.

기수(沂水)에서 목욕하는 것은 뒷날에 말하는 3월 3일 즉
상사(上巳)의 행사이므로, 재계를 하는 것이었을 듯하다. 이
날 정(鄭)나라에서는 진수(溱水)와 유수(洧水) 두 강물의 합류

점인 하원(河原)에서 젊은 남녀가 노래를 주고받으며 춤추는 행사인 조(燿)를 거행했다. 그 상황이 『시경』정풍「진유(溱洧)」편에서 노래되고 있다. 남녀가 난초 등 향초를 가지고 재액을 털어낸다. 그리고 서로 창화(唱和)하여 애정을 구한다. 그것은 우타가키(歌垣)였다. 『주례』의 「여무(女巫)」에 의하면 시간을 정해서 '불제흔욕(祓除釁浴)'[147] 즉 재계를 한다고 했다. 釁(흔, 피칠하다)은 본래 머리부터 물을 부어서 몸을 깨끗하게 하는 것을 나타내는 형태이다. 이러한 절기의 행사는 본래 일본에서 말하는 진혼(鎭魂)의 의미를 지니는 것이었다.

갑골복사의 시대에는 한발이 일어나면 무축이 춤을 춰서 비를 구하는 제사가 있었는데, 그것이 뒷날 정례화하여 일정한 시기에 산천에서 거행하게 되었다. 그리고 그것은 이윽고 조(燿) 즉 우타가키가 되었다. 산천 제사는 또한 사람들이 그 씨족사회적 폐쇄성으로부터 해방되는 때이기도 했다. 진유(溱洧)에서의 풍속은 상당히 개방적이었던 듯하다. 일본의 『히타치 풍토기』에도 "츠쿠바 산에 모여서 구혼의 선물을 얻을 수가 없다면 남녀라고 볼 수가 없으리"[148]라고 기록되어 있다.

무(巫)가 춤 출 때에는 날개 등의 주술 도구를 사용하는 일이 많았다. 때로는 새나 짐승의 모습을 하고 춤을 추는 일도 있었다. 주나라 왕조의 제사에는 은나라 사람의 자손이 객신으로서 초대되어 백로(白鷺)의 춤을 봉헌했다. 새는 조상신령의 화신으로서 신의 강림을 드러낸다. 새의 날개 등을 가지고 춤을 추는 것에는 만무(萬舞)가 있다. 『시경』 패풍(邶風) 「간혜(簡兮)」에는, "왼손에는 피리를 잡고, 오른손에는 꿩 깃을 잡았노라. 얼굴빛이 짙은 적색과 같거늘, 공께서 술잔을 주시도다"라고 했다.[149] 공정(公庭)에서 만무(萬舞)를 추는 무인의 모습을 노래한 것이다. 그 마지막 장에 "산에는 개암나무가 있고, 습지에는 감초가 있도다. 누구를 그리는가, 서쪽에 계신 임이로다"[150]라고 했다. 아마도 은나라 사람이 주나라 귀족에 대하여 헌정한 축송가일 것이다. 은나라 사람은 객신으로서 주나라 제사에 봉사했을 뿐만 아니라 그 땅을 지배하는 주나라 귀족에 대해서도 그 춤을 봉헌했다. "공께서 술잔을 주시도다"라고 한 것은 이 무악이 헌상의 춤이었음을 드러낸다. 신을 섬기는 행사의 춤은 이렇게 점차 예능화해갔다.

우무(羽舞)가 문무(文舞)로 간주되는 데 비하여, 간과(干戈)

를 가지고 춤을 추는 것은 무무(武舞)였다. 『예기』에 대무
(大武)의 악장으로 전하는 것은, 무왕이 은나라를 멸망시킨
혁명 고사를 무악으로 변환시킨 것이다. 아마도 무왕의
제사에 이 무악을 연주한 듯싶다. 『시경』 주송(周頌) 가운데
여러 편이 그 악장이었다고 추정된다.

　무무(武舞)에는 이렇게 과거의 무공을 무악으로 만든 것
이 많은데, 다소간 극적으로 꾸민 사건을 포함하는 경우
가 있었다. 그것은 희(戲)라 불렀다. 戲(희, 희롱하다)는 호랑이
(虎) 머리를 쓴 자가 두(豆)에 주저앉아 있고, 그에게 戈(과)
를 가하는 형태의 글자이다. 뒷날에도 당나라의 참군희(參
軍戲)처럼 꾸며낸 사건을 가지고 무무(武舞)를 공연하는 일
이 있었다. 희는 아마도 그러한 무무에서 나왔을 것이다.
일본의 구메마이(久米舞)[151]와 같은 것이나. 劇(극)도 戲(희)와
관계있는 글자라고 생각된다. 희곡의 기원은 옛 무악의
전통에서 나온 것이라고 보아도 좋다.

　『시경』의 시 305편은 풍·아·송의 3부로 나뉜다. 風(풍)
이 풍속의 노래라는 사실은 풍의 원 뜻으로도 쉽게 생각
할 수 있다. 頌(송)(사진 14·3-7)은 공정(公庭)에서 무악(舞樂)에
수반하여 노래하는 묘가(廟歌)를 가리킨다. 그 글자 오른쪽

사진 26_금문 진공궤(秦公殷) 전반. 춘추시대.
3행 네 번째에 '우적(禹蹟).' 2행 말부터 8행에 걸쳐 '만하(蠻夏)'라는 말이
있다

의 頁(혈, 머리)은 제사나 의례에서 무악을 하는 사람의 모습
을 나타내는 글자이다.

　雅(아)에 대해서는 이것을 악기로 보는 설이 있다. 하지
만 그 악기란 것이 4각형 나무 상자의 밑바닥을 뚫어서 두
들기는 소박한 것이었으므로 귀족의 가요를 나타내는 글
자로서는 적당하지 않다. 그래서 줄곧 의문시되어온 글자
이다. 『설문해자』에서는 그 본자를 疋(아)라 했다. 이에 따
라 청나라 학자들 가운데는 대아(大雅)를 大疋, 소아(小雅)를
小疋로 적는 이들도 많았다. 그 疋(아)는 아마도 頁(하)에서
나온 글자일 것이다.[152] 춘추시대 제나라 금문에 하왕조

의 일을 頀로 표시한 예가 있다. 그렇다면 頀(하)는 夏(하)와 같은 소리의 글자이다. 夏는 고대의 악장에 大夏(대하)·昭夏(소하)·肆夏(사하) 등 夏(하)라는 이름을 붙인 것이 많다. 雅(아)는 또 夏(하)와 같은 소리의 글자이다. 夏(하)의 자형은 무악을 행하는 사람의 상형자로, 夒(기)와 그 형태가 가깝다. 夒(기) 글자의 좌우는 춤추는 손의 모습이다. [153] 頀(하)는 앞으로 발을 들어 올려 춤을 추는 형태일 것이다. 『순자』「영욕(榮辱)」편에, "越人(월인)은 월에 편안히 여기고 楚人(초인)은 초에 편안히 여기며, 군자는 雅(아)에 편안히 여긴다"라고 하는 글이 있어, 雅(아)를 中夏(중하)의 뜻으로 사용했다. 진공궤(秦公啟)(사진 26)에 만하(蠻夏)라는 말이 있어, 진나라 지역을 夏(하)라고 불렀다. 이 서북지구는 옛날 하 왕조가 일어난 곳이라고 생각되어, 그 뒤로도 여기에 나라를 두는 자 가운데는 하의 명호를 사용하는 예가 많다. 夏(하)는 하약문무(夏籥文舞)라는 말이 있어서, 무악의 총체적 이름으로 사용된다. 雅(아)는 본래 무악을 수반한 시라는 뜻일 것이다.

배우(俳優)는 옛날에는 그저 優(우)라고 했다. 憂(우)(권두사진 14-3)는 우수(憂愁)에 젖은 사람의 모습을 그려낸 것으로, 夏(하)에 心(심)을 가한 형태이다. 본래는 신에게 애고하는 무악을 연기하는 자로, 우수의 모습을 지어서 신에게 호소하는 무축의 춤을 추었을 것이다. 『초사』 구가(九歌)의 여러 편에는 제사하는 자의 우수의 모습을 노래한 것이 많다.154) 「운중군(雲中君)」에 "저 군을 생각하여 크게 탄식하노라, 마음을 극도로 써서 충충하도다(思夫君兮太息, 極勞心兮忡忡)"라 하고, 「상군(湘君)」에 "횡류하는 눈물이 줄줄, 너무도 그대를 그리워하여 슬프기 짝이 없다(橫流涕兮潺湲, 隱思君兮悱側)"라고 했다. 하염없이 눈물을 떨구는 모습을 노래한 것이다. 「상부인(湘夫人)」에서는 "제의 자식이 북쪽 물가에 강림하여라, 시야가 흐릿흐릿하여 나를 수심짓게 하누나(帝子降兮北渚, 目眇眇兮愁余)"라고 했다. 「대사명(大司命)」에서는 "아아 드디어 사람을 근심스럽게 하누나(羌愈思兮愁人, 愁人兮奈何)"라고 하고, 「산귀(山鬼)」에서는 "공자를 생각하며 다만 근심에 걸리노라(思公子兮徒離憂)"라고 했다. 신을 제사하는 무녀는 모두 깊은 상념에 빠져들어 있는 모습이다. 신에 대한 사모를 그렇게 표현한 것이다. 이러한 사모의 형식이 뒷날 연애시로 전개된 사실은 『시경』의 주남 「한광(漢廣)」이나 진풍(秦風) 「겸가(蒹葭)」 등 제례의 노래를 보면 쉽게 알 수가 있다.

아마도 優(우)의 기원은 무녀가 신을 찾아 사모해서 영탄하고, 지어낸 일을 연기하는 것에 있었다고 말할 수 있다. 이렇게 신에게 헌정하던 춤도 이윽고 인간의 오락물이 되어, 골계의 취향이 가해져 배우(俳優)·주유(侏儒)의 기예로 되었다. 주유는 소인이다. 춘추시대에는 이러한 궁중의 기예자들이 공식 석상에 나오게 되었다. 협곡(夾谷)의 모임(기원전 500년)에 제나라·노나라의 두 군주가 모였을 때 기예의 광대들이 북을 치고 시끄럽게 굴면서 나오자 공자가 의례의 존엄성을 해친다고 꾸짖어 담당 관리의 목을 베게 했던 일이 있다.[155]

가무에는 악기가 수반되기 마련이었다. 樂(악)은 신악(神樂)의 춤을 출 때 지니는 방울의 형상이다. 작은 방울을 붙여, 손에 쥐고 무용이나 동작에 맞춰 흔들었다. 樂(악)은 신을 즐겁게 하는 것이었다. 樂(악)의 음은 신의 영혼을 불러내고 사악한 영을 떨쳐버리기 위한 것이었다. 신에 공헌하는 희생에 대해서도 정화를 위해 가무를 더했다.

은나라 시대에는 제사가 그토록 성대했지만, 악기는 소박한 타악기 종류밖에 없었다. 籥(악, 피리)(5장 표제지 8 끝) 이외에는 음계 악기가 그리 발달하지 못했다. 가요가 아직 충분하게 발달하지 못했기 때문이었다. 은나라 청동기에는 鉦(정, 징)이나 鐸(탁, 방울)이 있다. 조금 다르기는 했지만 위로 향하여 흔드는 방울 鈴(영)과 그다지 차이가 없었다. 남인이 사용했던 북 형태의 南(2장 표제지 2)도 도입했다. 정인(貞人)의 이름 가운데 毃(사진 24·1)이란 자가 있어, 南(남)을 치는 형태로 쓴다. 경(磬)도 갑골복문에 그 글자가 있다. 위에서 드리운 삼각형의 돌을 치는 형태인데, 뒷날 아래에 돌 石을 더 가한 것이 지금의 자형이다.

서주 시기에 들어오면 현악기도 등장하고, 죽관(竹管)의 취주악기도 발달했다. 鐘(종)(5장 표제지 9-2)에도 음계를 나타낼 수 있는 편종(編鐘)이 나타나, 일곱 악기 한 조합이라는 세트가 되었다. 은나라 시대의 조상 제사나 산천 제사를 대신하여 주나라에서는 묘제나 향연이 성대해져, 실내음악이 급속하게 발달했기 때문일 것이다. 그리고 『시경』의 시편도 그 무렵부터 성립하게 된다.

樂(악)에는 사악한 영을 떨어내는 힘이 있어, 질병도 이것으로 고칠 수가 있다고 간주되었다. 치료의 療(료)는 옛날에는 병들어 기댈 疒(녁)에 樂(악)을 쓴 형태였다. 『시경』진풍(陳風) 「형문(衡門)」에 '樂飢(낙기)'라는 말이 나온다.[156] 은

238

자가 세상에서 숨어 있는 것을 노래한 시로, 기갈(飢渴)에
도 근심하지 않는다는 뜻으로 간주되고 있으나, 飢(기)는
욕망의 불만족이고, 樂(악)은 療(료)의 뜻으로, 고친다는 말
이다. 시는 물가의 데이트를 노래한 것이다.

고대의 의술

医(의)의 본자는 醫(의)이며, 옛날에는 毉(의)라고 적었다.
무의(巫醫)라는 말이 있듯이 의술은 본래 巫(무)가 관장하는
일이었다.

疾(질)(권두사진 6-3)은 『설문해자』에 矢(시, 화살)의 형성자로 되
어 있으나, 갑골복문에는 腋(액, 겨드랑이) 아래에 矢(시)를 맞
은 형태로 적었으므로, 화살로 인한 상처를 뜻하는 글자
였다. 갑골복문에는 또 침상에 사람이 누워서 땀을 흘리
며 괴로워하는 모습을 나타낸 글자도 있다. 이것이 病(병)
을 나타내는 글자일 것이다. 疒(녁)은 침상의 사람 모습이
다. 그 괴로워하는 모습은 몽마(夢魔)의 공격으로 괴로워하
는 글자와 같은 형태로 적은 것도 있다. 몽마의 경우에는
그 윗부분에 媚(미)를 더했다. 몽마 때문에 죽는 일도 있어
서, 麇(흥)이라고 했다. 이것들은 모두, 病(병)은 악령이 저

지르는 장난이라고 생각하는 관념을 반영하고 있다. 그래서 病(병)의 여부를 점복할 때 갑골복사에서는 "疾(질)을 내려보내는 일이 없을까", "蠱(고, 뱃속벌레) 있을까", "㞢(탈) 있을까", "蠲(공, 빌미) 있을까" 같은 식으로 말했다.

옛날에는 대개 病(병)은 신적인 원인에 의해 발생한다고 생각했다. 히포크라테스가 말한 이른바 신성 병이다. 히포크라테스에 의하면 당시 남성의 성적 결함도 신의 탓이었다. 신이 그 사람의 남성다움을 바라지 않기 때문이라고 생각했다. 그래서 남자는 여자로서 행동하고 여자의 일을 한다는 것이다. 중국에서는 청나라 소설 『경화연(鏡花緣)』이 그러한 세계를 그려냈다. 고대에는 그러한 소수자를 신에게 부름을 받은 자로 간주하여 신에게 바쳐 신의 노예로 삼았다.

무정(武丁) 시기의 갑골복사에는 왕의 혀, 말, 귀, 눈, 이, 배, 발의 병에 대하여 점복한 것이 있다. 혀와 말 등을 점복한 것은 무정에게 언어장해가 있었기 때문이 아닐까 추측하게 한다. 『서경』「고종지훈(高宗之訓)」의 일문(佚文)과 「무일(無逸)」편에 따르면 무정은 3년 동안 아무것도 말하지 않았다고 한다. 이것은 선제가 세상을 뜬 이후 삼년상을 치른다는 뜻으로 해석해왔으나,[157] 이러한 갑골복사는 무정의 언어장해설을 입증하는 것일지 모른다. 어떤 논자에 의하면, 이 실어 현상은 다발성 뇌척추 경화증에 의한 것이라고 한다. 어쨌든 병리적인 것임에 틀림없으나, 당시 사람들은 이것을 조상신령의 탈이라든가 저주에 의한 것이라고 생각했던 것이다.

점복한 끝에 탈을 일으키는 조상신령의 이름을 알게 되면, 그 신령에 대하여 御(어) 제사를 했다. 御(4장 표제지 3-13, 사진 14·7-6)는 막을 禦(어)의 의미이다. 幺(요) 형태나 午(오) 형태의 주술도구를 두고, 그 앞에서 기도를 한 것이리라. 그 주술도구가 杵(저, 절굿공이) 같은 것이었을지, 일본에서 말하는 삼맛줄(白香, 시라가) 다발 같은 것이었을지, 알 수 없다. 어쨌든 病(병)은 기도를 통해서 치유할 수밖에 없었다.[158] "齒(치)를 病(병, 앓다)하는 것은 父乙(부을, 선제 소을[小乙]이라는 왕)의 屮(탈)인가"라고 점복하여, 그 혼령의 작태임을 알게 되자, "貞(정)한다. 齒를 病(병)함에 부을(父乙)에게 御(어)할 것인가"라고 점복했다.[159]

醫(의)를『설문해자』에서 "病(병)을 고치는 工(공, 장인)이다. 殹(예)는 惡姿(악자)이다"라고 해설했다. 工(공)은 工祝(공축)이라고도 했으니, 무축을 말한다. '殹(예)는 惡姿(악자)이다'라고 했는데, 의사 가운데 풍격이 좋은 사람이 많은 지금 시대에서 보면 기이한 느낌이 든다. 이때의 殹(예)는 또한 신음 소리라고도 한다. 醫(의) 아래에 있는 酉(유)(4장 표제지 4-1)는 술동이 형태로 酒(주)의 초문이다. 술을 의약에 사용하는 것은 조금 뒤의 일로, '백약(百藥)의 장(長)'이라고 일컬어 기염을 토하는 것은 잘못이다. 술은 제사나 의례의 경우에만 사용했다. 일본에서도 필요한 때에는 주부가 이것을 만들었으며, 그 분배권은 주부에게 있었다. 술은 흥분제이므로, 무술(巫術)을 행할 때는 효과를 발휘할 터이지만, 치료의 경우에는 오히려 유해하다고 간주되는 일이 많았다.[160]

  "殹(예)는 惡姿(악자)이다"라는 구절은 '악성(惡聲)이다'의 잘못이 아닐까 생각한다. 殹(예)는 『설문해자』에 "때려서 부딪치는 소리(擊中聲)이다"라고 풀이했다. 고대의 주의(呪醫)는 아마도 불교의 수행자가 내지른 반야성(般若聲) 같은 소리로 악령을 내쫓으려고 했을 것이다. 금문에는 '行하라'를 '行殹(행예)'라고 적은 곳이 있다. 殹(예)를 也(야)로 가차한 것이다. 또 감동사에 繄(예)라는 글자가 있다. 이것도 소리를 옮긴 글자이다. 자형 면에서 보면 殹(예)는 医(의)를 치는 형태의 글자이다.

医(의)를 『설문해자』에서는 矢(시, 화살)를 저장하는 그릇이라고 했다. 医(의)는 矢(시)의 袋(대, 주머니)라기보다도 矢를 수납하는 곳일 듯하다. 若(약)은 무녀의 엑스터시 상태를 나타내는 글자인데, 그것은 비밀 장소에서 행하는 경우가 많았다. 그것이 숨길 匿(닉)(4장 표제지 3-2)으로, 숨어서 저주함을 뜻한다. 矢(시)를 어떤 장소에 수납하고 주술도구로서 사용하여 病(병)에 대해 꾸짖는 주술적인 치료법이 있었을 것이다. 궁시(弓矢)는 주술을 목적으로 사용하는 예가 많았다. 일본에서는 가래나무에 걸어서 혼령을 불러내든가, 현(弦, 시위)을 울려서 악령을 쫓든가 했다. 탄핵(彈劾)이란 말에서, 탄(彈)은 명현(鳴弦)을 말하고 핵(劾)은 탈 일으키는 동물을 때리는 일을 말한다. 따라서 탄핵은 저주를 털어버리는 유감(類感) 주술이었다. 그런데 이러한 주술적 방법으로 치료를 행하는 것이 무(巫)였다. 따라서 毉(의)는 殹(예)와 巫(무)를 조합하여 구성한 것이다. 전승에 따르면, 의술의 창시자는 무함(巫咸)이라고 한다. 무함은 영산십무(靈山十巫)의 제일인자로 거론되는 인물로, 태양의 출입을 관장하는 무당이었다. 자유롭게 하늘을 오르내리고 영산의 약을 먹어 영생불사했다고 전한다.

『주례』의 의술 관계 관직으로는 의사(醫師) · 식의(食醫) · 질의(疾醫) · 양의(瘍医) · 수의(獸醫) 등이 있어, 상당히 전문적으로 분화했다. 의사는 연간의 치료성적을 통계하여 그 치료율에 따라 봉록이 정해졌다. 이른바 근무평정이다. 질의는 만민의 치료를 맡는데, 구규(九竅)의 변고와 구맥(九脈)의 움직임을 조사하여 진찰하고, 병사자에게는 사망진단서를 적어, 상급 의사에게 제출하지 않으면 안 되었다. 계절적인 병에 대하여 특히 충분한 관찰을 하도록 되어 있는 것은 히포크라테스가 병의 기초 조건으로서 공기 · 물 · 장소의 셋을 거론한 것과 비슷하다. 병에 술을 사용한 기록은 없다. 『주례』에 나타난 의술은 이미 경험 의학의 단계에 있었다고 봐도 좋다.

의술의 발달은 동물 공희(供犧)를 사용하는 민족 사이에서는 일찌감치 발달할 기회가 있었다. 신에게 바치는 희생을 사육할 때는 주도면밀하게 주의를 쏟았다. 희생물의 내장이나 뼈에 이상이 있다면 신에 대한 모독으로 간주하여 그것을 경계했기 때문이다. 그리고 이민족과 접촉하여

전쟁 경험이 풍부하였으므로, 외과적 치료에 대한 지식을 충분히 축적했을 것이다. 나을 癒(유)의 초문은 兪(유)로, 盤(반, 소반)을 나타내는 舟(주)와, 針(침)을 나타내는 余(여)를 구성요소로 한다. 針(침)을 가지고 농혈(膿血)을 盤(반)에 쏟는 형태이다. 또 형벌 가운데 신체형에는 사람 몸에 갖가지 상해를 가하는 것이 많았으므로, 그에 따라 외과적인 지식이 일정 수준의 단계에 올라 있었다고 생각된다. 하지만 療(료)는 본래 疒(녁)과 樂(악)을 구성요소로 하는 자형이며, 樂(악)은 신악(神樂)에 사용하는 방울의 형태이다. 치료에는 일반적으로 샤먼의 방법을 사용했다. 毉(의)가 巫(무)를 따르는 것은 그 때문이다.

巫(무)와 医(의)의 분리는 춘추시대에 이르러 비로소 이루어지게 된다. 『설문해자』에는 疒(녁)부에 104자를 수록하고 있어, 질병에 대한 지식이 상당히 풍부하다. 그것은 춘추시대 이래의 의술의 발달상을 반영하는 듯하다. 『사기』에 의하면, 춘추시대 초기의 명의 편작(扁鵲)은 무(巫)와 의(医)의 분리를 말하고 무술(巫術)을 공격하여, 그것을 대신할 경험의학으로서의 의술(醫術)을 주장했다. 신경성 질환이나 소아병에 대해서는 특별히 탁월한 기술을 보였다고 한다. 만일 그의 지식이 기록으로 남아 있다고 한다면, 기원전 5세기 말 히포크라테스보다도 더 오래된 의술 서적이 성립했을 것이다. 중국의 경험의학은 침구술과 본초학에서 뛰어난 집적을 보여주고, 지금도 그 특수한 전통이 계속해서 유지되고 있다.

경제에 대하여

은나라 · 주나라 시기의 청동기는 청동기문화의 최고 수준을 보여준다고 일컬어지는데, 그 주조 기술에 대해서는 지금도 여전히 의문시되는 점이 많다. 또 은나라 묘의 장대한 구조는 지상의 피라미드보다도 더욱 많은 기술적 어려움을 수반하는 공사가 아니었을까 생각한다. 이러한 기술의 진보는 반드시 야금학이나 토목공학의 기초지식에 의해 지탱되었다기보다는 경험의 집적과 집중에 의해서 일시적으로 고양된 것이며, 그 시대의 종결과 더불어 그 기술도 또한 잊히고 말았다. 혹은 퇴화했다. 후대에도 공예 분야에서는 그런 예들이 많다. 기술을 지탱하고 있었던 것은 과학이 아니라 오히려 정신이며 신앙이었다. 청동기는 조상신령을 제사하는 제기이다. 조상신령의 지

사진 27_상비시굉(象鼻兕觥). 도철문(饕餮文). 은.
당시의 뛰어난 기술을 볼 수 있다. 시굉(兕觥)은 주기(酒器). 백학(白鶴)미
술관. 일본 중요문화재

배하에 있던 시대에는 모든 것이 조상신령을 향한 숭앙의
마음에 집중되었다. 그 제기를 이기(彝器)라고도 불렀다.
彝(이)(사진 20·끝)는 鷄(계, 닭)를 양 날개 밑으로 묶은 형태이다.
아마도 그 血(혈, 피)을 가지고 제기를 정화하는 의례였을 것
이다. 彝(이)는 또 '항상'이라고도 읽어서, 언제나 불변하
는 것을 뜻한다. 이러한 조상신령에 대한 숭앙의 정신으
로 지탱되어, 이기(彝器)가 태어났다.[161] 은나라 시대의 궁
전 건축은 그 유구(遺構)로 보자면 소박한 것이었지만, 그

사진 28_금문 득(得). 은. 득(得)을 도상표지로 표출하고 있다

것과 달리 능묘의 경우는 비교할 수 없을 정도로 많은 노력을 쏟아부은 결과물이었다. 에게 문명에서 볼 수 있는 궁전의 장려함이 은나라에서는 지하에서 실현되었다.

기술의 진보가 아무리 시대정신에 의해 지탱된다고 하여도 제작 면에서 분화와 집중이 없어서는 안 된다. 자족적 경제를 영위하던 고대사회에서, 기술의 분화는 직능적인 씨족에 의해 진척되었다. 은나라 시대의 청동기에는 도상표지라고 하는, 문양과 같은 표지가 첨가되어 있는 것이 많다. 거기에 표시되어 있는 갖가지 제작 행위나 기물은 아마도 본래 그 씨족이 직능을 통해 왕조에 봉사하는 사실을 표시한 것으로서, 표지로 구현된 것인 듯하다. 왕조의 지배는 씨족을 직능화하고 직능을 체계화함으로써 점차 이 씨족을 부민으로 편성해가는 중에 진행되었다고 생각된다. 일본에서는 직능적 부민에 귀화민이 많았듯이, 은나라의 직능 씨족 가운데도 다른 부족들이 많이 포함되어 있었다.

　기술이나 생산은 반드시 부나 재보와 직결하는 것은 아니었다. 재보는 오히려 종교적인 이유에서 존중되고 권력에 의해 수탈될 수 있었기 때문이다. 재보에 관한 글자는 거의 조개 貝(패)를 구성요소로 한다. 得(득)(사진 28)은 옛날에는 貝(패)를 지닌 형태의 글자였다. 貝(패)는 자안패(子安貝)였다. 이것을 끈으로 엮어 방(房)으로 만든 것을 朋(붕)(사진 29·끝)이라고 했다. 이에 비해 붕우(朋友)의 글자에는 倗(붕)을 사용했다. 서주 전기의 금문에는 사여(賜與)의 물품으로 거의 貝(패)를 사용했으며, '貝(패) 十朋(십붕)을 賜(사)한다'라는 식으로 말했다. 상당히 큰 전공(戰功)에 대해서도 20붕을 하사할 정도의 한도를 두었다. 다만 제사 의례의 집행에 대해서는, 이를테면 소신(小臣) 정이(靜彝)나 효유(效卣)에게 50붕을 하사했다. 제사에는 비용을 아끼지 않았던 것이다. 당시 청동기 한 개의 제작비로 14붕(사진 29)이 필요했다고 하는 기록이 있다. 50붕이라고 하면 기물 세 개분의 제작비에 해당한다. 貝(패)는 통화로서의 기능을 지니는 경우가 있었으나, 얼마나 일반적이었는지는 알 수 없다. 貝(패)를 하사하는 것은 거의 동방계의 여러 종족에 대한 상사(賞賜)에 제한되었으므로, 貝(패)를 재보로 간주하는 일은 동방의 습속이었다고 생각된다. 서방에서는 대부분 金(금) 즉 청동을 사용했다. 또는 옥을 널리 사용했다.

玉(옥)에 대한 신앙은 종교적인 것이었다. 일본에서도 '타마'가 玉(옥)과 魂(혼)의 두 의미를 지닌 것과 같다. 은나라·주나라의 옛 묘에서는 뛰어난 옥 장식품이 출토된다. 玉(권두사진 27-9)은 본래 王(왕)의 자형으로 적었다. 세 개의 옥을 꿴 형태이다. 豊(풍, 풍년)의 초문 豐(풍)은 이것을 그릇에 담은 형태이다.

金(사진 15·3-5)은 청동을 말한다. 銅(동, 구리)은 赤金(적금)이라고 불렀다. 은나라 기물에는 주석 성분이 많이 혼입된 것을 볼 수 있는데, 동광(銅鑛)의 성분 때문일 듯하다. 金(금)의 자형은 아마도 동(銅)의 주형(鑄型)을 따른 것 같다. 金(금)의 광채가 있는 것을 나타내는 자형(사진 16·9-13)도 있다. 吕을 더하고 있는 것(권두사진 29-4)도 있다. 동혼(銅魂)을 나타내는 듯하다. 금궤禽敦(사진 15)에는 전승 기원을 포상하는 하사물로 金 백환(百寽)을 하사받은 사실을 기록해두었다. 寽(환)은 그 동혼을 두 손으로 받은 형태이다.

은나라 제사에는 동물 희생을 많이 사용했다. 그 수는

때로는 수백 마리에 이를 정도였으니, 목축 또한 상당한 규모로 행하고 있었을 것이다. 주나라에는 방목장이 있어서 거기에서 행하는 의례에 참가하여 말과 사슴을 하사한 일을 기록한 금문이 있다.

사진 29_금문 거백환이(遽伯睘彝). 서주 전기. 문장 끝에 "패십붕(貝十朋) 우(又) 사붕(四朋)을 상요한다"라고 기록했다. 6행에 상(賞) 자가 보인다

하지만 은나라·주나라 사회가 이미 정착 농경 단계에 있었음은 두말할 나위가 없다. 農(농)은 복문에서는 林(림), 금문에서는 田(전) 아래에 辰(진)을 더하고 있다. 辰(진)(사진 31·2-1)은 커다란 패각(貝殼) 즉 蜃(신, 큰 조개)을 나타내는 형태일 것이다. 제사에는 농제에 관한 것이 많다. 年(년)과 委(위) 등의 글자가 곡식령을 나타내는 의례에 관한 글자라는 사실은 이미 말했다. 은나라 시조로 간주되는 唐(당)은 庚(경)과 ㅂ를 따르고 있다. 庚(경)(사진 10 우·2-1)은 杵(저, 절굿공이)를 두 손으로 지닌 형태이다. 껍질 벗긴 곡물을 뜻하는 정백(精白)의 글

자는 康(강)(사진 10 우·2-6)이고, 그 가루는 糠(강)이라고 한다.
주나라 시조신 후직(后稷)의 稷(직)은 곡식혼령을 가리키는
尸(시)의 형태이다. 밭의 신을 또한 田畯(전준)이라고 한다.
畯(준)(4장 표제지 3)의 방(旁)은 윗부분의 厶(사)가 보습 耜(사)의
형태이고, 아래는 人이니, 즉 보습을 의인화한 농업신이
다. 稷(직)은 그 보습의 부분을 귀두(鬼頭)의 형태로 쓴 글자
이다.

『시경』 소아 「보전(甫田)」과 「대전(大田)」, 주송의 「재삼(載
芟)」과 「양사(良耜)」 등은 농경에 관한 시편들이다. 또 빈풍
(豳風) 「칠월(七月)」편은 연간의 농사력을 노래한 장편으로,
당시 농경사회의 생활상을 정밀하게 그려냈다. 「보전」과
「대전」에 "전준이 와서 기뻐하느니라(田畯至喜)"라는 구절이
있다. 밭의 우두머리가 경작 상황을 시찰하여 만족하는
뜻이라고 풀이되어왔으나, 이것은 밭의 신이 농사터에 임
하여 그 공헌된 신찬(神饌)을 받아먹는다는 뜻이다. 喜(희, 기
쁘다)는 饎(희)의 초문이다. 喜(희)는 본래 농경의례를 나타내
는 글자이다. 그 형태는 북 앞에 축고 ㅂ를 둔 모습이다.
鼓(고)의 소리는 곡신의 생산력을 고무하는 힘이 있다고 간
주되었다.

喜(희)가 농경의례에 관한 글자라는 사실은 그 북 鼓(고) 위에 禾(화)를 더한 자형이 있는 사실로부터도 알 수 있다. 또 嘉(가, 아름답다)의 자형을 통해서도 그 사실을 확인할 수 있다. 嘉(가)는 喜(희)에 力(력)을 더한 형태이다. 즉 쟁기 耒(뢰)를 더한 형태이다. 耒(뢰)는 쟁기를 든 형태이다. 거기에 喜(희) 즉 북 소리를 더하는 것은 쟁기에 대해 수불(修祓)의 의례를 하는 것을 나타냈다. 그 의례는 또한 靜(정)이라고도 했다. 靜(정)(권두사진 7-3)은 쟁기 耒(뢰)에 단청(丹靑)을 가하여 이것을 수불하는 글자이다. 그렇게 하여 정화된 것을 靜嘉(정가)라고 한다. 『시경』 대아 「기취(旣醉)」편에, 신찬(神饌)이 깨끗하게 정화된 상태를 찬송하는 '邊豆靜嘉(변두정가)'라는 어구가 있다. 농기구는 더러움을 떨쳐내지 않으면 충해가 발생한다고 여겼으므로 농사철 전후에는 엄중하게 이것을 정화하고, 농한기에는 사(社)의 신창(神倉)에 저장해 두었다.

정화된 벼 씨(禾種)를 嘉(가)라고 했다. 『서경』의 없어진 편에 「가화(嘉禾)」라는 편이 있다. 주나라가 흥기한 것은 그 가화를 얻어서 농경이 번성했기 때문이라고 이야기되고 있다. 서방으로부터 麥(맥, 보리)의 좋은 품종이 중국에 전해졌을 때 주나라는 그 중간 경로에 해당되었다. 이 사실이 가화 전설의 기원을 이루었다고 생각된다. 麥(맥)은 보리 밟기를 하고 있는 형태로도 볼 수 있고, 稻魂(도혼)처럼 곡식령을 의인화한 형태로도 볼 수 있는 자형이다.

嘉(가)는 또 자식을 얻는 것을 말한다. 갑골복문에 娩嘉 (만가)라고 하는 말이 있다. 특히 남자의 출생을 嘉(가)라고 했다. 복문의 嘉(가)는 여자 앞에 쟁기 耒(뢰)를 둔 형태로 적었다. 생자의례와 농경의례는 둘 다 생식에 관한 의례이므로, 서로 통하는 바가 있었다. 주송의 「재삼」편은 농경을 노래한 시인데, 그 시에서는 情(정)을 품은 남녀의 일을 묘사하고 있다. 농경의례에는 생식의 모의행위를 통해 생산을 자극하는 성질이 있다. 동남아시아에서 태평양 여러 민족의 도작 지대에 걸쳐 그런 모의행위의 농경의례를 널리 행하고 있다. 중국에서도 옛날 그런 의례가 있었을 것이다.[162]

주송의 「재삼」에 "풀을 베고 나무를 베니, 밭을 갈아 푸실푸실하도다. 일천 짝이 김을 매니, 습한 곳에 가며 밭두둑을 가도다(載芟載柞, 其耕澤澤. 千耦其耘, 徂隰徂畛)"라고 하는 구절이 있다. 또 마찬가지로 주송 가운데 농경을 노래한 「희희(噫嘻)」편에는 "네 사전을 크게 경작하여 삼십 리를 다 갈고, 또한 밭가는 일에 종사하되 십, 천으로 짝을 하라(駿發爾私, 終三十里. 亦服爾耕, 十千維耦)"라고 노래했다. 耦(우, 나란히 갈다)는 두 사람이 마주하여 밭을 가는 일을 뜻한다. 노예제설을 취한 곽말약은 이것은 2만 인이나 되는 집체경작을 말하는 것이며, 이러한 대규모의 생산 형태를 노래하고 있는 사실은 중국의 고대에 노예제가 행해졌다는 확증이라고 여겼다. 하지만 노예제의 조건으로는, 생산품의 상품화가 가능할 것, 노예의 유지에 비용을 필요로 하지 않을 것, 노예의 공급원이 가까이 있을 것 등이 요구된다. 벌거벗은 채로 일할 수가 있고, 포도주 짜는 일이 이미 장기에 걸쳐 이루어져, 포도주가 외화 획득의 수단이 되며, 노예는 아프리카로부터 풍부하게 공급되었던 그리스와 같은 조건이 있지 않고서는 대규모의 노예제가 생겨날 리가 없다. 중국에서는 노예제가 성립하여 발전할 조건도 없었고, 또 그 붕괴나 해방이라고 볼 만한 두드러진 사실도 없다.

곽말약이 노예제의 확고한 증거라고 생각한 이 집체경작은, 그 시가 주송에 속해 있다는 사실로부터도 알 수 있듯이, 당시의 일반적인 경작 형태가 아니라 신 숭배의 의례적인 것이었다. 천자가 그 조상 제사에 사용하는 재미(齋米)를 경작하기 위해, 이른바 적전(藉田)의 예를 행한 것이다. 적전의 의례에서는 왕이 친히 경작하여, 군신과 백성 즉 여러 씨족들이 그 경작에 봉사했다. 그 예는 국가적 규모로 행해졌다. 적전 의례의 차례에 대해서는 이미 제2장에서 언급한 바 있다. 일본의 유키(悠紀)나 스키(主基)[163]는 아마도 그러한 옛 의례의 흔적일 것이다. 중국에서는 후대가 되어서도 왕의 친경(親耕)과 후비의 친잠(親蠶)이 의례로서 궁중에서 거행되었다. 藉(적)은 옛날에는 쟁기 耒(뢰)를 발로 밟는 형태로 적었다. 복문의 글자에는 이미 昔(석)을 성부로서 더하고 있다. 昔(5장 표제지 1-8)은 마른 고기 腊(석)의 형태이다.

상(商)의 성립

고대의 제작자나 생산자는 대개 왕실에 속하거나 혹은 제후 귀족에게 예속하는 부락적인 존재였다. 왕조가 해체되고 고대 귀족사회가 붕괴하자 그 일부는 새로운 열국 제후에게 흡수되었지만, 일부는 자활의 길을 걷지 않으면 안 되었다. 이것이 상식적으로 생각할 수 있는 줄거리라고 할 수 있다. 지배세력에서 이탈된 이 집단 가운데는 묵자(墨子)의 사상으로 추측할 수 있듯이 길드적 성격을 지닌 것도 있었고, 정나라 상인들 같이 자위적인 조직을 지닌 것도 있었던 듯하다.

오지마 스케마(小島祐馬)의 논문 「원상(原商)」(『고대지나연구』164) 수록)은 商(상)의 기원을 역사적으로 해명한 명편으로 알려져 있다. 商(상)은 은나라가 망한 뒤 은나라 사람들이 상행위로 생활을 유지했으므로 은나라 사람 즉 상인을 상이라고 부르게 되었다고 하는 것이 그 주지이다. 은나라 지배권에 있었던 생산자들 가운데서 상업이 일어났다고 하는 것은 확실한 사실일 것이다. 『시경』의 위풍(衛風)은 옛날 은나라의 왕기(王畿, 도읍 부근)이었던 땅의 민요인데, 그 속에 「맹(氓)」이라는 시편이 있다. 망국의 잔어 백성이 실 상사로 행상하는 가운데 촌의 여인을 꾀어내어 불행에 빠져들게 만든 것을 노래한 장편 서사시이다.

商(상)(사진 25·2-3)은 커다란 辛(신)을 대좌 위에 세워서, 형벌권을 나타내는 존엄한 글자였다. 그 글자의 구조는 마찬가지로 矛(모, 창)를 대좌 위에 세워서 나라를 순력하는 휼정(遹正)의 遹(휼)(사진 10 좌·1-1)과 같았다. 은나라 사람은 스스로의 도읍을 상 혹은 대읍상(大邑商)이라고 불렀다. 그 자손인 宋(송)의 廟歌(묘가)도 상송(商頌)이라 불렀다. 상송의 「현조(玄鳥)」는 "하늘이 현조에게 명하사 내려와 상나라를 탄생시키게 하시어, 은나라 땅의 크고 큰 곳에 거주하게 하시거늘, 옛날 상제께서 무덕(武德)이 있는 탕에게 명하사, 저 사방에 국경을 바로잡게 하셨다(天命玄鳥, 降而生商, 宅殷土芒芒, 古帝命武湯, 正域彼四方)"[165]라고 현조(제비) 설화를 노래하고 있다. 또 「은무(殷武)」는 "감히 조공하지 않는 나라가 없었으며 조회하지 않는 제후가 없어서, 말할 때마다 '상(商)나라의 이 떳떳한 예(禮)'라 했느니라(莫敢不來享, 莫敢不來王, 曰商是常)"라 하고, "상나라 도읍이 잘 정돈되어 있으니, 사방의 표준이로다(商邑翼翼, 四方之極)"라고 노래하고 있다. 이에 비하여 주나라는 상을 반드시 殷(은)이라고 불렀다. 殷(은)(4장 표제지 6-1, 사진 30·5-2)은 임부의 배를 두드리는 글자로, 血肉(혈육, 혈기 있는 살)이 붉은 것을 뜻하는 글자이다. 아마 옛날에는 夷(이)와 음이 가까웠을 것이다. [166] 주나라는 서북의 夏(하) 계열 종족인 데 비해, 은나라는 연해의 동이계 종족이었다. 주나라 초의 대우정(大盂鼎)(4장 표제지)에서도 상을 은이라고 불렀으며, 『서경』 주서(周書)의 여러 편에는 늘 '대방은(大邦殷)'이라고 불렀다. 은나라가 멸망한 뒤로도, 수백 년의 역사를 지닌 왕조의 남은 위엄은 여전히 절대적이었다. 만일 주나라 사람이 은나라 자손이 상업자로 전락한 것을 경멸하여 불렀다고 한다면, 주나라 사람 자신들이 사용하던 은의 이름을 버리고 그들의 올바른 이름인 상을 사용했으리라고는 생각할 수가 없다. 주나라 사람이 은나라 사람을 각별히 경멸하고 있었다는 것은, 곡식 싹(苗)의 생장을 서둘러서 싹을 뽑아 올리고 말았던 '조장(助長)'의 이야기[167]라든가, 베어진 그루터기에서 토끼가 걸려 넘어지길 기다린 '수주(守株)'[168]의 바보 이야기를, 모두 은나라의 자손인 송인(宋人)의 이야기로 전하는 사실로부터도 알 수가 있다. 또한 직능적 씨족이나 구 왕궁 소속의 백공이 모두 은나라 족속뿐이었다고는 한정할 수 없으므로, 이들을 전부 통틀어 '상'이라 부르는 일은 있을 수 없었다고 생각한다.

상업의 商(상)은 賞(상, 상주다)·償(상, 갚다)에서 왔다. 賞(상)(사진 30·6-5)은 지금은 尙(상)과 貝(패)를 따르는 형태이지만 옛날에는 商(상) 아래에 貝(패)를 더했다. 그것은 상사(賞賜)라는 뜻이었다. 賞(상)에 대하여 반대급부적인 것이 償(상)이

사진 30_금문 신신유(臣辰卣). 서주 전기. 왕이 거행하는 대제에 봉사하여, 돼지와 창주(鬯酒)를 상으로 받은 사실을 기록했다

다. 그것은 賣買(매매)의 두 글자 사이의 관계와 비슷하다. 賞(상)은 본래 상사의 뜻인데, 뒷날 유상(有償) 행위를 뜻하는 말로도 되어, 償(상)이 만들어졌다. 商(상)은 유상 행위의 의미이다.

정주(鄭州)는 한때 은나라 도읍이 있던 곳이다. 그 유허지에서는 당시 공방(工房)의 흔적이 많이 발견되었다. 생산이 성했던 곳인 듯하다. 또 갑골복사에는 "牛(우)를 多鄭(다정)에게 바칠 것인가"와 같은 예도 있다. 목축도 행해졌던 모양이다. 이곳은 무정 시기에 왕자 자정(子鄭)이 봉해져서 지배하던 곳이며, 서주가 되어서도 누군가 여기에 주나라로부터 봉건을 받았다는 기록이 없다. 어쩌면 그 생산자를 보호할 목적으로 자치구 같은 형태로 남겨 두었던 것인지 모른다.

춘추시대 초기에 이르러 여기에 비로소 주나라로부터

환공(桓公)이 영주로 부임했다. 환공은 주나라 동천 이전부터 주나라 도읍 주변에 있는 정 땅 사람의 이주지를 다스리고 있었으며, 그 치적으로 정나라 사람의 신뢰를 얻어 동토의 정 땅 사람에게도 명성이 알려져 있었다. 그래서 주나라 동천 때에 서방의 정 땅 사람들을 인솔하여 그들의 고향 정나라 지역으로 부임한 것이다. 이때 환공은 정 땅 사람들과의 사이에, 정 땅 사람의 생산 활동이나 상행위에 아무런 정치적 제약을 가하지 않을 것을 맹세하고, 또 정 땅 사람은 정치적인 배반 행위를 하지 않을 것을 맹세하는 등, 서로 맹세를 교환했다. 그 사실은 뒷날 정나라 현인으로 이름이 높았던 공족의 자산(子産)이 한 말(『좌전』소공 16년)을 통해 전해지게 된다.[169] 정나라는 일종의 계약국가였던 것이다.

일찍이 서방의 진(秦)이 몰래 군사를 전진시켜 정나라에 침입을 시도한 일이 있었다. 대상(隊商)을 인솔하여 도읍 낙양으로 향하고 있던 상인 현고(弦高)는 진나라의 비밀 모의를 간파하고 가볍게 조작하여 이를 퇴각시키고 말았다(『좌전』희공 23년). 또 정나라 상인이 초나라에 붙잡혀 있었던 진(晉)의 대신들을 몰래 탈출시켰다고 하는 이야기(『좌전』성공 3년) 등도 있다. 정나라 상인들의 실력은 당시의 국제정치 면에도 영향을 미칠 정도였다. 그들이 은나라 사람의 후예인 정 땅의 상인이었다는 사실은 의심할 여지가 없다. 하지만 그들이 상인이라고 불린 것은 은나라 사람의 자손이기 때문이 아니다. 상은 이미 상행위를 보여주는 償(상)의 뜻으로 변화해 있었던 것이다.

방유(方卣). 도철문과 봉황문 등으로 기물 전체를 장식했다.
동작(銅勺)이 함께 출토된 극히 드문 예이다. 백학 미술관

제6장
사람의 일생

출생에 대하여

출생이라는 이 신비스런 사실을 고대 사람들은 어떻게 생각하고 있었을까? 사람은 태어나 죽고, 또 태어난다. 혼령은 어디에서 와서 어디로 사라지는가? 태어나는 것이 혼령을 받는 일이라고 한다면, 혼령은 어딘가에 존재하는 것임에 틀림없다. 이 세상에서 사라진다고 해도 그 혼령은 형태를 바꾸어 어딘가에서 살아가며 또 새로운 육체를 찾아 태어나는 것이 아닐까?

출생이 혼령의 기탁이라고 한다면, 출생이 이루어지기 위해서는 우선 혼령이 머물 청정한 신체적 상태가 준비되지 않으면 안 된다. 주나라 시조 전설을 노래한 『시경』 대아 「생민(生民)」은 "정결히 제사하고 교매(郊禖, 자식을 주는 신)에게 제사하여 자식이 없음을 제액하시고"[170]라고 노래했다. 불임의 원인은 혼령의 기탁을 방해한 다른 어떤 악령의 짓이라고 생각한 것이다.

혼령은 새의 형태가 되어 어딘가로 사라진다고 하는 생각이 옛날에는 있었다. 새를 보면 조상신령이 나타났다고 생각하기도 했다. 특히 계절에 따라 건너오는 철새의 생태는 신비하기만 했다. 『시경』 상송 「현조(玄鳥)」편에는 현조(제비)를 교매로서 제사하여 자식을 얻으려고 거행하는 의례를 노래했다. 현조는 제비 燕(연)이다. 그 관념은 이윽고 알(卵)의 기이한 힘으로 옮겨져, 난생 설화가 출현했다. 한반도에도 일본에도 이 계열의 설화가 있다.

서방의 주나라에는 거인 설화가 있었다. 어느 것이나 모두 감생제(感生帝) 설화라고 불리는 신이한 출생의 서사물인데, 그 배경에는 아들을 얻으려는 민속이 있었을 터이다. 갑골복사에는 왕실의 부인에 대하여 "아들이 있는가", "아들을 얻는 일이 없을까", "生(생)을 부여받을 수 없을까"와 같이 점복한 것이 있다. 아들의 유무는 신의 뜻에 달려 있다고 간주한 것이다. 아들을 얻으려고 풀 따기를 하는 일도 있었다. 『시경』 주남 「부이(芣苢)」는 풀 따기의 노래인데, 부이는 배태(胚胎)와 음이 통하므로, 그 풀 따기는 아들 얻는 예비 축하의 행사로 간주되었다. 身(권두사진 26-7)이나 孕(잉, 아이 배다)은 그 자형만 봐도 알 수 있듯이, 회임(懷妊)의 형상이다. 身(신)은 '애 밴다'라고 읽는 것이 원래 뜻이었다.

친자 관계에 대해서도 분명하지 않은 경우, 점복하여 정하는 일이 있었다. 갑골복사에 "부서(婦鼠)는 나의 아들을 娩

(만, 낳다)한 것인가", "나는 부질(婦姪)의 아들을 아들로 삼지 못할 것인가" 등 자식 인지의 문제로까지 미쳤던 것이다.

분만하는 모습을 나타내는 자형이 后(후)이다. 后(후)란 낳은 자식이 있는 妃(비)를 가리킬 것이다. 본래의 글자는 人의 뒷부분에서 자식이 거꾸로 태어나 떨어지는 형태로 적었다. 주나라 후직(后稷)의 설화를 노래한 대아「생민(生民)」은 "그 달을 다 마쳐 첫 아이를 낳되 양처럼 쉽게 낳으셨다(誕彌厥月, 先生如達)"라고 노래했다. 達(달)은 작은 양을 뜻하는 말인데, 그 자형은 羊(양)이 새끼 양을 낳아 떨구고 있는 형태로 辶(착)을 붙인 것이다.

상대에는 초생아를 버려 물에 흘려보내는 일이 있었다. 棄(기)와 流(류)는 둘 다 그 형태를 나타내는 글자이다. 대아「생민」에는 후직이 태어난 후, 곧바로 누항(陋巷)에 버려졌으나 소와 양이 젖을 주어 길렀고, 숲 속에 숨기자 초부(樵夫)가 발견해내었으며, 얼음 위에 두 자 크기의 새가 날아내려와 날개로 덮어주었다고 하는 기적이 일어난 일을 노래했다. 그리하여 棄(기)에서 다시 되돌아와, 시조신 후직이 되었다. 서남방 이민족인 요족(獠族)은 아들을 물에 던져, 뜨거나 가라앉는 모양에 따라서 아이를 기를지 말지 결정한다고 한다.

『시경』의 소아 「사간(斯干)」은 신축 집의 축수가(祝壽歌)인데, 태어날 자식의 몽점(夢占)이나 태어난 자식의 취급 방식까지 세세하게 노래했다. 남자 아이가 태어나면 침상 위에 눕혀서 裳(상, 치마)을 입히고 장(璋)을 손에 쥐어 주고서 축하한다. 여자 아이라면 땅에 엎어놓고 하의(下衣)를 입혀서 와기(瓦器)를 손에 쥐어 주며, 부모에게 귀찮은 존재가 되지 말라고 타이른다. 서주 시기는 세습제가 이미 확립되어 있었으므로, 이 시에는 존비 관념이 담겨 있다. 여자를 땅에 눕히는 것은 본래 여자를 지령에 접하게 하여 그 생산력을 몸에 깃들게 하려는 것이었다. 이때 손에 쥐어 주는 장(璋)이나 와기(瓦器)는 영혼의 상징이라는 의미를 지녔다. 옥을 쥐는 것을 농(弄)이라고 한다. 완롱(玩弄)은 그러한 주술력 있는 것을 이용하여 새로운 혼령을 지키는 의미이다. 일본의 목각인형 고케시[171]도 같은 기원을 지닌다.

새로 태어난 혼령의 힘은 미약하여, 악령이 들씌우기 쉽다. 일본에서는 천손강림 때에 천손이 마토코오후스마(眞床覆衾, 강보)[172]에 싸여 그 속에서 조상신령을 계승했다. 거기에서 영원령(永遠靈)이 체현된 것이다. 이렇게 새로운 혼령의 힘이 안정되면, 이윽고 오오하라히노코토바(大祓詞)에서 말하듯이, "하늘의 겹겹 구름을 헤치고 헤치시어" 하늘에서 내려와, 거친 숨결과 더불어 혼령의 활동을 시작하게 된다.[173)

마토코오후스마에 해당하는 것을 중국에서는 保(보)(사진 22·2-6)라고 한다. 包(포)와 동일한 어원의 말일 것이다. 태어난 자식을 사람의 등에 업혀, 뒤에서부터 덮는 형상의 글자이다. 자식의 머리 위에 玉(옥)을 더하고 있는 것도 있다(사진 16·2-1). 保(보)는 옛날, 관직으로서 가장 신성한 높은 지위이기도 했다. 주나라 초 주공의 집안은 명보(明保)라 칭호하고, 소공은 황천윤대보(皇天尹大保)라고 칭했는데, 이들은 천자의 혼령을 지키는 직책이었다. 『서경』의 「고명(顧命)」편은 성왕이 서거하고 강왕이 즉위하는 때 행한 계체(繼體)의 대례를 기록하고 있는데, 대보 소공이 그 식전을 관장했다고 한다. 保(보)는 뒷날 강보(襁褓)의 褓(보, 포대기)라는 의미도 갖게 되었으나, 본래는 무인의 등에 걸치는 망토 모양의 포대기를 뜻했다. 신왕 즉위의 의식은 마토코오후스마가 조령 계승의 의식이듯이, 그러한 의식을 체현하는 형식으로 행했을 것이다.

문신의 풍속

　태어나는 것을 産(산)이라고 했다. 産(산)의 본자는 본래 文(문)을 따르는 글자로, 文은 이마에 더한 문신의 형상이다. 厂(한)은 이마의 형상이다. 금문에는 産(산)의 生 부분에 初(초)를 더한 글자가 있다. 初(초)(사진 31·1·4)는 産衣(산의, 배냇옷)를 가리킬 듯한데, 역시 강보와 같은 관념의 흔적으로 보인다. 태어나면 곧바로 이마에 먹 등으로 X형의 문신을 가한다. 그것은 신이 머무는 표시이며, 여기에 조령이 기탁하고 있다는 것의 표시였던 듯하다. 일본에서는 아야츠코(아야코)[174]라고 한다. '아야'는 혼령을 뜻한다. 또 大나 犬의 형태를 적기도 하므로 일본에서는 '이누쿠소(犬クソ)'라고도 한다. 헤이안 시대에는 널리 행한 듯하다. 아야츠코를 이마에 표시할 사람으로는 귀한 신분의 사람을 불렀다. 객으로서, 즉 객신으로서 거기에 임한 셈이다.

　문신은 일정한 연령에 달할 때마다 했다. 彦(언)은 顔(안)에 문신을 가한 형태인데, 顔(안)이란 이마 부분을 말한다. 따라서 顔(안)은 문신을 가한 이마를 가리킨다. 중국의 남방에는 수면만(繡面蠻)의 경우처럼 얼굴에 문신을 가하는 예, 수각만(繡脚蠻)의 경우처럼 발에 문신을 가하는 예 등이

사진 31_금문 기정(旅鼎). 서주 전기. 4행에 있는 文 글자는 心 자형의 문신을 가한 형태이다.

있었다. 彦(언)은 아마도 성인일 때의 문신일 것이다. 계절이 바뀔 때마다 존재의 생명이 개변한다고 간주되듯이 인생에도 그러한 계절의 변화가 있다. 다음 계절은 별도의 세계이며, 그 세계로 들어갈 때는 또 출생 때의 수령식(受領式) 같은 의례를 해야 했다. 문신은 새로운 세계로 들어가는 가입식이라는 의미를 지녔다.

문신의 아름다움을 文章(문장)이라고 한다. 文(사진 31·4)은 사람이 서 있는 형상의 흉부에 心자 형태라든가 V자 형이라든가 X자 형을 더한 것이다. 章(장)(사진 14·10-6)은 문신을 가하는 辛(신)의 앞부분에 먹이 뭉쳐 있는 형태이다. 문장의 아름다움을 彦彰(문창)이라고 한다. 彡(삼)은 문채(文彩)가 있음을 표시하는 형태이므로, 두 글자는 彦(언)이 彡(삼)을 따르는 것과 같다. 문신은 본래 의례적인 것이었으므로,

270

朱(주)나 墨(묵)으로 적었고, 의례를 마치면 곧 지울 수가 있었다. 하지만 彰(창)은 입묵의 辛(신)으로 피부 아래에 문양을 더한 것이어서, 영구적이었다. 신체 장식으로서 남길 때는 이 방법을 취했다. 또 형벌에도 辛(신)을 사용했다. 辠(죄)·童(동)·妾(첩)·憲(헌) 등은 모두 辛(신)의 형태를 따르는 글자이다.

문신은 대개 축하할 때 사용했다. 그래서 文(문)은 뒷날 사람의 미덕을 뜻하는 말이 되었다. 또 신판(神判)에서 승리한 해치에게도 이것을 가했으므로, 거기서 慶(경, 경사)(사진 18)자가 만들어져, 기뻐한다는 뜻을 지니게 되었다. 하지만 사람이 무언가의 두려움에 직면했을 때에도 문신을 사용하는 일이 있었다. 흉할 凶(흉)은 사람의 흉부에 X를 더한 형태이다. 이것에 측신(側身) 형태를 더하면 匈(흉)으로 되니, 이것이 가슴 胸(흉)의 초문이다. 그 두려움을 나타낼 때 두려울 兇(흉)이라고 했다. 胸(흉)이 떨리는 것을 恟(흉, 두려워한다)이라고 한다.

남자의 경우에는 그 胸(흉)을 입 벌릴 凵(감) 형으로 나타내지만, 부인의 경우에는 유방을 모티브로 삼아 그 주위에 빙 둘러 문신을 했다. 갑골복사나 은나라 금문에는 선왕의 왕비(王妣, 后[후])를 가리켜 ꗋ라고 했다. 이 글자에 대해서는 여러 해석들이 있었다. 나진옥(羅振玉)은 그 문양 부분을 두 개의 火(화) 형상으로 보았고, 당란(唐蘭)은 양 겨드랑이에 皿(명, 그릇)을 끼고 있는 형태라고 보았다. 기이한 술수를 부리는 재주꾼을 나타낸다고 본 해석이다. 곽말약은 두 젖가슴의 상징으로 여겨, 母(모)의 이문(異文, 이체자)이라고 보았다. 모두 그 문양이 문신이란 사실에는 생각이 미치지 못했다. 부조(父祖)를 문조문고(文祖文考)라고 하는 말에서 알 수 있듯이, ꗋ 글자는 선왕의 왕비(王妣)를 부르는 말이었다. "大乙(대을)의 ꗋ妣(비) 丙(병)", "武丁(무정)의 ꗋ妣(비) 辛(신)"과 같은 식으로 말했다. 爽(상)이나 奭(석)도 그 문신의 형상을 표시한 것으로, 두 글자 모두 '분명하다, 선명하다'는 의미를 지닌다. 문신의 아름다움을 말하는 듯하다. 두 젖에 침으로 문신을 가하는 것은 만만치 않은 고통을 수반했을 것이다. 그것을 나타내는 薵(진, 슬퍼하다)이란 글자가 있어서, 『설문해자』에서는 '傷痛(상통)이다'라는 자훈을 부여했다. 爾(이)도 아름다움이라는 뜻이 있으며, 상반신의 흉부를 중심으로 하는 문신을 나타내는 글자이다.

文이나 ꗋ은 특히 죽은 사람에 대하여 가하는 것을 가

리키는 말이었던 듯하다. 그러므로 文은 조상신령을 부를 때 붙이고 ꝑ은 선왕의 妣(비)를 부를 때 사용한 글자이다. ꝑ은 서주의 금문이어서, 주나라 쪽의 기록에는 그런 글자가 보이지 않는다. 아마도 주나라에는 문신 풍속이 없었고, 文은 文武(문무)처럼 德(덕)을 표시하는 말로 사용되었으나 ꝑ의 경우는 사용할 기회가 없었던 듯하다. 특히 ꝑ은 奭(석)의 초문이라고도 일컬어지지만, 이것을 선비(先妣, 죽은 어머니)의 뜻으로 사용하는 용법은 주나라 기록에서는 찾아보기 어렵다.

문신은 본래 연해 민족인 동이계의 풍속이었다. 문헌시대에 들어와서는 월나라의 단발문신 풍속이 알려져 있는데, 옛날에는 연해 동이계의 여러 종족들 사이에 문신이 널리 행해졌던 것이 아닐까 생각한다. 남방에는 그 풍속을 전하는 것이 여전히 많아서, 묘계 여러 종족들은 지금도 변함없이 문신의 풍속을 남겨두고 있다. 옛날에는 수면만이라든가 수각만이라든가 하는 이름도 있었고, 호남의 구의산(九嶷山) 부근에도 단발문신의 종족이 있었다고 한다. 명나라 전예형(田藝衡)의 『유청일찰(留靑日札)』에 의하면 그 집의 가동(家僮, 종) 5백 명은 모두 화권수퇴(花拳繡腿),

즉 팔이나 허벅지에 입묵을 하여 초목조수의 문양을 가했다고 한다.

　그 풍속은 옛날 일본에도 있었다. 『후한서』 「동이전」을 보면, 왜국에서는 남자는 모두 경면(黥面) 문신을 했으며, 신분에 따라 그 크기와 모양이 달랐다고 한다. 『수서(隋書)』에는 류큐(琉球, 오키나와)의 부인이 손에 뱀 문양을 하고 있다고 기록했다. 또 한반도 남부나 대만·아이누(蝦夷, 에조)에도 모두 그러한 풍속이 있어서, 지금까지 전해지는 것도 있다. 동아시아 연해에서 태평양 연안 일대에 걸쳐 문신의 풍속을 지닌 종족은 오십 이상을 헤아리지만, 내륙에는 그런 풍속이 없었다. 이러한 사실은 문신에 관한 문자가 동이계 문화권에서 성립한 것이라는 사실을 시사해준다. 嬶처럼 왕비(王妣)를 뜻하는 말이, 주나라 기록에 나타나지 않는다는 사실도, 이러한 점을 통해 이해할 수 있을 것이다.

　일본에서는 뒷날 문신의 풍속이 끊어진 듯하다. 『일본서기』 경행기(景行紀) 27년에, 아이누의 문신 풍속을 이민족의 습속으로 기이하게 여겨 보고하고 있다. 그 풍속이 다시 행해지게 된 것은 에도 시기 이후의 일이다. 명나라 하층사회의 풍속이 어쩌면 일본에 파급된 것인지 모른다.

文祖文考(문조문고), 혹은 文母文姑(문모문고)나 㚻라고 하는 것은 모두 문신으로부터 나온 말이다. 그것은 시체 성화를 위한 수불(修祓)이었다고 생각된다. 태어날 때는 아야츠코를 가지고 신령이 머무는 것을 표시했던 문신의 풍속은, 사후의 새로운 세계로 출발할 때도 또 문신을 더하여 사악한 영의 침범을 금한 것이다. 문신은 혼령의 수탁을 표시하는 기호로서, 또 그 혼령을 지키기 위한 기호로서, 신체 장식으로서의 의미를 지녔다. 그런 까닭에 文(문)은 성스러운 것이었다. 文武(문무)란 본래 왕의 신성을 뜻하는 말이었다. 뒷날 "찬란하구나. 그 문(文)이여"[175]라 하고, 또 "斯文(사문)이 여기에 있다"[176]라고 하는 식으로 문화전통을 의미하게 된 것은 훨씬 뒤의 전의(轉義)이다.

성인과 혼례

名(명)이 제육(祭肉)과 축고 그릇 ㅂ으로 이루어져, 가묘(家廟)에 새로운 가입자로서 名(명)을 고하는 제의를 나타내는 글자라는 사실, 또 字(자)가 마찬가지로 그 명호를 고하는 의례를 뜻하는 글자라는 사실은 앞서 서술했다. 중국

의 고대에는 실명을 피하는 실명 경피(敬避) 풍속이 있었다
는 것은 분명한데, 그 풍속이 어느 때 성립한 것인지는 확
실하지 않다. 字(자)가 일반화된 것은 춘추시대이므로, 경
피 풍속이 일반화된 것도 어쩌면 그 무렵부터일 것이다.
금문에는 실명이라고 생각되는 이름을 사용한 예가 많다.
이것은 제기에 銘(명, 새기다)하는 것으로, 군주 앞에서는 名
(명)을 일컫는다는 원칙을 따른 것일지 모르겠다. 하지만
분명히 字(자)로 간주할 만한 예는 없는 듯하다. 본디 기원
적으로는 특정 때에 실명을 피하는 일이 자주 있었던 모
양이다. 名(명)은 그 인격과 일체를 이루는 것이라고 하는
융즉(融卽, 이름과 실체가 하나임)의 관념이 고대에는 있었기 때문
이다. 名(명)이 알려지는 것은 자기의 인격이 상대방에게
좌우되어 지배 당하는 일이라고 간주되었다. 하지만 또한
동시에 名(명)을 나타내는 일은 그 신령의 실재를 밝혀서
그 인격의 위령을 나타내는 일이기도 했다. '名(명)은 실(實)
의 빈(賓)이나 객(客)'이 아니라, 名은 실(實) 그 자체였기 때
문이다.

  명명(命名)은 출생 때의 연고에 따르는 것이 많았다.『좌
전』에는 이민족인 장적교여(長狄僑如)를 쳐부순 전공을 기

넘하여 자기 자식에게 교여라는 이름을 붙인 예[177]나 불륜의 자식을 들에 버렸더니 호랑이가 이를 길렀으므로 오도(於兎)라고 이름 붙인 예[178]가 있다. 후자의 예는 로마 전설의 로물루스와 레무스(Romulus and Remus) 같은 이야기이다. 오도는 초나라 말로 호랑이를 뜻한다. 진(晉)나라 목공(穆公)은 조(條)의 전투에서 전공을 기념하여 그 아들을 구(仇)라고 이름 붙이고, 그 아우에게는 천무(千畝)에서의 전승을 기념하여 성사(成師)라고 이름 붙였다.[179] 뒷날 두 사람 사이에 투쟁이 일어났는데, 그것은 그 명명이 옳지 않았기 때문이라고 이야기되었다.

名(명)은 체(體)를 나타낸다고 하여, 그 사람과 기이한 운명으로 연결되기도 하였다. 본디 국민당의 영수였던 왕조명(汪兆銘)은 자(字)를 정위(精衛)라고 했다. 염제(炎帝)의 딸인 여와(女娃)가 동해에서 놀다가 빠져 죽어 정위라는 새가 되었다. 그 혼령은 입으로 서산의 나무나 돌을 물어다가 동해로 옮겨서 바다를 메워 동서를 연결하려고 했다.[180] 왕조명의 생애는 신화 속의 이 작은 새의 운명과 어딘가 비슷한 면이 있는 듯하다.

일본에서는 여성이 이름을 숨겨 말하지 않았으므로, 세

이쇼나곤(淸少納言) 등 여전히 실명을 알 수 없는 여성들이 많다. 옛날에는 이름을 말하는 일은 서로를 허락하는 것을 의미했다.『만엽집』권두의 웅략가(雄略歌)는 언덕에서 풀 뜯기 하는 여성의 이름을 물으면서 스스로 이름을 밝히고 있다.[181] 풀을 뜯는 것은 누군가를 그리워하는 행위이므로, 구혼자로서 자신의 이름을 밝혔던 것이다. "자색의 염료에는 회의 즙이 있어야 하나니, 쓰바이치의 거리에서 만난 낭자여, 그대의 이름은 무어라 하는가"[182]라고, 스쳐지나가는 사람이 이름을 묻자, 여자는 "엄마만 부르는 내 이름을, 말해줄 리 있으리오. 길가에서 만나 누군지도 모르는 사람에게"[183]라고 완곡하게 거절한다. 이름을 말하는 일은, "하야토가 이름 외치는 야경의 소리, 그 커다란 소리처럼 분명하게 나의 이름을 말씀드리오니. 당신은 나를 아내로서 의지하여주셔요"[184]라고 하듯이, 결의를 할 때에 한했다.

『의례』의「사혼례(士昏禮)」편에, 혼례의 의식 순서를 상세하게 기록하고 있는데, 거기에 문명(問名)의 예라는 것이 있다. 귀족사회에서는 자유로운 연애라는 것이 없었던 듯하다.『시경』의 아(雅)의 부분에도 연애시가 아주 적다. 단

사진 32_금문 차종(虘鐘). 서주 후기.
차(虘)와 채희(蔡姬)가 대종(大宗)에게 제사 지내기 위해 만든 기물

지 부부의 애정에는 섬세한 면이 있었다. 수가 적기는 하지만, 금문에서는 부부의 이름을 나열하여 장래를 맹세한 것을 가묘에 고한 제기(사진 32)를 볼 수 있다.

성인식은 冠(관)이라고 불렀다. 또 元服(원복)이라고도 한다. 일본의 하카마기(袴着) 의례에 해당한다. 冠(관)은 사당 안에서 결박(結髮)의 의식을 행한다는 뜻이다. 元(원)은 머리 首(수)이다. 寇(구)는 포로를 사당 안에서 때리는 뜻으로, 그 형태가 비슷하다. 여자의 경우는 비녀 筓(계)라고 했다. 남자는 스물, 여자는 십오 전후에 했다. 가관(加冠)과 가계(加筓)가 끝나면 비로소 가족으로서도 사회인으로서도 성원의 자격을 부여했다. 결발을 한 뒤로는 공적인 자리에서는 冠(관)을 벗는 일은 없었다. 두보의 「음중팔선가」는 초성(草聖)이라 불린 장욱(張旭)이 석 잔 술에 취하여 왕공 앞에서 자주 머리를 드러내는 취태를 노래했다.[185] 육조의 사인(士人)은 머리를 묶고 관을 쓰고는 칼을 찼다. 그 모습은 쇼토쿠 태자(聖德太子)의 화상(畫像)을 통해 상상할 수가 있다.

夫妻(부처)는 양쪽 모두 머리를 묶어, 여기에 잠개(簪筓, 동곳과 비녀)를 가한 형태이다. 夫(부)는 동곳 잠(簪)을 지르고,

女(녀)는 계삼(筓參)을 가한다. [186] 參(삼)(5장 표제지 3-8)은 옥 장
식이 있는 동곳이다. 夫妻(부처)라는 글자는 부부의 성장한
모습을 본뜬 형태이다. 齊(제/재)도 동곳을 나타내는 글자이
다. 이것은 가묘에 제사 지낼 때 사용했다. 그래서 재경(齊
敬)이나 재계(齋戒)의 뜻이 되었다. 가묘에 종사하는 여인은
齊 아래에 女를 적은 형태로 표시한다.

   婚(혼, 혼인하다)은 난해한 글자이다. 지금의 자형은 婚이지
만 옛날은 昏이라고 썼다. 혼례는 저녁에 행한다고 하는
해석도 있지만, 금문의 자형은 윗부분에 爵(작)을 쓰고 아
랫부분에 女를 썼다. 혼례 때에 교환하는 술잔 爵(작)을 표
시한 것이다. 일본의 혼례 때 헌배(獻杯)의 예로서 세 개의
잔으로 세 번씩 도합 아홉 잔 술을 마시고 부부의 약속을
하는 산산쿠도(三三九度)에 해당한다. 술을 주고받는 일은
서약을 의미했다. 「사혼례」에 기록되어 있는 식순에는 지
금의 결혼식과도 비슷한 점이 많다. 매작(媒酌, 중매)의 사람
을 통해 이야기가 결착되면, 납채(納采, 結納), 문명(問名, 친족명
부의 교환), 납길(納吉), 납징(納徵, 지참금), 청기(請期, 혼삿날 결정), 친
영(親迎), 혼의(婚儀)를 하고, 그 다음에 가족에게 인사를 한
다. 여자가 집을 나갈 때, 아버지는 "경계하고 공경하여

밤낮으로 시부모의 명을 어기지 말라(戒之敬之, 夙夜無違命)"고
알려준다. 어머니는 옷 띠에 히레(領巾/肩巾, 길고 얇은 천)를 묶
어주며, "부지런하고 힘을 써서, 여자의 일을 어기지 말라
(勉之敬之, 夙夜無違宮)"라고 한다. 친영(親迎)할 때, 남자는 집 문
에 수레를 가까이 대어 수(綏)를 준다. 수(綏)는 수레에 오를
때 의지하는 끈(紐)이다. 여자는 발판을 디디고서 수레에
오른다. 『의례』에는 각 의절(儀節)마다 사용하는 인사말까
지 모두 기록해두었다. 일본의 예의범절 유파인 오가사와
라류(小笠原流)의 작법서와 같은 식이다. [187]

부인의 자리

婦(부)의 초문은 帚라고 적었다. 갑골복사에서는 왕자들
의 婦(부)는 모두 帚好(부호)나 帚鼠(부서) 같은 식으로 비 帚
(추)를 붙이고 있다. 물론 婦(부)의 음으로 읽었을 것이다.
帚(추)는 두말할 것 없이 빗자루의 형태이다. 부인인 사람
은 문자가 태어난 때부터 먼지 떨고 청소하는 일에 종사
할 운명을 떠맡았던 것인가 라고도 생각할 수 있겠다. 하
지만 寢(침, 자다)의 자형을 통해서도 알 수 있듯이, 帚(추)는
신전을 정화하기 위한 속모(束茅)의 부류이다. 寢(침)은 침소

가 아니라 신을 평안히 모시는 곳이다. 寢殿(침전)이란 것은 정전(正殿)을 뜻한다. 帚(추)에는 술을 뿌려서 그 방향(芳香)을 가지고 제단을 정화했다. 복문에는 帚(추)에 수점(水點)을 더한 형태의 것이 있다. 옛날 소강(少康) 즉 두강(杜康)이라는 사람이 술과 帚(추)를 만들었다고 하는 기원설화가 있다. 술과 帚(추)가 동일한 인물에 의해 만들어졌다고 이야기되고 있는 것은 술은 근심의 옥추(玉帚)[188]라는 의미가 아니다. 제단이나 성소를 정화하는 술과 다마구시(玉串)[189]의 부류였다고 생각해도 좋을 것이다.

寢(침)은 조상신령이 편안히 머무는 곳이었다. 새로 시집 온 부인은 본래 이민족의 신에 속하는 사람이다. 그래서 우선 사당에 배알하는 예를 행하여, 그 씨족신에게 가입 허가를 받지 않으면 안 된다. 사당 배알의 예는 석달에 걸쳐 행하며, 그것이 무사히 끝나면 생가로 귀근을 했다. 아마도 생가의 씨족신과 이별하는 의례로부터 이런 풍습이 발생했던 것이리라. 가묘에 봉사하는 일은 부인의 가장 중요한 임무였다.

시집가는 것을 歸(귀)라고 한다. 歸(사진 16·9·4)는 본디 군대의 귀환을 뜻하는 말이다. 歸(귀)는 본래 𠂤(퇴)와 帚(추)를 구성요소로 한다. 自(퇴)는 군대 출행 때에 신에게 제사하는 신육(脈肉)의 형태이다. 군대의 주둔지에 표목을 세워 그 앞에 신육을 두거나, 때로는 옥사(屋舍) 안에 가두어두었다. 㬿(사)나 官(관)이 그 글자이다. 군사가 끝나면 自(퇴)를 받들고 귀환한다. 歸(귀)가 帚(추)를 구성요소로 하고 있는 것은 역시 향기로운 술을 가지고 그 제단을 정화한다는 뜻을 나타낸 것이다. 술은 아마도 거창(秬鬯)(권두사진 26-14)이라고 불리는 제사용이었을 듯하다. 敢(감)(4장 표제지 4-3)은 그 술을 따르는 형태이다. 嚴(엄)(사진 26·5-4)은 옥상에 축고의 ㅂ를 나란히 두고 사당 안에서 술을 따라 강신의 예를 행하는 것을 뜻한다. 帚(추)는 그러한 엄숙한 재액 떨이의 의례에 사용하는 것이었다.

사당 배알의 예를 마치고 조상신령의 승인을 받고 나서도 신부의 자리는 결코 편안하지가 못했다. 지난날 다른 씨족신의 거처에 있었다고 하는 사실은 그것으로 지워지는 것이 아니었다. 그래서 조상신령은 자주 신부에게 탈을 일으켰다. 특히 다른 집에서 시집와서 지금은 이 씨족에 속해 있는 시어머니들의 혼령은 좀처럼 타협이 어려웠다. 그래서 "婦好(부호)는 父乙(부을)에게 御(어)할 것인가",

"婦好(부호)를 妣甲(비갑)이 御(어)할 것인가"라는 식으로, 그들 혼령에 대해서는 끊임없이 어사(御祀)를 행하지 않으면 안 되었다. 조상신령은 씨족의 뒷사람들과 여전히 빈번한 교섭을 하며, 특히 새로 가입한 사람에게는 무언가 그 위령을 보여주려고 애썼던 듯하다.

부인이 시집가서 다른 집에 들어가면 고향과의 종교적 관계는 일단 단절되지만, 왕실이나 제후·귀족 등의 경우, 현실적으로 그 결혼은 다른 씨족과의 통혼에 의한 세력 확대, 권력의 집중을 의도하는 것이었기에, 정치적·경제적 결합은 강화되었다. 婦好(부호)의 경우에는 "부호를 불러 供人(공인, 징집병)을 寵(총)보다 먼저 할 것인가", "婦好(부호) 삼천을 徵(징, 부르다)하고, 旅(여, 군대) 만(万)을 徵(징)하여 □을 呼伐(호벌)할 것인가"라는 식으로, 부호에 대부대의 동원을 명령한 예가 있다. 그런 예는 후세에도 자주 보이고, 또 지금도 일부 사회에 남아 있다. 정치적인 결혼이었다.

동이계의 연해 종족들 사이에 성(姓)의 조직이 있었는지 어떤지는 의문이다. 서방의 여러 종족들 사이에는 분명히 성(姓) 조직이 있어서, 그 통혼관계가 일정했다. 희(姬)와 강(姜) 두 성의 관계는 그 대표적인 예로, 상호 통혼의 관계를 유지했다. 은(殷)이 자성(子姓)이라 불린 것은 주나라의 지배하에서 성 조직이 확대되었을 때 왕자의 호칭이었던 자(子)가 성으로 해석되어 의제적(擬制的)으로 자성(子姓)이란 것으로 되지 않았을까 생각한다. 한 씨족 내에서는 통혼을 금하는 동성불혼의 원칙은 주나라 쪽의 것이었다. 토템 여러 종족들 사이에서는 자주 결혼집단 체계를 볼 수가 있다. 하지만 동이 종족들 사이에서는 그런 명확한 제도를 찾아보는 것이 어렵다. 일본의 고대에도 근친혼이 상당히 널리 행해졌다는 사실은 잘 알려져 있다. 근친혼에 대한 금기는 벼농사를 하는 농경민족보다도, 수렵이나 목축업을 하는 종족 사이에 일찍부터 성립한 것이 아닐까 생각한다. 그들은 우생학적 지식을 얻을 기회가 있었기 때문이다.

결혼이 서로 다른 씨족 사이의 씨족신의 교류이자 연대이며, 화합이라는 관계로부터, 부인의 직무는 종묘의 제사에 분주하게 종사하는 것에 있다고 간주되었다. 敏(민, 민첩하다)(4장 표제지 12-9)은 부인이 제사 일을 하려고 머리를 가다듬은 형태이며, 毒(독)은 그 때문에 하는 짙은 장식이나 화장을 말한다. 그 윗부분은 비녀 장식의 형태이다. 화장은 신을 섬길 때에만 했으며, 가면적인 의미를 지니고 있었다. 페르소나로서의 가면 대신에 화장을 했다고 생각해도 좋다.

부인이 종묘를 지킨다고 하는 전통은 어쩌면 옛날 모계제 시대에서 기원한 것인지 모른다. 그래서 초서혼(招婿婚, 데릴사위제)이 없어진 뒤에도 여자가 집에서 종묘를 섬긴다고 하는 풍속이 남아 있었다. 대개는 막내딸이 재녀(齋女)가 되었다. 齊(제)는 신을 제사 지낼 때의 머리 장식이고, 齋(재)는 재계(齋戒)를 뜻한다. 그 여인은 齊(제) 아래에 女를 더한 글자였다. 『시경』 소남 「채빈(采蘋)」의 마지막 장에, "맛 좋은 나물을, 사당에다 차리누나. 이 일을 누가 주관하는고. 공경스러운 계녀로다(于以奠之, 宗室牖下. 誰其尸之, 有齊季女)"라고 하여, 齊(제) 글자를 '삼가다'라는 뜻으로 사용한 것이 그것이다.

『시경』에는 계녀를 재녀(齋女)로 노래한 것이 많다. 제(齊)나라에서는 장녀를 재녀로 삼는 풍속이 있어서, 그를 무아(巫兒)라고 불렀다. 재녀인 사람이 그 규정을 위배하여 시집가는 것은 신에 대한 배신이자 모독으로 간주되어 비난을 받았다. 『시경』 제풍 11편 가운데 6편까지가 제나라

사진 33_금문 대축금정(大祝禽鼎). 서주 전기. 백금(伯禽)의 기명이다

양공(襄公)의 여동생 문강(文姜)이 이웃나라인 노나라 제후에게 시집갔지만 오빠와의 사이에 불륜이 있어서 국인이 그것을 비난한 시라고 간주되고 있다. 문강은 희공(僖公)의 장녀였다. 그 때문에 당시 문강에 대한 비난이 시편 해석에 영향을 끼친 것이지만, 시편은 어느 것이든 그런 의미를 담고 있지는 않다. 고대의 가요를 설화에 부회하여 해석하는 일은 일본에서도 흔히 볼 수 있다.

제풍에 「폐구(敝笱)」라는 시편이 있어[190] 그 첫 장에 아래와 같이 노래하고 있다.

떨어진 통발이 어량에 있음에, 그 고기는 방어와 환어로다. 제자가 시집가니, 그를 따르는 자들이 구름 같도다.

[敝笱在梁, 其魚魴鰥. 齊子歸止. 其從如雲.]

시는 분명히 결혼의 축송가이다. 과거의 주석자는 해진 통발이 방어나 환어 같은 큰 물고기를 잡을 수 없듯이, 문강의 불륜을 노나라 제후가 억제할 수 없다는 것을 비난하는 의미라고 했다. 통발에 물고기가 걸린다는 비유적인 표현은 늘 결혼가의 발상에 사용된다. 결혼 때에 여인을 물고기에 비유하여 표현하는데, 여인과 물고기의 이러한 비유 관계가 어떠한 민속에서 유래하는지는 아직 분명하지 않다.[191] 아무튼 이렇게 단순한 축송가가 불륜을 풍자하는 노래로 간주되는 것은 문강이 무아(巫兒)의 몸이면서 그 금기를 범했다고 하는 데 대한 불만을 표시한 것이었다고 여겨진다. 일본에서도 가모(加茂)의 재원(齋院, 사이인)이었던 쇼쿠시 나이신노(式子內親王, 법명 쇼뇨보)에 관련된 데이카가즈라(定家葛) 이야기[192]가 있다.

여자가 무아(巫兒)나 재녀(齋女)로서 집에 남아 있듯이, 남자의 경우도 종묘에 봉사하는 자가 있었다. 그것이 兄(형)이다. 兄은 ㅂ 아래에 人을 그려서, 見(견)이나 望(망)과 같은 구조의 글자이다. 시조 묘에 축고하는 자가 형이었다. 呪(주)와 祝(축)은 그 글자를 구성요소로 하고 있다. 축고에 대하여 신령이 살며시 나타나는 상태를 兌(태)라고 한다.

윗부분 八의 형태는 신이 나타나는 기색을 의미한다. 기쁨을 나타내는 悅(열), 탈아의 상태를 나타내는 脫(탈)은 모두 그 글자를 따른다. 본가와 분가라고 하는 친족 질서를 의미하는 종법제에서는 형이 가묘의 제사권을 지닌다. 종법제는 동방의 사회에서 행했으나, 대금금정(大祝禽鼎)(사진 33)에 의하면, 주공의 장자 백금(伯禽)도 대축(大祝)의 직에 있었다. 종법제는 뒷날 중국 가족제도의 기본이 되었던 것이다. 宗(종)(사진 32·2·5)은 사당 안의 조상신을 뜻하는 글자로, 示(시)는 帝(제)와 마찬가지로, 제단의 신위가 있는 곳을 나타낸다.

가족의 윤리

가부장제가 확립된 사회에서 아버지의 권위는 절대적이었다. 父(사진 16·14·5)는 도끼 斧(부)를 지닌 형태이다. 금문에는 戉(무)를 지닌 형태로 쓴 글자도 있다. 母(사진 14·12·5)는 '젖을 늘어뜨린' 어머니의 모습으로 적었다. 권위와 자애가 가족 윤리의 기본이었다. 오늘날은 그것이 붕괴되어, 윤리가 상실되었다. 侖(륜)은 서로 상대되는 것들 위에 전체 질서가 구성되는 것을 말한다. 아름다운 관계를 의미하는 글자였다. 倫(륜, 인륜)・綸(륜, 벼리)・輪(륜, 바퀴)・淪(륜, 빠지다) 등이 이것을 따르는 글자이다.

道(도)와 德(덕)이란 글자들의 기원적 의미에 대해서는 이미 서술했다. 道(도)는 도로의 액막이이고, 德(덕)은 눈(目)의 주술력으로 타자를 지배하는 일을 의미했다. 그러한 옛 뜻이 상실되어, 그것이 도덕적인 의미로 바뀌어간 것은 사회생활의 변화에 따른 의식 변화에 원인이 있었다. 사회생활의 변화가 의미 내용이나 가치 개념을 바꾸어가는 것이다.

愛(애, 사랑)는 뒤로 향한 사람의 모습에 心(심)을 더한 자형이다. 뒷머리를 잡아 채이고 있는 듯하다는 권련(眷戀)의 정이 愛(애)의 소박한 표현이었다. 그것이 인애(仁愛)라는 내면적・정서적인 것으로 점차 고양되어갔다. 仁(인)은 유교의 최고 덕목으로 간주되는데, 본래는 깔개의 모습일 것이다. 아래에 几(궤, 즉 机)를 둔 형태는 殿(전), 즉 臀(둔, 볼기) 글자의 윗부분에 해당한다. 仁(인)은 임석(絍席, 깔개자리)의 絍(임, 옷섶)의 초문이다. 이것을 두 사람을 나타내는 뜻으로 간주하여 인간관계의 근본으로 해석하는 것은 仁(인)이라는 개념이 성립한 뒤에 부가된 것이다. 仁(인)은 가차자에 불과하다. 이러한 전화(轉化)나 가차에 의해 새로운 개념을 표현하게 되었다.

『설문해자』의 心부에는 心을 따르는 글자 263자를 수록하고 있다. 심적 상태를 나타내는 말이 많다는 것을 잘 알 수 있는데, 그 대부분은 형성의 글자이다. 즉, 본래 있던 글자가 아니라 인간의 감정생활이 풍부해지면서 뒷날 차츰 첨가된 글자들이다. 옛날부터 사용하던 글자라고 해도, 그 처음 뜻을 바꾼 것이 많다. 정의나 도덕이 그 원래 뜻에서 벗어나 말의 의의와 내용이 바뀌게 된 것과 같은 상황을, 그 이외의 말에서도 살필 수가 있다.

樂(악)은 신에게 기도하여 병을 치료할 때 손에 쥐고 흔드는 방울 鈴(령)이다. 그 소리를 바꾸어 희락(喜樂)의 樂(락)으로 음과 뜻이 바뀌고, 또 '바란다'는 뜻이 되었다. 喜(희)는 북을 치며 기도해서 신을 즐겁게 한다는 뜻이다. 慶(경)은 신판(神判)에서 승리한 해치의 형상일 것이다. 이 글자들의 뜻은 모두 차츰차츰 사람의 일에 관계된 것으로 변화했다. 憂(우)(권두사진 14-3)는 신에게 애소하는 무용을 의미하며, 그렇게 하는 사람을 優(우)라고 했다. 이것들도 이윽고 사람의 감정이나 태도를 뜻하는 글자가 되었다. 急(급)

은 及(급)(사진 23·1-6), 즉 뒤에서 사람을 추급(追及, 뒤쫓아 따라붙다)하는 글자에 心을 더하여 그 심적 상태를 나타낸다. 悠(유)는 재계를 한 뒤 마음이 느긋함을 표시한다. 愈(유)는 농혈을 내어 상처의 고통을 없앤 평온함을 뜻한다. 이 글자들은 비교적 원래 뜻을 남기고 있지만, 이렇게 원래 뜻과의 관계를 추적할 수 있는 글자는 오히려 적다. 감정의 분화가 시대와 더불어 촉진되면서, 문자를 그 필요에 부응해 새로 만들어내었기 때문이다. 갑골복문에는 心을 따르는 글자가 거의 보이지 않는다. 금문에 이르러서도 여전히 20여 글자를 헤아릴 수 있을 따름이다. 사람이 신과 더불어 존재하고 신과 더불어 생활했던 시대에는 심성의 문제는 아직 발생하지 않았던 것이다.

長(장)(5장 표제지 9)과 老(로)는 둘 다 장발의 사람을 뜻하는 글자이다. 지금은 젊은 사람들에게 장발이 많다. 옛날에는 장발의 사람은 신에게 공헌하는 사람을 뜻하는 글자였다. 若(약)(사진 24·4)은 장발의 무녀이다. 微(미)도 장발의 사람을 때리는 형태인 듯한데, 맞고 있는 사람은 아마도 媚女(미녀)일 것이다. 미녀(媚女)를 벌(伐)하는 蔑(멸)은 또한 微(미)와 동음으로, 마찬가지로 부정사로도 사용하는 글자이

다. [193)

　노년을 의미하는 글자에는 老(로)를 따르는 것이 많다. 늙을 耆(기), 목숨 壽(수)(사진 14·14 끝), 아버지 考(고)(사진 14·12-1) 는 모두 그런 형태를 따른다. 아랫부분은 모두 음부(音符) 이다. 이러한 관계에 있는 글자들을 『설문해자』에서는 전 주(轉注)라고 불렀다. [194) 孝(효)(사진 32·1-7)는 회의자일 것이 다. 노년의 사람이 존경을 받았던 시대의 글자이다. 장로 (長老)를 叟(수, 늙은이)라고 한다. 일본어에 삼바소(三番叟)[195) 란 말이 있는데 그 말에 사용하는 叟(수)가 이것이다. 옛날 에는 사당 안에서 火를 잡고(執) 있는 형태로 썼다. 그래서 搜(수) 글자는 叟를 따른다. 로마 가부장을 생각하게 하는 글자이다. 로마에서는 성화를 지키는 것이 아버지였다. 일본에서는 주부가 이로리(화덕)를 지키고, 좌석을 정했다.

　『예기』「왕제」편이나 「문왕세자」편에 나오는 노인들은 삼로(三老)·오경(五更)·군로(群老)로서 한 시대의 존경을 받 고, 공적 의례에서는 특별 좌석이 배정되었다. 하지만 그 것은 아주 오래전의 일이다. 두보라는 시인도 쇠잔한 끝 에 "늙고 병들은 나는 외로운 배에 남아있네"[196)라는 구를 남기고, 얼마 안 있다가 고독한 생애를 마감했다. 가족 제도가 건실한 시대라고 해도, 노인은 종종 고독에 빠지는 법이다.

늙어서 고독하다는 사실은 비참한 일이었다. 아내를 잃은 늙은 사내를 鰥(환)이라 하고 남편을 잃은 늙은 부인을 寡(과)라고 한다. 서주 후기의 금문인 모공정(毛公鼎)에 이미 鰥寡(환과)(권두사진 20-8)라는 말이 있고, 『시경』에도 그 말이 보인다. 아주 옛날부터 사회문제로서 인식되었던 것이리라. 鰥(환)은 魚(어)와 눈물 眔(체)를 따르는 글자이다. 眔(체)(사진 30·4-6)는 涕(체)의 초문이다. 따라서 鰥(환)은 회의자일 것이다.[197] 하지만 '물고기 눈에 눈물'[198]이란 구에서는 홀아비의 의미가 나오지 않는다. 다만 물고기가 결혼의 축송가에 많이 나와, 여성의 상징으로 간주되는 듯하다는 점에서 보면, 어쩌면 거기에 의미가 있을지도 모른다. '물고기와 여성'이라는 테마는 고대 중국의 민속 중에서도 흥미 있는 과제이다.

寡(과)는 사당 안에서 근심하는(憂) 사람의 모습이다. 아마도 반려를 잃은 사람의 슬픔을 나타내는 글자일 것이다.[199] 과부에 대해서는 사회적으로도 어느 정도 보호조치를 취했다. 『시경』소아 「대전」에 의하면 이삭줍기의 권

리를 과부에게 인정하고 있다. 이 습속은 다른 지역에서
도 널리 찾아볼 수 있다. 일본의 옛날 풍속에도 있었다.

중국에서는 '과부의 통발(筍)'이라는 말이 있었다. 과부
에게 남겨주는 몫으로 광주리의 어획권을 인정하는 일이
있었던 듯하다. 『시경』의 패풍에 「곡풍(谷風)」편[200]이 있고
소아에 「소반(小弁)」편[201]이 있다. 「곡풍」은 남편에게 버림
받은 여인을 노래하는 시이다. 그 양쪽에 모두 "내가 쳐놓
은 어량(魚梁)에 가지 말고 내 통발 꺼내지 말았으면 한다
(毋逝我梁, 毋發我筍)"라는 구절이 있다. 梁(량)과 筍(구)는 통발을
말한다. 이것은 버림받은 부인이 자신의 권리로 남아 있
는 유일한 이익권을 주장한 말이라고 생각된다. 단, 확실
한 것은 모른다.

환과고독(鰥寡孤獨)이라는 말이 있다.[202] 천하의 궁민(窮民)
으로, 호소할 곳이 없는 존재라고 한다. 孤(고)는 형성의 글
자이다. 獨(독)은 배우자가 없는 남자를 말한다. 獨(독)은 犬
을 따르고 있는 점에서 알 수 있듯이, 본래는 동물에 대하
여 하는 말이었다. 즉, 獨(독)은 짐승의 수컷 생식기를 위주
로 하는 형태로, 상형자이다. 屬(속)이란 글자는 尾(미, 꼬리)
와 蜀(촉)을 따르는 글자이므로, 그 뜻은 미루어 짐작할 수

있다. 蠲(견)은 정화시킨다는 뜻을 지닌 글자인데, 益(익)은 본래 縊(액, 목매다)의 상형자이다. 수컷 생식기를 묶어서(縊) 제거함으로써 희생을 정화시키는 것을 뜻하는 글자이다.

사상(死喪)의 예

　출생에 의해 새로운 육체에 깃들인 혼령은 죽음에 의해 다시 그 육체를 벗어나 어딘가로 떠나가게 된다. 고대 사람들은 실제로 그렇게 생각했다. 혼령이 오는 것이 탄생이고 혼령이 떠나는 것이 죽음이었다. 혼령은 구름 기운 같은 것이라고 생각하여, 혼(魂)이라고 말했다. 云(운)(사진 5-2-2)은 구름 雲(운)의 초문이다. 이러한 사생관이 심화되면서, 장자가 말하는 사생일여(死生一如, 삶과 죽음이 같다)의 사상이 되었다. 혼령은 영원한 것이므로, 혼령은 부활이란 것이 가능했다. 사상(死喪)의 예식은 부활의 의례로부터 시작된다.

　『의례』「사상례(死喪禮)」에는 임종의 일을 상세하게 기록하고 있다. 의식 불명이 되면 병자에게는 새 옷을 입히고 코에 솜을 갖다 대어 기식이 있는지 없는지 확인한다. 기식이 끊어지는 것을 卒(졸)이라고 한다. 卒(졸)은 衣(의) 아래

를 끈 뉴(紐)로 묶은 형태인데, 사자의 옷을 뜻한다. 애곡(哀
哭)의 의례는 이 옷에 기탁하여 행했다. 거기에 사자의 혼
령이 옮아가 있다고 간주했기 때문이다.

　哀(애)는 옷(衣) 속에 　ㅂ　를 더한 형태이다. 　ㅂ　는 축고이
다. 곧, 哀(애)는 혼령의 회귀를 기원하는 의례였다. 哭(곡)
은 그 축고를 나란히 두고 개 희생을 곁들인 것으로, 器(기)
글자와 같은 계통에 속한다.[203] 器(기)는 명기(明器)를 말한
다. 『설문해자』에 주석을 한 청나라의 단옥재(段玉裁)[204]는,
哭(곡)은 개(犬)의 우는 소리를 인간사에 전이한 것이며, 家
가 돼지 豕(시)를 따르는 것과 같이 전용의 뜻이라고 논했
다. 하지만 犬을 따르는 것에는 伏(복)이나 祓(불)처럼 犬 희
생을 표시하는 글자가 많다. 家(권두사진 9-2)도 개 희생을 사
용한 건물이란 뜻이다. 　ㅂ　가 축고의 기물을 표시하는 형
태라는 점은 이미 앞서 자주 언급해왔다. 많은 축고를 나
열하여 성대하고 떠들썩하게 기원하는 것이 囂(효, 들레다)이
다. 頁(혈)은 애소하여 무용하는 형상이다. 나뭇가지에 많
은 축고를 부착하는 것이 噩(악)이다. 諤(악)과 성의(聲義)가
같다. 囂(효)와 諤(악)은 둘 다 떠들썩하다는 뜻이다. 혼령도
옛날에는 霝(령)(사진 14·15-5)으로 적었다. 기우제의 축고를

의미하는 글자였다. 哭(곡)에 亡(망)[205]을 더한 자형이 喪(상) (권두사진 16-3)이므로, 哭(곡)과 喪(상)은 서로 연관된 글자이다.

애곡이 끝나면 復(복) 즉 초혼의 예를 한다. 사망자의 옷을 지붕 위로 올려 걸어두어, 옷으로 사망자의 혼령을 부르면서, "아아, 아무개여, 돌아오라"를 세 번 외치는 것이다.[206] 옷은 혼령이 깃들어 머무는 곳이었다. 출생 때의 배냇저고리도 혼령을 감싸서 머물게 하는 의미를 지녔다. 지붕 위에서 復(복)의 예식이 끝나면 그 옷을 다시 죽은 사람 위에 덮는다. 혼령이 돌아왔다고 하는 모의적 의례이다.

招魂(초혼)에서 招(초)의 초문은 김(소)(사진 10 우·3-4)이다. ㅂ로 축고하고, 거기에 혼령이 이르기를 구하는 것이다. 혼령이 내려오는 것을 各(각)이라고 한다. 各(사진 5·2-1)과 격(格)은 '이른다'라고 풀이하는 글자이다. 사당 안에서 맞이하는 혼령을 客(객)이라고 한다. 경건한 마음이 되는 것을 慤(각)이라고 한다. 지금은 恪(각, 삼가다) 글자를 사용한다.

초혼의 의례는 산 사람에 대해서도 행했다. 일본에서는 상사병이 깊어지면 혼령이 육체로부터 훨훨 빠져나가게 된다고 여겼다. 반딧불이가 밤에 나는 모습을 보고 이즈미 시키부(和泉式部)[207]는 "내 몸으로부터 훌훌 빠져나가 떠도는 혼령이 아닐까 생각하노라"[208]라고 읊었다. 일본 왕조 시기의 궁정에서는 천자에게 매일 초혼의 의례를 행했다. 이것은 '혼 흔들기(다마후리, 혼 깨우기)'였다. 산 사람에게는 '다마후리'라는 말을 썼다. 두보가 안록산의 난으로 도성을 탈출하여, 가까스로 지인의 집에 이른 것을 노래한 「팽아행(彭衙行)」에, "물을 따뜻하게 데워서 내 발을 씻고, 종이를 오려서 내 혼을 부른다(暖湯濯我足, 剪紙招我魂)"[209]라고 했다. 오린 종이를 태운 듯하다. 혼 흔들기에도 옷을 사용했다.『만엽집』에 "나의 옷을 손으로 들고, 신에게 기도하세요 당신. 이제 곧 만날 날까지"[210]라는 노래가 있다. 초혼의 의례는 이 혼 흔들기와 같은 형식으로 행했던 것이다.

『초사』에는 「초혼」과 「대초(大招)」의 두 편이 있는데, 사자를 위한 초혼의 노래로 간주된다. 사자의 혼령이 나가 떠도는 것을 두고, 사방 회명(晦冥)의 세계가 얼마나 무서운 악령의 땅인지를 노래하여, 현실 생활이 무엇과도 바꿀 수 없는 기쁨의 세계라는 것을 혼령에게 들려주며 설득하여, 혼령이 서둘러 돌아와 머물기를 요구하는 내용이다. 「초혼」편은, 처음에 상제가 하계를 보다가 혼백이 이산하여 떠도는 사람의 모습을 보고, 무양(巫陽)에게 명하여

"혼이여 돌아오라. 그대의 몸뚱이를 떠나, 어이하여 사방으로 가는가. 그대의 즐거운 거처를 버리고 저 불쌍함에 걸린단 말인가"[211]라고 초혼의 노래를 부르게 하는 구성이다. 떠도는 혼을 불러서 되돌리는 것으로, '진혼'의 노래라고 할 수 있다.

사자의 옷에 대한 축고는 더 이어진다. 玉(옥)은 일본에서는 魂(혼)과 어원이 같은 말이다. 의금(衣襟, 옷깃) 사이에는 環(환)(권두사진 27-10)을 동그라미 형태로 적는다. 그것은 혼의 귀환을 바라는 의례였다. 다시 눈을 크게 떠서 생명의 증거를 보이는 듯한 모습을 나타내어, 위에 눈(目)을 더했다. 그 글자가 睘(환)(사진 29·1-3)으로, 還(환)의 초문이다. 이 의례는 사람이 원행(遠行, 먼 길을 감)에 임할 때에도 행했다. 그래서 윗부분에는 止(지)를 더한다. 止(지)는 발로, 그것을 더한 글자는 袁(원)이다. 즉 遠(원, 멀다)의 초문이다. 혼의 이산은 원행의 경우와 마찬가지로 일시적 이탈로 생각했던 것이다.

마침내 혼의 귀환이 불가능하다는 것을 알게 되면, 사람들은 그 옷에 대하여 눈물을 흘렸다. 눈물은 본디 상형자로 眔(체)(사진 30·4)로 적는다. 涕(체)의 초문이다. 이것을 옷깃 사이에 흘리는 것이 褱(회)(권두사진 2 끝), 즉 懷(회, 품다)의 초문이다. 懷(회)란 누그러뜨리기 어려운 애석(哀惜)의 정을 말한다.

시체에는 악령이 들러붙지 않도록 珡(전)을 더했다. 工(공)은 무축의 주술도구이다. 左右(좌우)란 무축이 工(공)과 축고를 가지고 제사 지내는 것을 뜻한다. 또 珡(전)은 변새의 요충지에 주금(呪禁)을 위해 工을 가득 채운 것이다. 그것을 衣(의)에 더한 것이 展(전)이다. 아마도 지금 일본에서 사망자에게 입히는 교카타비라(經帷子)[212]와 같은 것이라고 생각된다. 襄(양)은 이것에 축고를 가한 형태로, 불양(祓襄)의 襄(양)의 초문이다. 재액을 떨쳐버린다는 의미를 지닌 글자이다.

중국의 고분에는 관 속의 유체에 붙여두었던 듯한 옥장식을 남기고 있는 것이 많다. 입에는 함(晗), 귀에는 전옥(塡玉)을 붙였다. 그 외에 남겨져 있는 부위를 생각하면, 유체의 전체가 옥으로 덮여 있었다고 여겨진다. 유체를 옥으로 덮음으로써 그 몸이 사악한 혼령으로부터 지켜져, 혼백이 돌아올 기회를 얻게 되길 기도한 것이리라.

유체의 처치에는 갖가지 방법이 있었다. 복문에는 囚(수)(1장 표제지 우하)의 글자가 있는데, 死(사)의 의미인 듯하다. 관

속에 사람을 옆으로 눕힌 형상이다. 이른바 신전장(伸展葬)이다. 이에 대해 굴지장(屈肢葬)과 부신장(俯身葬) 등도 있었다. 이 매장 방법들이 어떤 의미를 지니는지는 분명치 않은 점이 많다. 局(국)은 유체를 굴곡시킨 형태를 나타내는 글자로, 축고의 ㅂ를 더하였다. 句(구)도 같은 자형으로, 局(국)에 비하여 조금 굴곡이 적다. 어느 글자나 모두 굴지장을 나타내는 글자라고 생각한다. 局(국)은 極(극)과 성의(聲義)가 가까운 글자인데, 極(극)의 초문은 亟(극)(권두사진 18-13)이며, 사흉(四凶)을 방찬(放竄)할 때의 의례였다.

『맹자』에, 상고시대 때는 한때 유체를 들판에 버려두었다는 이야기가 기록되어 있다. 그리고 그 풍화한 뼈를 거두어 돌아가서 이것을 제사 지낸 것이다. 死(사)(사진 14·1-7)는 그 뼈를 궤배(跪拜, 무릎 꿇고 절함)하는 형상으로, ヒ(비)의 부분은 옛날에는 궤배하는 사람의 모양으로 적었다. 남긴 뼈만 묻는다고 하는 것이 이른바 복장(複葬)이다. 죽은 사람을 매장하기 전에 잠시 동안 그 시체를 관에 넣어서 안치한 후에 정식 장례를 치루는 형식이다.

弔(조)에 대해『설문해자』는 사람을 들판에 조상할 때 궁시(弓矢)를 휴대하고 가므로 人과 弓(궁)의 회의자라고 설명

했다. 『오월춘추』를 보면, 옛날 유체는 백모(白茅)로 싸서
들판에 버리는 관습이 있었는데, 한 효자가 부모의 유체
가 짐승에게 흐트러지는 것을 슬퍼하여, 彈(탄)으로 이것을
지켰다는 이야기를 싣고, 당시의 노래라는 것을 기록해두
었다.[213] 이 노래는 2자구의 특이한 것으로, 본래는 수렵
의 노래였던 듯하다. 어쩌면 궁현(弓弦, 시위)을 울려서 유체
를 악령으로부터 지킨다고 하는 민속이 설화로 된 것이
아닐까 생각한다. 彈(탄)이란 명현(鳴弦)을 뜻한다.

  弔(조)(사진 14·12-3)의 금문 자형은 화살에 실이나 그물 같
은 것을 연결하여, 그 화살에 맞으면 휘감기게 만든 익(弋,
증격[贈繳])의 형태이다. 익을 격(繳)이라고도 했다. 弔(조)는
叔(숙)이라고 해석하는 글자로, 옛날에는 繳(격)과 동음이었
다. 청나라 말에 『자설(字說)』을 적어, 문자학의 새로운 영
역을 열었던 오대징(吳大澂)[214]은 그 글자는 익의 형상이며,
옛날 남자가 태어나면 상호봉시(桑弧蓬矢, 뽕나무로 만든 활과 쑥으
로 만든 화살)를 가지고 천지사방을 쏘아 그 땅을 정화하는 예
가 있었기 때문에 叔(숙)은 善(선, 착하다)이라든지 젊은이라는
뜻으로 되었다고 했다. 사람의 죽음을 옛날에는 不叔(불
숙)이나 不淑(불숙)이라고 했는데, 금문의 弔(조)를 해서체로

하면 叔(숙)의 형태와 비슷한 면이 있다. 하지만 그것은 본래 繳(격)의 상형자이므로, 이것을 叔(숙)의 뜻으로 사용하는 것은 가차이다. 뒷날 그 아래에 皿(명)을 더하여, 盄(조) 자가 만들어져, 금문에서 조철(盄哲)과 같은 어휘에 사용했다. 이것이 淑善(숙선)의 글자이다. 皿(명)은 아마도 血(혈)이란 글자로, 맹서할 때의 경건한 심적 상태를 뜻하는 말일 것이다.

금문에는 별도로 叔(숙)(5장 표제지 3-6) 그대로의 자형이 있다. 그것은 叔金(숙금)이나 叔市(숙불, 무릎덮개)과 같이, 백색의 것을 뜻하는 말이었다. 글자는 戈(과, 창) 머리의 刃(인, 칼날)부의 光(광)을 표시했으니, 상형이다. 현재는 그 叔(숙)에, 옛날 弔(조)로 나타냈던 叔父(숙부)나 淑善(숙선)의 뜻이, 동음이라는 이유로 더해져서, 弔(조)가 弔祭(조제)의 전용 글자로 되었다. 叔(숙)을 叔父(숙부)나 淑善(숙선)의 뜻으로 사용하는 것은 일종의 전이 현상이다.

死(사)의 한쪽 편(偏) 부분은 잔골의 형상이다. 骨(골)이 여전히 肉(육)에 붙어 있는 형태이다. 高(고)는 고골(枯骨, 마른 뼈)의 상형으로, 흉골(胸骨)의 윗부분을 그린 것이다. 이것을 때려서(敲) 저주를 가하는 제효(祭梟)의 풍속이 있었다. 초목의 고사(枯死)를 뜻하는 고고(枯槁)란 말의 高(고)와, 고정(高亭)을 의미하며 ㅂ를 따르는 高(고)는, 본래 별도의 글자였다가 뒷날 그 구별의 차이를 잃었다. 이것은 일종의 혼합 현상이다.

잔골을 모아 그것을 제사하는 복장의 형식은 상당히 오래전 시대에 행해졌던 모양이다. 춘추시대에는 이미 일반적인 모습이 아니었다. 『묵자』「절장(節葬)」편에, 초나라 남방의 염인국(炎人國)에서는 친척이 죽으면 살은 썩혀서 버리고, 뼈를 수납하는 습속이 있었던 것을 두고, 서방의 화장의 습속과 함께 먼 이국의 풍속으로서 기록해두었다.

부활이라는 관념에서 보면, 유체는 정중하게 보존해야 한다고 생각했다. 죽음은 새로운 세계를 향한 출발이라 여겨, 그 흉부에 문신을 가했다. 이때 다른 성화(聖化)의 수단과 마찬가지로 주로 丹(단)을 사용해서 아름답게 신체를 장식했다. 文(문)이나 爽(상)·爾(이)에는 그러한 아름다움의 의미가 여전히 남아 있다. 관곽(棺槨)도 각각 채색하여, 구석구석까지 색을 칠했다. 단주(丹朱)는 광물질의 질료에서 정제한 것으로, 영구히 색이 변하지 않는다. 갑골복문에 칠한 것은 지금도 여전히 선명한 주색을 남기고 있다. 은

나라 묘의 유품에도, 흙에 남아 있는 조각 장식의 형태에 저 아름다운 채색만을 여전히 보여주는 것이 있다. 아마도 유체에도 주(朱)로 그림을 그렸을 것이다.

부활에 대비하기 위해 능묘는 지하 깊이 만들었다. 침입자나 도굴 피해를 면하기 위해서 궁리한 것이겠지만, 어느 세상에도 신을 두려워하지 않는 자가 있었던 듯하여, 은나라의 대표적인 후가장(侯家莊) 대묘조차도 피라미드와 마찬가지로 일찌감치 도굴되었다는 사실이 발굴 결과 밝혀졌다. 현실(玄室)로 내려가는 연도(羨道)는 엄중하게 봉쇄되어 있지만, 그렇더라도 도굴자들은 이를 발견하고만 것이다. 후한 초 유흠(劉歆)의 『서경잡기(西京雜記)』는 광천왕(廣川王) 거질(去疾)이라는 왕후가 무뢰배를 모아서 영내의 옛 무덤들을 대대적으로 도굴했다는 이야기를 실어두었다.[215] 묘들은 대부분 무참하게 파괴되었다. 그런데 위(魏)나라 왕자 저거(且渠)라는 사람의 묘는 석상(石床) 아래에 운모를 잔뜩 깔아두고 석상 위에는 젊은 남녀의 유체를 두었다. 나이는 모두 20세 정도이고, 벌거벗은 채 옆으로 누워 있으며, 살갗은 여전히 살아 있는 듯하여, 아무 거리낌 없던 광천왕도 무서워 접근하지 못하고 원래대로 묻어두고 떠났다고 한다. 그런 식으로 유체를 보존하는 방법이 있었을 것이다.

중국의 주변부에는 갖가지 고대 매장법이 남아 있다. 몽고의 야장(野葬), 티베트의 조장(鳥葬), 동북의 수장(樹葬)이 있고, 그 밖에도 수장(水葬)・풍장(風葬)・화장(火葬) 등이 있다. 葬(장)은 본래 풀 사이에 시체를 묻는 뜻을 나타내는 글자이다. 들판으로 장송하는 것이 보통의 매장법이었다.

중국의 화장은 불교의 영향으로 당나라 말 무렵부터 행해졌다. 송나라 초에는 중국의 전통에 반하는 것으로서 금지되었다. 조상 숭배의 신앙에 위배된다고 하는 것이 그 이유였다. 하지만 매장에는 비용이 필요하기에 묘지를 지니지 않은 빈민들이 유체를 교외에 유기해서는 곤란하므로 북송의 신종 때 누택원(漏澤園)을 만들어서 상주 없는 유체를 수용했다. 지금의 무연고 묘지이다.

송장(送葬)한 뒤에 다시 많은 의례를 거쳐, 사망자의 혼령은 종묘로 돌아간다. 사망자를 위해서는 새로운 위패(位牌)를 만들었다. 新(신)(사진 14·7-1)은 斤(근)을 더한 새로운 나무(木)를 의미하는데, 그것은 신성하기 때문에 사용할 수 있었다. 그 나무를 신의 빙의물로 삼기로 결정 나면, 그것에 표시의 바늘 辛(신)을 가했다. 그것은 신이 머무는 나무이다. 薪(신)은 神(신)에게 바치는 나무였다. [216]

종묘에 돌아온 혼령을 제사 지내는 사람이 子(자)였다. 子(자)는 새로운 위패 앞에 무릎을 꿇고, 이 위패를 어버이 親(친)으로서 제사 지냈다. 親(친)은 금문에서는 辛(신)만을 따르는 형태(사진 10 우·3-7)도 있고, 親(친)을 사당 집 안에 적어놓은 형태도 있다.

혼령이 거주하는 곳은 귀신의 세계이다. 鬼(귀)는 人鬼(인귀)이다. 鬼(귀)의 초문은 申(신)(사진 16·1-7)으로, 電光(전광)의 형태이며, 자연신이다. 鬼(귀)는 두려워해야 할 존재였다. 畏(외, 두려워하다)(4장 표제지 11-2)도 鬼(귀)를 따르는 글자이다. 鬼(귀)의 머리를 이고 있는 형태를 異(이)(4장 표제지 4-14)라고 한다. 조상신령을 두려워하는 것을 익익(翼翼)이라고 하는데, 異(이)가 翼(익)의 초문이다. 조상신령이 얼마나 두려움의 대상이었는지는 갑골복사에서 빈번히 조상제사를 행한 사실로부터도 알 수가 있다. 제사에는 고기 肉(육)을 바쳤다. 祭(제)는 제단(祭壇)에 肉(육)을 바치는 형태이다. 祀(사)(사진 23·6-7)가 뱀 蛇(사)의 형태를 따르는 것은, 일본에서 조상신령이 야도(夜刀)의 신이 되어 집을 지킨다고 하는 것

[217]과 같은 유사한 관념이 있었는지도 모른다. 祖(조, 할아버지)의 초문은 且(차)(4장 표제지 15-1)로, 俎(조, 도마)의 상형자이다. 그 위에 肉(육)을 두는 것을 宜(의)(사진 25·1-2)라고 한다. 곽말약이 이것을 수컷 생식기의 상형이라고 해석한 것은 성의(聲義)와 관련된 증거를 얻기 어렵다. 문자의 기원은 이런 종류의 착상만으로는 해석할 수가 없다. [218]

　尸(시, 주검)는 신주의 형태이다. [219] 그 尸(시)를 제사 장소에 옮기는 것을 遷(천, 옮기다)이라 한다. 遷(천)의 윗부분은 鬼(귀)의 머리이고, 아랫부분은 그 앉은 형태로, 이것에 두 손을 가했다. 靈(령)은 영원한 것이었다. 순환하며 그치지 않는 것이었다. 그로부터 신선 사상이 태어났다. 僊(선)은 仙(선, 신선)의 초문이다. 우화등선(羽化登仙) · 영생불사(永生不死)의 仙(선)의 세계를 『장자』는 정신의 절대자유를 구가하는 세계로 그려냈다. [220] 거기에서는 더 이상 귀신에 대한 두려움의 감정이 없다. 문자가 신의 세계로부터 멀어져서, 사상의 수단이 되었을 때, 고대문자의 세계는 종언을 고했다고 할 수 있다. 문자는 그 성립 당초에는 신과 함께 존재하고 신과 교통하기 위한 것이었기 때문이다.

후기

　문자의 기원을 생각하는 것은 즐거운 일이다. 한자는 형체를 지닌 표의문자이므로, 그 형체는 한자가 성립한 시대의 사람들의 생활방식과 사고양식을 구체적으로 표시하고 있다. 각각의 문자는 그 당초의 형체를 여전히 계속 지니고 있으면서, 스스로의 본성을 이야기하고 싶어 하는 듯하다. 만일 우리들이 허심으로 그것들을 마주한다면, 한자는 3천 수백 년 이전의, 역사에도 문헌에도 전하지 않는 당시의 사정에 대해, 여러 가지로 말을 해줄 것이다. 나는 이 책을 저술하며 그 문자들의 말에 애써 귀를 기울이려고 했다. 가능하다면 그것들이 전하는 말에서 훗날 상실되고 말았던 많은 고대적 사유나 민속 따위를 끄집어내려고 노력했다.

　그 문자들에게서 많은 이야기를 듣기 위해서는 우선 그것들의 올바른 형체를 알지 않으면 안 된다. 다행히 갑골문자나 금문은 그 성립 당초의 형체를 그대로 남기고 있다. 또한 당시의 용의(用義)와 용법(用法)에 대하여 무엇이 가장 본래적인 의미였는지를 알지 않으면 안 된다. 그러기 위해서는 갑골문이나 금문을 충분히 조사할 필요가 있다. 그리고 확실하게 이해한 바를 따라서, 이를 정리하고 귀납하며 하나의 체계로까지 조직해나갈 필요가 있다. 문자는 당시의 사유 방법에 따라서 엄밀하게 일정한 원리에 근거하여 구성되어 있기 때문이다.

이 작은 서적에서는 가능한 한 기본적인 문제에 한정하여 생각했기 때문에, 충분히 그 방법을 구체화할 수는 없었지만, 그래도 그 방법의 대요를 기술하려고 했다. 만일 이 방법에 입각하여 문자의 기원적인 의미를 생각해간다면, 갖가지 흥미로운 문제가 끝없이 드러나게 되리라고 생각한다.

한자는 또한 문자가 성립한 당시의 문화권의 갖가지 양상을 정확하게 반영하고 있다. 북방의 샤머니즘에서 남방의 농경의례에 이르기까지, 또 그 사이에 광범위한 분포를 보이는 문신의 습속이나 조개의 문화, 혹은 미개 지역에 뒷날까지도 남아 있던 인신희생으로서의 단수제효(斷首祭梟)의 풍속 등이 문자 위에 그 잔영을 남기고 있다. 일본

신도의 옛 의식이나 민간의 습속과도 관련 있는 바가 적지 않다고 생각된다. 신이 오르내리는 신 사다리의 형태가, 일본 황태(皇太)신궁의 그것과 같은 형태라는 것도 흥미로운 사실이라고 말할 수 있다.

한자는 또한 신화 시대로부터 역사의 여명기에 걸친, 생활의 기념비이기도 하다. 그것은 인간의 역사에 있어, 커다란 유동을 표시한 한 시기였다. 따라서 고대문자의 연구에는 신화학이나 고대학의 갖가지 방법이 요구될 것이다. 고문헌이 풍부한 중국인 만큼, 그 자료들에도 참고할 만한 것이 많다.

문자학의 성전이라고 간주되는『설문해자』는 과연 귀중한 지식의 보고이다. 하지만 그 시대에는 갑골문이나 금문 따위의 고대문자 자료가 아직 발견되지 않았고, 또 문자학의 방법도 충분한 것이 아니었다. 『설문해자』에서는 당시의 시대사조에 의거하여 글자를 해설한 부분이 많다. 王(왕)은 天地人(천지인) 三才(삼재)를 관통하는 것, 風(풍)은 바람이 움직여서 벌레를 낳게 만드는 까닭에 虫(충)을 따른다고 하는 식의 해석은 당시의 사상이나 자연관에 근거한 것이다. 문자의 기원적인 의미는 당초의 자형을 바탕으로 그것이 이루어진 당시의 사유방법에 따라 생각해야 할 것이다.

『설문해자』가 저술된 당시, 특히 음의적인 해석이 유행했다. 유희(劉熙)의 『석명(釋名)』의 경우는 모든 말을 음의에서 가까운 말로 해석하는 방법을 취했다. 日(일)은 實(실)되어서 缺(결, 이지러지다)하지 않는 것, 月(월)은 缺(결)하여 盈虛(영허)하는 것이라고 보는 식이다. 하지만 말의 역사는 오래된 데 비하여, 문자는 삼천 수백 년 이래의 것에 지나지 않는다. 문자가 존재하기 시작한 후로도 음의 변화는 급격하여, 日(일)과 實(실), 月(월)과 缺(결)은 지금에 와서는 음이 비슷한 듯하면서도 비슷하지 않다. [221] 문자를 어원적인 방법으로 생각하는 일은 대단히 위험한 일이며, 특히 단음절어인 중국어의 경우, 그 위험은 한층 더 심하다. 일본 한자어에서 '이'의 음을 지닌 글자는 상용 한자만도 160자에 이르며, 한 글자로서 서너 음을 지닌 것, 또 십여 개의 어의를 지닌 것조차 있다. 음운사적인 정리를 하더라도 음의설(音義說)에 적용할 만한 범위는 극히 한정되어 있다.

나는 일찍이 「석사(釋史)」, 「석문(釋文)」(『논총』 수록) 등, 문자학의 방법에 대하여 약간의 시론을 발표했고, 또 그 방법을 가지고 『설문해자』의 연구를 시도해왔는데, 기회를 얻어 널리 비판을 받고 싶다고 생각해왔다. 다행히 이와나미서점의 다무라 요시야(田村義也) 씨의 도움으로 그 기획이 진전되어 일단 구상을 세웠으나, 이와나미신서의 체제에 맞게 정리하는 일은 나로서는 상당히 어려운 일이었다. 이미 수년이 경과된 데다 여전히 마음에 차지 않는 일이 많긴 해도, 그동안 집필을 열심히 권해주신 기타야마 시게오(北山茂夫) 씨의 후의에 보답하고도 싶고, 편집의 다카쿠사 시게루(高草茂) 씨와의 약속을 지키고 싶다고 생각해서, 본서를 세상에 묻기로 했다. 본문 속의 난해자나 갑골복사를 인쇄용 글자로 제작하는 일은 나의 지우의 배려를 얻었다는 사실을 부기해두기로 한다. 본서에서 취급한 문제의 성질상, 다방면의 여러 사람들의 협력을 얻었으며, 고대문자학이라고도 할 만한 이 분야의 확립이 기약되기를 바란다. 국자(國字) 문제로서의 한자, 또 한자교육의 문제에도 관련이 많은데, 그 점들에 대해서는 별도의 기회를 갖기로 한다.

시라카와 시즈카

역자 후기

시라카와 선생님은 한자의 구조적 원리를 분석한 현대의 석학이다.

한자는 성립 당초부터 지금에 이르기까지, 본래의 특성이 그대로 살아 있는 유일한 문자이다. 한자는 세계의 문자 가운데서 역사의 통시성을 입증해주는 중요한 증인이다. 한자는 역사라는 복잡한 생명체의 대동맥을 이루고 있다. 글자의 창세기에 해당하는 3천 수백 년 전에 이루어진 자료를, 현대에도 특별하게 조작을 가하지 않고도 읽어낼 수 있다. 게다가 한국인과 일본인들은 중국 사람과는 상이한 방법으로, 그러면서도 자국어로 그것을 읽어내어 왔다.

시라카와 선생님은 고대문화 탐구의 한 방법으로서 한자 연구를 했다. 즉, 한자를 무문자시대 문화의 집적체로 보고, 그 의미 체계를 살펴보려는 관점을 관철했으며, 그러한 관점과 방법론을 일반인들도 이해할 수 있도록 지속적으로 저술과 강연을 하셨다. 일반인을 위한 저술로 대표적인 것으로는 1970년 4월에 이와나미서점에서 간행한 이 『한자』가 처음이다. 이후 1976년 1월에 『한자의 세계』(도요문고[東洋文庫], 헤이본사[平凡社])를 간행했으며, 1978년에 『한자 백 가지 이야기』를 주코신서(中公新書)에서 간행하셨다. 나는 2005년에 『한자 백 가지 이야기』(황소자리)를 번역하여 국내에 소개한 바 있다.

시라카와는 「교토의 중국학과 나」라는 강연(『學林』 33호, 2001 수록)에서, 처음에는 중학교 선생이 되려고 했으나, 예과 전문부에서 대학으로 적을 옮기게 되면서 학문을 창시하지 않으면 안 된다고 하는 책임감을 자각하게 되었다고 밝혔다. 학자로서의 겸손과 책임의식을 분명히 드러낸 말이다.

2006년 10월 30일에 작고하여, 이후 매년 교토에서 추모 기념 강연회가 열린다. 나는 선생이 생전에 유일하게 지목한 시라카와 시즈카 기념 동양문자문화상의 제1회 수상자이다. 금년 2017년 10월 27일 교토에서 '동아시아 문화도시 2017 교토(東アジア文化都市2017京都)' 사업의 일환으로 「동양의 한자문화와 시라카와 시즈카(東洋の漢字文化と白川

靜)」라는 강연회가 열렸다. 나는 강연을 하러 가기 전에 이 번역 원고를 서둘러 탈고했다. 그러면서 선생께서 생전에 내게 하신 말씀을 돌이켜 본다.

학문이라는 것은 시대에 의하여 조건이 달라지면 새로운 학문 방법, 새로운 학문 체계가 생겨나기 마련입니다.

나는 이러한 말씀에 부응하는 학문을 하고 있는 것인가?

후한의 허신이 『설문해자』를 저술하여, 문자를 형체학적으로 연구했을 때 고대 문자의 자료는 아주 불충분했다. 그렇지만 허신은 음양이원론과 천인상관설에 기초하여 문자 체계란 자연적 질서의 표현에 다름 아니라고 생각했다. 허신은 문자의 구조적 원리를 중시하여, 범주론적인 불록들을 유기적으로 관련지음으로써 『설문해자』 전체를 조직했다. 『설문해자』의 범주론적 방법은 송나라 정초(鄭樵)의 『육서략(六書略)』에서도, 원나라 대동(戴侗)의 『육서고(六書故)』(1320년 간행)에서도, 그대로 답습되었다. 송나라 이래로 근원적인 이(理)가 만상으로 전개한다고 여기는 이일

분수설(理—分殊說)의 존재론이 여전히 설득력을 갖고 있었다. 문자의 체계와 문자학의 전체가 그 세계관과 대응하는 것이다. 하지만 송·원나라 무렵부터 중국어는 백화어로 바뀌었다. 그리고 모나드적인 문자관은 급속하게 붕괴했다. 중국어가 구어로 변화하면서, 한자는 언어와의 대응이라는 난문제에 직면했다.

그럼에도 불구하고 한자의 연구는 전통적으로 음의설(音義說)을 고수했다. 음의설이란 같은 음계의 말들은 같은 의미를 지닌다고 보는 어원설이다. 『설문해자』의 자설에 이미 음의설이 많다. 청나라 말 장병린(章炳麟)은『문시(文始)』에서 457조에 걸친 어군의 계통을 정리했지만, 갑골복사와 금문을 위작이라고 간주하여 공부하지 않아서 전통적인 음의설에서 벗어나지 못했다. 유사배(劉師培)는 장병린의 어군설을 추종하여, 『중국문학교과서』제1책에서 음계열의 예로, 工(공)·可(가)·中(중)·蒙(몽)·句(구) 등등을 성부(聲符)로 하는 글자를 들고 원의를 규정했다. 일본의 도도 아키야스(藤堂明保)도 『한자어원사전(漢字語源辞典)』에서 칼그렌의 음운설을 취하고 장병린의 시도를 계승해서 단어가족 223족을 설정했다. 그러나 이러한 해설들은 어군으로서의 음계열이 체계를 이루지 못하고, 한자 구조를 해석하는 자형학도 체계를 이루지 못했다. 한자는 단음절어로서 동음이어도 의미 계열이 다른 것이 많기 때문에, 그것들이 같은 의미 계열인지를 검증하기 위해서 자형학을 기초로 해야 한다. 성의(聲義)을 규정하려면 음소로 간주할 글자의 형의(形義)와 그 동일 계열에 대해 충분히 검토해야 하고, 단어가족을 설정하려면 형(形)·성(聲)·의(義)가 일관된 관계에 있는 것들을 추적해야 한다.

시라카와는 기존의 음의설이나 단어가족설을 비판하고, 갑골복사와 금문을 일차 자료로 삼아, 한자를 의미를 표시하는 형체소와 음을 표시하는 음소로 나누어, 형체소를 기준으로 형의(形義)를 계열화하고 음소를 기준으로 성의(聲義)를 계열화한 다음, 명백히 통용 관계에 있는 것들의 사이에 음의 관계를 설정해나갔다. 한자의 원 뜻을 이해하려면 이렇게 초문(초형)과 초의를 이해하고 다의(多義)와 다획(多劃)의 변화까지 추적해야 할 것이다. 시라카와는 한자는 본래 표음문자가 아니라 가차(假借)나 형성(形聲)에서 비로소 표음의 기능을 가지게 되었고, 가차나 형성의 글자도 그 자체가 표음적인 것이 아니라 상형자나 회의자의 음을 차용하고 있으므로 한자의 음소란 유추나 귀납을 통해 얻은 음에 불과하다는 점에 주의했다. 『한자 백 가지 이야기』의 후기에서 시라카와는 다음과 같이 밝혔다.

한자는 의부(意符)로서의 형체소(形體素)와 성부(聲符)로서의 음소(音素)가 정연한 체계를 이루고 있다. 한자를 사용할 때 언제나 어원적, 자원적인 지식이 요구되는 것은 아니다. 하지만 말이나 말의 표기인 문자가 아무런 의미 체계를 지니지 않을 리 없다. 의미 체계가 없다면 문자는 완전히 부호로 되고 만다. 문자를 개혁한다고 하여도 의미 체계의 범위 안에서 하여야 할 것이다.

시라카와의 문자학 연구 원리는 다음과 같다.

ⓐ 한자의 초형(初形)을 통해서 그 초훈(初訓)을 구명한다.
ⓑ 한자의 기원과 효용은 제례학적으로 설명할 수 있다.
ⓒ 문자의 구조는 본래 체계적이므로, 문자 연구는 그 체계를 이해해야 한다.
ⓓ 한자는 본래 상징이었으며, 차츰 새로운 사유와 철학

의 세계를 형성하는 데 기여했다.

시라카와는 갑골문자와 금석문에 대한 실로 오랜 연찬에 근거하여, 한자를 상고시대 제의(祭儀)의 상징으로 보았으며, 한자는 단순히 상형이 아니라 의미 체계를 갖춘 상징이라고 주장했다. 시라카와에 따르면, 고대 문자의 구조는 형상의 상징성을 가장 유효하게 사용함으로써, 필요 최소한의 의미적 요소인 형체소를 이용하여 명확한 표현을 완수했다. 그런데 갑골문에서는 한정부호를 사용한 것이 거의 고유명사에 국한했으나, 한자는 점차 형체소가 아닌 한정부호를 늘려갔다. 한정부호는 회의의 짜임으로 기능하는 것이 아니라 형성의 짜임에서 범주적 기호로서 기능을 하므로 자의(字義)의 계열화에까지 관계되는 것은 아니다. 따라서 자의의 계열은 한정부호와 형체소를 엄밀하게 구별하여 형체소인 의부(意符)를 탐색해서, 자형론 · 의미론 · 어휘론 등으로 전개시켜 나가야 한다.

시라카와는 「재서관계자설(載書關係字說)」, 「문(文)의 풀이(釋文)」, 「사(師)의 풀이(釋師)」 등(이상 『갑골금문학논총』 제2집, 1960)에서, 형체소를 계열적으로 파악하는 방법을 제시했다. 이를테면 시라카와는 고대문자에서 가장 큰 계열을 이루는, ㅂ(재)를 따르는 글자들의 분화에 주목했다. ㅂ(재)는 신에게 기도하고 조상신령을 제사 지낼 때 쓰는 축고(祝告)를 넣는 그릇을 뜻한다. 부수자로 보면 曰(왈), 言(언), 音(음)이 그 계열에 속한다. 또 古(고), 吉(길), 舍(사), 吾(오) 따위도 각각 그것을 형체소로 지니는 문자계열을 이룬다. 한자는 성립 당시 이미 고도로 추상화하여, 한자의 형체소는 애초부터 줄임 꼴을 사용한 것이 많다. 또 한자는 처음에는 동형이자가 없이 필의(筆意)로 모두 구별할 수 있었지만 글자꼴이 선조(線條)로 바뀌어 일정한 구조법으로 통일되자 같은 형체소인데도 성의(聲義)가 현저하게 차이 나는 일이 일어났다. 시라카와는 이 점에 유의하면서 한자의 형의(形義)의 계열을 추적했다.

시라카와는 동아시아 가운데 일본이 한자와 한문을 받아들여 자국어를 풍부하게 발전시켜온 과정도 고찰했다. 시라카와는 『시경』 연구에서 출발하여 금문과 갑골문의 세계로 소급했을 뿐 아니라 일본의 『만엽집』에 대한 연구에서도 일가를 이루었다.

우리나라도 한자를 독자적으로 사용하여 한문학을 꽃

피웠고, 많은 고전문헌을 남겼다. 그 올바른 이해를 위해 고전학의 체계적인 수립이 필요하다는 것은 많은 사람들이 공감하고 있다. 특히 고전학 가운데서도 가장 기초라고 할 문자학에 대한 학문이 요즘 우리나라에서도 개화하기 시작했다. 시라카와의 문자학을 넘어서서 독자적인 문자학을 수립하기 위해 시라카와의 연구를 추적할 필요가 있다.

　시라카와 선생님은 갑골문과 금문 시대의 한자가 지닌 주술성, 공동체성을 중시했다. 자형의 상징은 상징적인 의례를 집행하던 사람들 사이에서 완전히 동일한 의미를 지녔다고 본다. 단, 춘추 중기 진나라 경공(景公) 원년(기원전 575년 무렵)의 진공구(秦公毁) 무렵부터 자형이 붕괴하고, 생활환경과 사유양식의 변화에 따라 의미에 변이를 일으켰다는 사실에 주목했다.

　이와 관련하여 眞(진)과 道(도)란 글자에 대한 설명은 가장 극적이다. 이 책『한자』에는 소개하지 않았으나, 『한자 백 가지 이야기』에 상세하게 설명했다.

　본래 眞(진)이란 넘어진(顚) 사람이니, 길가에 죽어 엎어진 사람을 가리킨다. 비명에 죽은 자의 영혼은 진에(瞋恚, 분노)로 가득하므로, 시체를 판옥(板屋, 殯宮)에 두고(眞), 길가에 메우며(塡), 영혼을 진정시키지(鎭) 않으면 안 된다. 원령이 다시 나타나 재앙을 입히는 일이 없게 하는 것, 그것이 진혼(鎭魂)이다. 장자 이전의 문헌에는 이 글자가 보이지 않는다. 삶은 유한하지만 유한한 까닭에 무한으로의 가능성을 지닌다. 영원(永遠)이란 죽음을 초월하는 일이기 때문에, 장자는 이것을 眞(진)이나 僊(선)이란 말로 표현했다. 장자는 이처럼 眞(진)이란 말에 궁극적인 깨달음을 뜻하는 진인(眞人)·진지(眞知) 같이 고도로 형이상학적인 의미를 부여했다. 시라카와 선생님은 장자가 장례와 제사의 일을 위주로 하는 유가(儒家)와 달리 하늘과 인간(신과 인간)의 만남에 관계하는 사제자 계층에 속한 사람이었을 것으로 추정한다. 종교가의 관상(觀想)이 원통하게 죽은 자의 죽음을 천지의 본연으로 되돌려 그 절대부정을 통하여 영원한 생에로 전환을 하게 했다는 것이다. 도에 합하고 하늘과 함께 있는 것, 그것이 진인이다. 「대종사(大宗師)」편에서 장자는 이렇게 말했다.

옛날의 진인(眞人)은 생을 기뻐할 줄을 몰랐다. 죽음을 싫어할 줄을 몰랐다. …… 순식간에 가고 순식간에 올 뿐이다. 그 생명의 시작하는 곳을 잊지 않고, 그 마치는 곳을 구하지 않는다. 받아서 그것을 기뻐하고 잊어서 그것에로 돌아간다. 이것을 두고, 취사의 마음으로 도(道)를 버리지 않고 사람의 입장에서 하늘을 돕지 않는다고 말한다. 이것을 바로 진인이라고 말한다.

[古之眞人, 不知說生, 不知惡死. 其出不訴, 其入不距. 翛然而往, 翛然而來而已矣. 不忘其所始, 不求其所終. 受而喜之, 忘而復之, 是之謂不以心損道, 不以人助天. 是之謂眞人.]

道(도)는 도로라는 뜻에 지나지 않지만, 이것을 인의도덕과 같은 실천윤리의 뜻으로 삼는 것은 자의를 내면화한 것이다. 행로의 行(행)이 사람이 밟아 실천하는 행위라는 뜻으로 된 것과 같다. 道(도)는 원래 뜻은 이민족의 머리를 지니고 미지의 땅으로 나아갈 때 길의 재액을 막으려고 액막이하는 것을 뜻하는 글자였다. 머리를 지니고 있는 형태가 바로 導(도)로, 그렇게 함으로써 통행할 수 있는 길을 道(도)라고 한 것이다. 道(도)를 도덕적 실천에 연결시킨 용례는 금문에서는 아직 나타나지 않았다. 『시경』에서도 도로란 뜻의 예만 있을 뿐이었다. 『서경』에서는 「대우모(大禹謨)」나 「홍범(洪範)」 등, 뒷날 추가된 여러 편에서만 도덕이란 뜻으로 사용된 예가 나온다. 道(도)의 뜻을 존재에 대한 인식 방식, 나아가 실재 그 자체로 간주하는 형이상학으로 발전시킨 것은 장주(莊周) 일파의 철학이었다. 『장자』 「천하」편에서는, 유유(謬悠, 종잡을 수 없음)한 설, 황당(荒唐, 엉터리)한 말, 단애(端崖, 끝) 없는 언사를 가지고 장어(莊語)를 했다고 적었다. 道(도)도 術(술)도 모두 도로에서 행하는 주술행위에서 유래하는 말로, 미지의 것에 대해 작용을 가하는 일을 의미한다. 도로에서부터 도덕으로 의식이 전개된 것이 아니라, 도술에서부터 도덕으로 의식이 전개되었다. 원시종교로부터 형이상학으로 승화한 것이다. 장주의 무리는 틀림없이 이 원시종교의 세계에서 관상(觀想)을 계속해왔던 사제자의 무리였을 것이다.

문자의 기원을 생각하는 것은 즐거운 일이다. 또한, 길에 쓰러져 죽은 자로부터 영원한 삶인 진(眞)으로 대전환하는 그 속에서 변증법적 사유를 읽어내듯이, 한자의 초문(초형)과 초의로부터 다의(多義)와 다획(多劃)을 탐색하는 일도 즐거운 일이다. 역자로서 나는, 이 책을 읽는 분들이 그러한 즐거움을 경험하기를 기대한다.

2017년 10월 5일
회기동 작은 마당 집에서
옮긴이 심경호

역자 주석

1   히에로글리프는 이집트의 고대문자로, 그림 글자이며, 성각(聖刻)
문자이다. 대다수의 단어가 한자와 같이 의미를 나타내는 문자의 부
분과 발음을 나타내는 문자의 부분이 있다. 히에로글리프를 신성문
자라 하고, 거기서 파생된 히에라틱(Hieratic)을 신관문자라고 한다.
고대 이집트의 글이 새겨진 로제타석에는 상형문자인 히에로글리프,
그것을 쉽게 변형한 민중문자인 데모틱(demotic), 그리고 희랍 알파벳
등 세 종류의 글자가 새겨져 있다.

2   갑골문의 시기는 은나라 무정(武丁) 때부터 은나라 말기까지이다. 갑
골문의 시대 구분 연구를 완성했던 동작빈(董作賓)의『은력보(殷曆譜)』
에 의하면 227년이다. 또 서주 시기는 은주 혁명으로부터 주나라의
동천(東遷)에 이르기까지 역대 각 왕의 재위 연수와 편년에 의하여 3
백 년 전후라고 계산할 수가 있다. 이 두 시기와 춘추 전기 7, 80년을
합하여 약 6백 년에 이르는 시기가 갑골문 · 금문 시대이다. 이 시대
에는 문자가 그 성립한 본래의 형상과 표기의식을 잃지 않고 전승되
었다.

3   『설문해자』는 중국에서 가장 오래된 자서(字書)이다. 후한의 허신
(許愼)이 약 9천 글자의 각각에 대하여 문자의 성립을 설명하고 본의
(本義, 문자의 원래 의미)를 규명하여 부수법의 원칙에 따라 문자를 그룹
별로 분류했다. 기원 100년에 완성했다. 가장 기본적인 서식(書式)은
우선 소전(小篆)을 들고, 다음으로 그 문자의 본의(本義)와 자형(字形)의
짜임을 설명했다. 이 부분은 처음부터 예서(隸書)로 적혀 있었다. 『설
문해자』540부는, 만물의 근원인 '一'부에서 시작하여, 천 · 지 · 인 삼
재(三才)의 이념을 본받아, '人'부를 가운데에 두고 끄트머리에 '地'부

를 두었다. 그 '地'부의 다음에, 우주를 지배하는 시간을 체계화하는 간지(干支)의 문자를 각각 부(部)로 세워, 십이지(十二支)의 마지막 '亥'부에 이르러 마치되, 새로운 순환을 준비한다. 『설문해자』의 연구는 청대에 들어와 『설문』학의 최고봉이라고 일컬어지는 단옥재(段玉裁)의 『설문해자주(說文解字注)』를 비롯하여, 왕윤(王筠)의 『설문해자구독(說文解字句讀)』, 주준성(朱駿聲)의 『설문해자통훈정성(說文解字通訓定聲)』 등 탁월한 업적이 차례차례 출현했다.

4   갑골문은 기원전 14세기 후반의 은나라 무정(武丁) 시기에 이르러 처음으로 나타났다. 무정 시기보다 조금 앞선 시기의 갑골문도 약간 발견되기는 하지만, 그것들은 문자로서는 미성숙한 면이 있다. 무정은 재위 기간이 50여 년에 이르렀으며, 뒷날의 문헌에서 고종(高宗)이라고 불리는 현명한 군주였다. 산서(山西) 방면의 이민족인 고방(苦方)을 정벌하러 나가서, 원정 3년 만에 그 이민족을 이기는 등, 은나라 왕조 가운데 가장 충실한 시기를 맞이했다. 산서성 안문(雁門) 보덕(保德) 부근에서 은나라 기물이 대량으로 출토되어, 그 경영의 자취를 살필 수 있게 되었다. 무정 시기의 복사는 점복하는 것을 적은 복문(卜問)의 언사, 그 복조(卜兆)에 왕이 길흉의 판단을 가한 점요(占繇)의 언사, 또 그 결과가 왕의 점요와 맞게 이루어진 사실을 적은 "允(윤, 정말로)~"으로 시작하는 징험의 언사를 새긴 것이 대부분이다. 또 그 각문에는 모두 주색이나 갈색의 안료를 발라두었다.

5   갑골복사에서는 열흘을 순(旬)이라고 했다. 순(旬) 끝의 계(癸)의 날에 다음 열흘간의 길흉을 점복하는 것을 복순(卜旬)이라고 한다. 길흉을 점복하는 일은 부차적이었고, 그러한 형식을 통해 왕이 재액을 떨쳐버리고 그 기간 동안 지배를 시작하는 의식으로서 거행했던 듯하다. 旬(순)이란 십일(十日)을 가리키는 말이다. 旬(순)은 구름 雲(운)과 마찬가지로 글자의 아랫부분에 꼬리를 말고 있는 용의 형상이 있다. 금문의 자형에서는 그 속에 해 日의 모습을 첨가한 것도 있으므로, 이 용은 해를 지키는 천상의 신령한 짐승이라고 간주했던 듯하다. 그것

을 추상물이라고 생각하는 것은 뒷날의 사유 방법이다.

6 我(아)는 본디 톱의 형태이다. 羊(양)에 톱을 가하여 희생물로 삼는 것을 뜻하는 義(의)나 羲(희)라는 글자들의 자형(字形)을 통해 알 수가 있다. 의(義)는 희생으로 봉헌된 것이 신의 뜻에 부합하여 올바른 義 상태에 있음을 나타내는데, 뒷날에는 정의(正義)라는 뜻으로 사용되었다. 희(羲)는 톱 아래에 양의 아랫몸이 여전히 남아 있는 형태로, 희생 犧(희) 글자의 처음 형태이다.

7 『설문해자』는 소전(小篆)을 기준으로 한자의 뜻을 설명해서, 東(동)을 木(목)과 日(일)을 따른다고 분석하되, 나무가 '扶桑(부상)'임을 설하는 다른 사람의 주를 부기해두었다. 해가 동쪽의 부상 나무를 기어올라 하늘을 운행하여 서쪽의 함지라는 못으로 빠진다는 관념에서, 해가 부상에 걸려 있는 모습을 본떠 동녘 동의 글자를 만들었다고 해설한 것이다. 하지만 갑골문자를 보면 동녘 '東(동)'은 주머니 탁(橐)을 형상한 글자였다. 청동기에 새겨진 금문에서는 무거울 중(重)과 모양이 비슷하다. 그 글자가 '동쪽'이라는 의미를 나타내게 된 것은, '동쪽'을 나타내는 어휘와 '주머니'를 나타내는 어휘가 비슷한 발음이었기 때문에 '갖다 붙인 것'이었다.

8 조헌(曹憲)이 지은 책으로, 10권으로 이루어져 있다. 본래의 이름은 『광아(廣雅)』였는데, 양제(煬帝)의 휘(諱)를 피하여 『박아(博雅)』라고 했다.

9 『옥편(玉篇)』은 육조시대 양나라의 고야왕(顧野王)이 훈고를 위주로 만든 자서이다. 소전을 제거하고 해서체의 글자를 정자로 삼았다. 30권으로, 1만 6,917자이니, 수록 문자의 수가 『설문해자』보다 약 8할 정도 늘어났다. 『설문해자』 이후로, 위나라 이등(李登)의 『성류(聲類)』 10권이 1만 1,520자, 송나라 여침(呂忱)의 『자림(字林)』 7권이 1만 2,824자, 후위 양승경(楊承慶)의 『자통(字統)』 20권이 1만 3,743자였다. 『옥편』의 완본(完本)은 전해지지 않지만, 일본에 잔권(殘卷)이 서너 부 보존되어 있다. 또 구카이(空海)의 『전예만상명의(篆隷萬象名義)』 30권, 창주(昌住)의 『신찬자경(新撰字鏡)』 12권, 미나모토노시타가우(源順)의

『왜명유취초(倭名類聚抄)』 등에도 채록되어 있다.

10 『광운(廣韻)』은 송나라 진팽년(陳彭年) 등이 칙명으로 편찬한 운서로, 5권이다. 본 이름은 '대송중수광운(大宋重修廣韻)'이다. 음운 체계는 당나라 『절운』의 체계를 따랐으며, 평성 57운, 상성 55운, 거성 60운, 입성 34운 등 총 206운으로 분운(分韻)했다. 각 권 첫머리에 운목표(韻目表)가 있는데 해당 운목 아래 'ab同用'(a운과 b운은 함께 사용됨)과 '독용(獨用)'의 구분이 있다. 원나라 이후 한시 제작에 적용되는 평수운은 이 운목을 기초로 해서 나왔다.

11 『자휘(字彙)』는 명나라 매응조(梅膺祚)가 1615년에 완성했다. 전체 책의 정문(正文)은 12집으로 나누었고, 첫 권부터 끝 권의 부록까지는 모두 14권이다. 수록한 글자는 33,179개이다. 『설문해자』 이래의 부수를 간단히 하여, 모두 214부로 나누고, 부수의 배열과 각 부 안의 글자 배열은 필획의 다소에 따라 앞뒤를 정했다. 권수(卷首)에는 매응조의 형 매정조(梅鼎祚)가 쓴 서문과 전체 책의 범례 및 총목(總目)이 실려 있고, 운필(運筆), 종고(從古), 준시(遵時), 고금통용(古今通用) 등의 부록이 있다. 『강희자전』의 부수법은 이 『자휘』의 형식을 답습한 것이다.

12 『강희자전(康熙字典)』의 원명은 『자전(字典)』이다. 청나라 강희 연간에 장옥서(張玉書) · 진정경(陳廷敬) 등이 칙명을 받아 편찬했다. 모두 36권이다. 매응조의 『자휘』와 장자열의 『정자통』에 기초하여 12집(集)으로 엮었다. 214부의 부수에 4만 9천 30자(重文 1만 995자 포함)를 수록했다.

13 『후한서(後漢書)』郘예의지(禮儀志)郘에는 나례의 가면극으로 불러내는 십이신 가운데 하나로 나온다. 10세 이상, 12세 이하인 중황문자제(中黃門子弟) 120인을 아이초라니(侲子)로 삼고, 방상시(方相氏)는 황금 사목(四目)의 가면을 쓰고 십이수(十二獸)의 가면극을 벌이면서, 갑작(甲作), 필위(胇胃), 웅백(雄伯), 등간(騰簡), 남저(攬諸), 백기(伯奇), 강량(强梁), 조명(祖明), 위수(委隨), 착단(錯斷), 궁기(窮奇), 등근(騰根) 등 십이신을 시켜 금중(禁中, 궁궐)의 악귀들을 몰아낸다고 한다.

14   『한자 백 가지 이야기(漢字百話)』의 관련 서술을 요약하여 소개하
면 다음과 같다. 이하, 한자의 자의와 계열에 관한 설명은 이 책에서
초록하여 소개하며, 일일이 출전을 밝히지 않는다. "文(문)이란 신령한
세계로 들어가는 사람을 성화(聖化)시키기 위해 그 사람의 가슴에 붉
은색으로 기호를 더한 형태이다. 곧, 文은 문신으로, 출생·성년·죽
음의 때에 행하는 통과의례를 표시하는 글자이다. 文을 형체소로 하
는 문자는 모두 그 의미를 지녀서 계열을 이룬다. 조상신령을 부를 때
는 문조(文祖)·문고(文考)·문모(文母)라는 식으로 말하고 덕을 칭송
할 때는 문덕(文德)이라고 한다. 기호로서는 생명의 상징인 심장의 모
양을 그렸지만, 심장 모양의 생략형 V나 X를 더하기도 했다. 부인의
경우에는 두 젖가슴을 모티브로 삼아 심장 혹은 심장의 생략형 주위
에 첨가했다. 그 글자가 奭(석)과 爽(상)이다."

15   字(자)는 자생(滋生)이라든가 불어난다는 뜻이라고 간주되지만, 그
것은 字(자)란 글자의 원래 뜻은 아니다. 지붕이 드리워진 家(가)는, 고
대 문자에서는, 반드시 묘옥(廟屋) 즉 선조의 사당을 뜻했다. 그 속에
子(자)를 그려둔 것은 씨족원의 자식이 처음으로 조상신령을 알현하
는 일을 말한 것이다. 이 의례를 거행할 때 씨족원의 자식에게 어릴
적 이름을 붙이게 되는데, 그것을 소자(小字)라고 한다. 따라서 字(자)
는 곧 어렸을 적 이름이다. 씨족원은 조상신령에게 보고함으로써 자
식을 기르기로 결정하게 된다. 그런 까닭에 字(자)에 '기른다'는 뜻이
있다. 자생(滋生)이란 뜻도 거기에서 생겨난다. 字의 본의(本義)는 어
디까지나 '어렸을 적 이름'이다.

16   彡(삼)은 아름답게 반짝임을 표시하는 지시적 글자이다. 그것을
포함하는 글자에 形(형), 彤(동), 彦(언), 修(수), 彫(조), 彰(창), 影(영), 彩
(채), 彬(빈) 등이 있는데, 그것들은 전부 彡(삼) 소리의 글자가 아니다.
이때의 彡(삼)은 상태를 나타내는 부가적 요소로서 덧붙어 있는 것이
다. 參(참)은 부인의 머리 장식물로, 글자를 처음 세울 때의 뜻은 齊
(제)와 같았다. 비녀머리에 옥(玉)을 가하여 그것을 나란히 머리에 꽂

은 것이 齊(제), 좌우로 비스듬히 기울여 중앙에서 모아 꽂은 것이 參
(참)이니, 齊(제)나 參(참)은 둘 다 머리의 비녀 장식이다. 參(참)에도 본
래는 簪(잠)이란 글자의 음과 가까운 음이 있었다. 參(참)을 三(삼)이란
뜻으로 사용하게 되자, 三(삼)의 음에 가깝게 되었는지 모른다. 빛나
는 성좌(星座)의 이름은 參(삼), 세 필의 말을 앞에 끌게 하는 마차는 驂
(참)이다. 공자의 제자 증삼(曾參)은 자(字)가 자여(子輿)이다. 증삼의 參
(삼)은 실은 驂(참)의 약자이다. 驂(참)과 輿(여)는 의미상 관련이 있으
므로, 각각 이름과 자(字)에 사용한 것이다.

17 옛날에는 사람이 태어났을 때에도 이마에 표시를 하여 사악한 영
을 떨쳐내었다. 전생(轉生)하는 조상신령을 영접하기 위해서였다. 厂
(이마) 위에 文(문)을 표시하고 아래에 生(생)을 더한 글자가 産(산)이다.
성년의 때에도 厂 위에 文(문)을 표시하고 아래에는 문채를 표시하는
彡(삼)을 더했다. 그 글자가 彦(언)이다. 문신을 더한 것을 顔(안)이라
고 한다. 문신을 가한 이마 부분을 가리키는 말이다.

18 名(명)의 윗부분은 제육(祭肉)을 가리킨다. 아랫부분은 조상의 사
당에 고하는 축문인데, 축문을 담는 그릇 형태 Ｈ를 가지고 표시했
다. 아이를 길러서 일정 연령에 달하면 씨족 성원으로서의 이름을 부
여하고 조상신령에게 보고한다. 이름을 짓는 데도 일정한 규범이 있
어서, 조상신령으로부터 승인을 받아야 했다. 그 의례를 영상적으로
표시하는 자형이 바로 名(명)이다. 갑골문이나 금문에서 보면 Ｈ의
형태가 들어 있는 문자에서 그 형태를 입 口(구)로 풀이할 수 있는 글
자가 하나도 없다. 또 그 자형에서 전개되어 나온 曰(일)도 言(언)도 音
(음)도 모두 입 口(구)와는 관계가 없다. Ｈ에 대한 종래의 해석이 잘
못되어, 그 계열에 속하는 수십 개의 기본 글자 및 관련 글자들도 재
해석이 필요하다. 시라카와 시즈카는 『설문신의(說文新義)』라는 책에
서 종래의 문자학을 비판하고 새로운 해석을 시도한 바 있다. 특히 名
(명)이란 글자에 들어 있는 Ｈ의 해석에 대하여 언급한 것은 신의의
한 가지 사례이다(白川靜 著,『說文新義』全16冊, 白鶴美術館, 1969.7~1974.6 ;

『說文新義』, 白川靜著作集 別卷 8冊 影印, 平凡社, 2002.1~2003.3).

19   수메르 상형문자의 자형은 한자의 경우와 비슷하므로, 볼(C. J. Ball)은 『한어(漢語)와 수메르어(Chinese and Sumerian)』(1913)에서 두 언어가 자형, 발음, 의미에서 유사성을 지닌다고 지적하였다. 상형문자와 설형문자는 모두 점토판(clay tablets)에 철필로 기록한 것인데, 전고체(前古體, Pre-Archaic. 3200~3000BC)와 고체(古體, Archaic. 3000~2600BC)로, 설형문자는 고전체(Classical, 2600~2300BC), 신고전체(Neo-Classical, 2300~2000BC), 후고전체(Post-Classical, 2000BC~100AD)로 구분된다. 전고체 상형문자는 한자의 육서(六書)와 같은 제자 원리를 따랐으며, 자형은 곧바로 선 모습이다. 고체 상형문자는 전고체를 약간 고친 것으로, 자형은 9시 방향으로 누워 있다. 서사(書士)가 편의상 점토판을 좌로 눕혀 글자를 새겼기 때문이다.

20   본명 궈카이전(郭開貞). 사천성(四川省) 출생. 1914년 일본으로 건너가 제1 고등학교 예과(豫科), 제6 고등학교를 거쳐 1918년 규슈(九州)제국대에서 의학을 공부했다. 졸업 후 상하이대학 등의 교수를 지냈다. 5·4운동 이후 혁명문학을 제창했으며, 1926년 국민혁명의 근거지 광저우(廣州)로 부임, 1927년 북벌혁명군에 참가했다. 난창(南昌)봉기가 실패하자 1928년 일본으로 망명해서, 중국고대사·갑골금문을 연구했다. 1937년 중일전쟁 개시 직후에 귀국, 1948년에는 동북해방구(東北解放區)에 참가했으며, 인민공화국 성립 무렵 무당파(無黨派) 민주인민대표대회당무위원 등을 지냈다. 문화대혁명 초에 자아비판을 했고, 만년에는 과학원 고고연구소에서 활동했다. 고고·역사학 저서로는 유물사관에 의한 『중국고대사회연구』(1931)와 『십비판서(十批判書)』 등이 저명하다.

21   帝(제)는 본래 신을 제사 지내는 제상의 모양이다. 그래서 제상을 차려 제사 지내는 대상을 帝(제)라고 하고, 그 제사의례를 禘(체, 종묘제사)라고 했다. 禘(체)는 신의 뜻을 묻는 심체(審禘)라는 뜻이므로, 역성(亦聲)이다. 그 帝를 揥(체, 비치개), 締(체, 맺다), 蹄(제, 발굽)에 사용하는

것은 형성의 짜임으로 보아야 할 것이다.

22 자안패(子安貝)는 일본어로 '고야스가이'라고 읽는다. 권패(卷貝)를
    가리킨다. 산부가 이 조개를 쥐고 있으면 안산한다고 하는 속신에서
    나온 말이다.

23 변경(邊境)으로 악신이 들어오는 것을 막는 가금(呵禁)을 행할 때
    는 주로 적의 목을 베어 효수하는 풍속을 행했다. 放(방)은 시체를 걸
    어두고 그것을 때리는 放逐(방축)의 의례였다. 그 放(방)에 두개골을
    갖추고 있는 형태가 敫(교)이다. 白(백)은 두개골의 형상이다. 그 백골
    을 道(도)에 두는 곳이 徼(요)이다. 변요(邊徼)란 변새(邊塞)를 의미한다.
    그렇게 백골로 화한 시체를 때리는 것은, 그 백골을 激(격)하여 그 주
    술정령을 맞이하여(邀), 주술적 가금(呵禁)의 효과를 구하는(徼) 일이
    다. 放(방)이나 敫(교)를 구성 부분으로 하는 글자들은 모두 효수 풍속
    과 관련이 있다. 효수한 머리를 뒤집어서 鼻(自, 코)를 위로 향하게 한
    형태가 邊(변)이다. 自(자)는 코의 형태로 鼻(비)의 처음 글자이다.

24 갑골복사에 의하면, 사방(四方)에는 각각 그 방위의 구역을 관할
    하는 방신(方神)이 있고, 방신은 자기 구역을 다스리기 위해서 바람 따
    라 나는 새 모양의 신을 거느리고 있었다. 이것은 아마도 지상에 북어
    사위(北御史衛)라든가 서사소(西史召)라든가 하는 말이 있듯이, 사방의
    지역에 왕조의 제사를 대행하는 성직자인 사관(史官)을 두던 지배질서
    와 대응하는 것인 듯하다. 새 모양의 신은 풍신(風神)이다. 風(풍)은 이
    새 모양의 신이 방신(方神)의 사자(使者)로서 바람 타고 왕래하는 그 날
    갯짓을 형상했다.

25 『춘추좌씨전(春秋左氏傳)』 양공(襄公) 18년조에, 진(晉)나라가 제(齊)
    나라를 공격하자 제나라 군대가 밤에 도망쳤는데, 이때 사광이 "새들
    의 소리가 즐거우니, 제나라 군대가 도망쳤을 것이다(鳥烏之聲樂, 齊師
    其遁)"라고 말했던 고사와, 초나라 군사가 동원되었다는 말을 듣고는
    "남방의 노래는 활기가 없어서 죽어가는 소리가 많으니, 초나라 군사
    는 필시 아무 공도 거두지 못할 것이다(南風不競, 多死聲, 楚必無功)"라고

평한 고사가 나온다.

26 望(망)은 망기(望氣)라고 하여, 멀리 있는 이민족의 상황 따위를 구름 기운을 보아 살피는 일이다. 갑골복사에는 은나라 무정(武丁)이 고방(苦方)을 정벌할 때 3천 명의 媚(미)에게 명령하여 구름 기운을 살피게 했다는 사실이 적혀 있다. 구름 기운 같은 자연현상에도 인간의 일이 반영되어 있다고 믿었던 것이다. 그렇기에 자연의 소리를 듣고 장래를 예측할 수 있었다. 그렇게 자연의 소리를 듣는 사람이 성인(聖人)이었다. 見(견), 望(망), 문(聞), 성(聖)은 모두 사람 人의 위에 감각기관인 눈이나 귀를 크게 그린 글자들이다.

27 구니미(国見)는 지역의 형세를 높은 곳에서 조망하는 일로, 본래 농경 의례였다. 야마미(山見)는 물고기 떼의 움직임을 땅 위의 높은 곳에서 살피는 일이다.

28 닥나무껍질의 섬유로 짠 흰천(실)로 만든 꽃.

29 원문은 "山高み白木綿花(しらゆふはな)に落ち激つ滝(たぎ)の河内は見れど飽かぬかも"이다.

30 원문은"天(あま)離(さか)る 鄙(ひな)の長道(ながぢ)ゆ 恋ひ来れば 明石の門(と)より 大和島(やまとしま)見ゆ"이다. 鄙(ひな)는 都(미야코, 도읍) 이외의 지역을 가리킨다.

31 『시경』위풍(衛風)「기욱(淇奧)」에 "저 기수 물굽이를 굽어다 보니, 푸른 대나무 무성하도다. 아름답게 문채 나는 우리 님이여, 깎고 다듬고 쪼고 간 듯하네(瞻彼淇奧, 綠竹猗猗. 有斐君子, 如切如磋, 如琢如磨)"라고 했다.

32 『시경』소아(小雅)「첨피낙의(瞻彼洛矣)」의 "저 낙수를 보건대 물결이 출렁출렁 흘러간다. 군자가 이르시니 복록이 이엉처럼 쌓였다(瞻彼洛矣, 維水泱泱. 君子至止, 福祿如茨)"에 나온다.

33 術(술)이란, 행로에서 동물 정령을 사용하여 상대에게 저주를 행하는 것으로, 尤(출)은 그 동물의 모습이다. 저주는 저주하는 말로 하는 것도 있었는데, 그것을 術(언)이라고 했다. 백향(白香)의 실 묶음을

사용하기도 했으므로, 도로를 뜻하는 글자 표시에 실 묶음의 형태인 玄(현)을 더하여 衒(현)이라고도 했다. 도로에 대해 저주를 행하는 행위를 요현(妖衒)이라고 했다. 衒(현)은 또한 환(幻)과 성의(聲義)가 비슷하다. 환술(幻術)은 도로에서 행하는 요현(妖衒)의 방법이었다.

34 『사기(史記)』「건원이래후자표(建元以來侯者表)」에, "將陵子回妻宜君, 故成王孫, 嫉妒, 絞殺侍婢四十餘人, 盜斷婦人初産子臂膝以爲媚道"라고 나온다.

35 『한서(漢書)』「외척전(外戚傳) 하」에, "趙趙飛燕譖告許皇后·班婕妤挾媚道, 祝詛后宮, 罝及主上. 成帝考問, 婕妤對日：妾聞: 死生有命, 富貴在天. 修正尙未蒙福, 爲邪欲以何望? 使鬼神有知, 不受不臣之想. 如其无知, 想之何益? 故不爲也"라고 했다. 이 이후 허황후 처벌의 기록이 이어진다.

36 『한서』「무오자전(武五子傳)」에 사건의 경위가 자세히 나온다. 한나라 무제 때 방사(方士)·무격(巫覡)의 무리들이 궁인들을 고혹(蠱惑)시켜서 목우를 궁중에 묻고 제사 지냈다. 이때 마침 무제가 병이 들었는데, 강충(江充)은 여태자(戾太子, 무제의 맏아들 유거[劉據])와 대립했으므로, 무제의 병은 무고(巫蠱) 때문이라고 하면서 목우들을 파내고, 태자의 궁에서 목인이 가장 많이 나왔다고 상언했다. 태자는 강충을 참(斬)하고 군사를 일으켜 모반했다가 실패하자 자살했다. 후에 전천추(田千秋)가 태자의 억울함을 상소하여, 강충의 집안을 멸족시켰다.

37 『주례(周禮)』「춘관(春官) 점몽(占夢)」에 "꿈을 점치는 직함은 세시로 천지의 회합을 관찰하고 음양의 기운을 분별하는 일을 관장한다. 해와 달과 별로 육몽의 길흉을 점치는데, 정몽(正夢)·악몽(噩夢)·사몽(思夢)·오몽(寤夢)·희몽(喜夢)·구몽(懼夢)이라 한다(占夢, 掌其歲時觀天地之會, 辨陰陽之氣, 以日月星辰占六夢之吉凶. 一日正夢, 二日噩夢, 三日思夢, 四日寤夢, 五日喜夢, 六日懼夢)"라고 했다. 정현(鄭玄)의 주에, "첫째는 정몽이니, 느낀 바가 없이 편안하게 저절로 꾸는 꿈을 말한다. 둘째는 악몽이니, 놀라 꾸는 꿈을 말한다. 셋째는 사몽이니, 생시에 생각함이

있어서 꾸는 꿈을 말한다. 넷째는 오몽이니, 생시에 조는 속에서 꾸는
꿈을 말한다. 다섯째는 희몽이니, 기뻐서 꾸는 꿈을 말한다. 여섯째
는 구몽이니, 두려워서 꾸는 꿈을 말한다"라고 했다.

38　『주례』「춘관(春官) 남무(男巫)」에, "冬堂贈, 无方无筭"이라 했는데,
　　정현(鄭玄)의 주는 두자춘(杜子春)의 말을 인용하여, "당증은 역병을 쫓
　　는 것(逐疫)이다"라고 했다.

39　尤(우)에 대하여『한화대사전』은 "이상하다, 뛰어난 것, 허물, 탓하
　　다, 원망하다, 주저하다" 등 17개의 뜻을 들었다. 그 자형은 犬(견)이
　　엎드려 있는 형태라고 보는 설이 있으며, 그래서 "이상하게 여기다,
　　탓하다, 가장"이란 뜻이 연역되었다고 보지만, 시라카와는 그에 대해
　　의문스럽다고 했다. 갑골복문과 금문에서는 "尤가 없다(亡尤)"라는 표
　　현을 사용했으니, 尤(우)는 주술에 사용하는 동물정령의 형태이다. '주
　　저하다'라는 뜻의 유예(猶豫)란 말에 쓰는 猶(유)의 가차자이다.

40　고칠 改(개)라는 것은 새롭게 하는 것이며, 다시 태어나는 일이다.
　　그 글자의 어근은 '있다'라는 뜻의 '生(생)'과 관계가 있을지 모른다. 고
　　칠 改라는 것은 죽음으로써 살아나는 일이다. 그 글자는 본래 뱀 蛇(
　　사) 형태의 정령을 때리는 형태이므로, 글자로서는 改라고 적는 것이
　　옳다. 그것을 改란 형태로 바꾼 것은 己가 글자의 음과 가깝고, 형성
　　의 글자로 풀이되었기 때문일 것이다. 하지만 글자의 방(旁)에 攴(복,
　　치다)을 붙인 글자들은 무언가를 때리는 이미지를 표시하며, 본래 회
　　의자들이다.

41　대강묘(大剛卯)는 엄묘(嚴卯)라고도 한다.『한서』「왕망전(王莽傳)」
　　에 나온다. 주술의 원문은 "庶疫剛癉(서역강단), 莫我敢當(막아감당)" 운
　　운의 32자이다.

42　𣪊(해)에 사용하는 동물은 자형으로 보면 亥(해), 즉 猪(저, 돼지)이
　　지만, 아마도 털이 복실한 짐승이었을 것이다. 정령을 지닌 그 짐승은
　　豕(시, 돼지)의 위에 辛(신) 형태의 모자 장식을 더하는 일도 있어서, 그
　　것을 구타한다는 뜻의 글자가 毅(의)이다. 𣪊(해)와 毅(의)는 성의(聲義)

면에서 서로 관계가 있다. 虎(호, 범)의 머리와 모양이 비슷한 짐승이
었을 것이다. 탄핵(彈劾)의 劾은 毅(해)라고 적어야 할 글자이다. 탄핵
도 毅改(해개)도 본래는 같은 의미의 주술행위이다. 彈(탄)은 궁(弓)을
사용하고, 劾(핵)은 정령이 깃든 짐승을 사용한다. 사악한 기운을 떨
처버리기 위해 활시위(弓弦)를 잡아당겨서 울리는 명현(鳴弦)의 의례가
곧 彈(탄)이다. 또, 한밤에 사악한 기운을 멀리하기 위하여 활의 조가
(弓弭, 궁이)를 울린다든가 했다. 활을 신사(神事)에 이용하여 활쏘기라
든가 기사(騎射, 말을 달리면서 활쏘기)를 행한 기원은 아주 오래되어, 활
쏘기는 서주 중기의 금문에 이미 나타난다. 활쏘기를 좌우 두 반으로
나누어 행한 것은 맹세나 점복(占卜)의 의미에서였을 듯하다.

43 毅(해)는 악령을 몰아내고 제거하기 위해 행하는 공감주술이다.
祟(수)란 탈을 가져오는 동물 정령이다. 그 동물 정령의 주술능력에
의해 나에게 가해진 저주는 그 동물을 구타함으로써 벗어날 수가 있
었다. 그것을 殺(살)이라고 한다. 그 저주를 감쇄(減殺)하여 피해를 약
하게 한 것이다.

44 매고(埋蠱)는 뒷날 사람을 저주하는 부적 따위를 다른 집의 땅에
묻어 뒷날 그것을 파내어 그 집을 원죄(冤罪)에 빠뜨리는 것을 말한다.
『유양잡조(酉陽雜俎)』패편(貝編)에 나온다.

45 『한서』「교사지(郊祀志) 상」에 나온다.

46 신이 내려와 서는 곳에는 토지의 수호신인 지주(地主)를 제사 지
냈다. 지주는 土(토)의 형태로 나타내었다. 그리고 그 장소를 정화하
기 위해서 견(犬, 개)의 희생이 필요했다. 犬은 푸닥거리(불양, 祓禳)의
의례 때 희생 짐승으로 많이 사용되었으므로, 푸닥거리 祓(불)의 방(旁)
이 犬의 형태이다. 엎드릴 복(伏), 푸닥거리 불(祓), 집 가(家), 무덤 총
(冢), 무리 류(類), 그릇 기(器) 등의 글자는 모두 희생물인 개(犬)를 포함
하는 글자들이다. 은나라 안양(安陽) 능묘의 묘실에 놓인 관곽의 아래
에는 정장한 모습의 근위병과 개 희생이 묻혀 있다. 이것을 복예(伏瘞)
라고 한다. 예(瘞)란 땅 밑에 묻는 것을 말한다. 伏이란 그 무인과 개

희생을 합한 글자이다. 삼복(三伏)이란 것은 여름의 철 제사에 개 희생을 사용한 사실을 말하는 것이다.

47   類(류)는 본디 하늘의 신에 대한 제의(祭儀)로, 개고기를 태워서 냄새를 하늘에 도달하게 하는 의례였다. 然(연)이란 개고기를 태우는 이미지를 나타낸 글자이다. 땅 위를 바람과 함께 이동하는 풍고(風蠱)라는 사악한 기운에 대해서는, 연말의 대나(大儺, 귀신 쫓기 의례) 때 성문에서 개의 시체를 매질해서 그 기운을 막았다. 지하에서도 매고(埋蠱)라는 사악한 기운이 침입하므로, 개를 희생물로 삼아 지하에 묻었다.

48   쇼텐야마구치노이미키와카마로(小典山口忌寸若麿)의 작이다. 원문은 "周防にある岩国山を越えむ日は手向けよくせよ荒しその路"이다.

49   원문은 "あをによし奈良の都にたなびける天つ白雲見れど飽かぬかも"이다. 'あをによし'는 나라(奈良)의 마쿠라코토바(枕詞)이다.

50   원문은 "草枕(くさまくら) 旅行(たびゆ)く 君(きみ)を幸(さき)くあれど 斎瓮(いわいべ)すゑつ 吾(わ)が床(とこ)の辺(へ)に"이다. 斎瓮(いわいべ)는 御神酒를 넣는 애벌구이 호리병이다.

51   오쿠라노쇼호다치히노야누시노마히토(大蔵少輔丹比屋主真人)의 노래로, 원문은 "難波辺(なにはへ)に人の行ければ後(おく)れ居(ゐ)て春菜採(わかなつ)む児(こ)を見るがかなしさ"이다.

52   道(도)란 이민족의 머리를 끼고서 가는 것을 의미한다. 금문의 道 글자는 導(도)의 형태로 적으니, 이민족의 머리를 손에 지닌 형상이다. 그것은 전쟁 등의 일로 적지(敵地)에 가는 군대를 선도(先導)할 때 사용했다. 그때 이민족의 머리를 주술도구로 삼은 것이리라. 목 베기 풍속을 행했던 것도 다른 부족의 목을 그러한 주술 행위에 사용할 필요가 있었기 때문이었다. 묘족(苗族)의 것이라고 추정되는 동고(銅鼓)의 쇠북 겉면에는 머리에 긴 깃털을 장식한 전사들이 산 사람의 목을 손에 들고 배에 올라타서 동고를 울리면서 전진하는 문양이 있다. 江(강)과 淮(회)의 지역에서는 그렇게 적의 목을 베어 효수하는 풍속이 있었던 것이리라.

53 나라의 都(도)를 경도(京都)라고 한다. 京(경)은 성문을 상징하는데, 그 문은 전몰자의 시체 뼈를 이겨서 만들었다. 즉, 전쟁의 승리자는 적의 시체 뼈를 모아서 개선문을 만들어 그것을 도성의 입구에 세웠던 것이다. 이것도 또한 숨은 기도이다. 억울하게 죽어 원념(怨念)으로 가득한 망자들의 분노는 뛰어난 주술적 영력을 발휘하리라고 생각하여 그렇게 한 것이었다.

54 余(여)를 대명사로 사용하는 것은 가차, 즉 표음적 용법이다. 그 글자의 본의는 긴 바늘이다. 余를 형체소로 하는 글자는 모두 긴 바늘이란 뜻과 관계되어 있다. 言(언)도 辛(신), 즉 긴 바늘의 모습을 형체소로 한다. 言에서의 辛은 자기 맹서를 의미한다. 마찬가지로 余(여)도 발제(祓除, 액막이)의 기능을 지닌다고 여겼던 듯하다. 盤(반, 소반)을 곁에 두고 긴 바늘의 余를 가지고 환부를 절제하는 일을 兪(유)라고 한다. 盤(반)의 왼쪽은 배(舟)의 형태이다. 긴 바늘은 굽은 칼로, 그 뾰족한 부분 가까이에는 절제를 표시하는 곡선이 있다. 환부를 절제함으로써 고통이 제거되고 마음이 평화로워진다. 그 마음 상태를 愈(유, 낫다)라고 한다. 바늘 침 모양의 도구인 余를 땅에 꽂아서 땅 밑에 숨어 있는 저주의 영들을 떨쳐버린 것이 途(도)이다. 除(제), 徐(서), 敍(서) 등도 동일한 계열의 글자들이다.

55 축(丑)의 시각, 즉 오전 1시부터 오전 3시 사이에 신사의 신목에, 미움의 상대를 본뜬 풀인형(藁人形)을 못으로 박는 것을 말한다.

56 주술능력을 분쇄하는 방법도 축문 그릇에 날카로운 칼날이 있는 도구 따위를 가한다는 상징적인 방식으로 행했다. 버릴 舍(사), 해칠 害(해)의 윗부분은 둘 다 긴 칼날을 지닌 도구로 그릇을 찔러 칼날을 그릇 안으로 통과시키는 형태이다. 그렇게 함으로써 주술능력을 없앴다고 간주했던 것이다. 옛 글자의 자형은 윗부분의 칼날이 ㅂ에까지 이르고 있다. 칼날이 거기까지 도달함으로써 그 그릇을 버리고(舍) 해칠(害) 수 있었다.

57 囗는 구역을 표시한다. 사람 사는 곳을 邑(읍)이라고 한다. 邑을

정벌(征)하는 것을 正이라고 했으니, 정복에 의한 지배를 정당하다고
보았던 것이다. 邑에 모이는(聚) 사람들을 衆(중, 무리)이라고 한다. 뒷
날 윗부분이 눈 目(목)의 모양으로 바뀌었는데, 그것은 고대에 자형이
바뀐 매우 드문 예 가운데 하나이다. 만일 그 目이 臣(신)과 같은 뜻을
지닌다고 한다면, 그것은 신(神)을 섬기는 것을 의미한다. 그러므로
중인(衆人, 대중)이 농사지은 것은 신전(神田)을 경작한 것이었다. 그것
이 중인의 본래 존재양식이었을지 모른다. 고대에서 노예에 해당하
는 사람들은 기원적으로 보면 모두 신사(神事)에 관여하던 사람들이었
던 듯하다. 國(국)은 或을 구성부분으로 하는데, 或이 國의 처음 글자
이다. 或은 거주지의 읍을 창 戈(과)를 가지고 방위한다는 뜻으로, 뒷
날 바깥쪽에 다시 에운 담 囗을 더했다. 囗은 성벽으로 보아도 좋다.

58   覇(패)는 동물의 시체가 비바람에 노출되어 변색해서 표백한 자국
을 남기는 것을 말한다. 비에 노출될 때에는 覇(패)라고 하고, 해에 노
출될 때에는 暴(폭)이라고 한다. 시신을 魄(백, 넋)이라 하는 것과 마찬
가지다. 覇는 비 雨의 아래에 革(혁)을 적는 글자였다. 그러다가 뒷날
달빛을 가리키게 되어 달 月을 추가한 것이다.

59   曰(왈)은 그릇 속에 축문을 봉납해둔 모양이다. 書(서)처럼 축문
그릇을 흙 속에 감추어두는 경우도 있었지만, 告(고)나 史(사)처럼 신
간(神桿, 솟대)에 붙여서 신의 뜻을 묻는 일도 있었다. 그것이 꾀할 某
(모)이다. 즉 謀(모)의 처음 글자이다. 지금의 해서 자형은 윗부분을 甘
의 형태로 적지만 금문에서의 자형은 분명히 曰로 적었다. 글자의 이
미지는 告(고)와 같다고 보아도 좋다.

60   者는 曰의 위에 나뭇가지나 흙을 덮어서 그것을 묻어 숨기는 형태
이다. 曰은 ㅂ 속에 축문을 넣은 것이다. 옛날에는 부락의 주위를 돋
운 흙으로 에워싸고 요지마다 주문의 부적을 묻어서, 사악한 영의 침
입을 막았다. 토루(土壘)처럼 돋운 흙을 도(堵)라고 했다. 옛날에 도(堵)
는 성벽의 벽면을 가리키는 단위였다. 도(堵)로 에워싸인 읍(邑)이 도
(都)이다. 읍의 둘레에 도(堵)를 둘러친다는 뜻일 것이다.

61 工이 주술 도구라는 사실은 그 자형을 포함하는 巫(무), 隱(은), 恐(공) 따위의 자의(字義)로부터도 알 수가 있다. 巫(무)는 工을 좌우의 손으로 바치는 형태이다. 무축(巫祝, 무당과 주술사)은 이것을 주술 도구로 이용하여 신과 접했던 것이다. 祝(축)도 글자의 처음 형태는 兄이었으니, ㅂ를 받드는 사람의 모습이다. 工을 받드는 형태로부터 공경의 뜻이 생겨났다.

62 手(수)는 상형이다. 하지만 손을 상하좌우 어떻게 사용하느냐에 따라 手(수)의 형태는 많이 바뀐다. 又(우)가 가장 일반적인 형태이다. 좌우를 표시할 때는 그 글자를 왼쪽이나 오른쪽으로 향하게 적는다. 손안에 아무것도 지니지 않는 법은 없다. 左(좌)라든가 右(우)라든가 하는 글자는 주술도구 ㅂ이나 工을 손에 지닌 것으로, 주술적 행위에 관계한다.

63 尋(심)은 원래는 사람을 찾는다든가 죄인을 심문한다든가 하는 뜻의 글자가 아니었다. 본래는 숨어 계신 신의 소재를 찾는 일을 가리켰다. 尋(심)은 찾는다는 뜻 말고도, 좌우의 손을 펼친 길이를 뜻하기도 한다. 그런데 그 자형은 왼손과 오른손을 연결한 형태이므로, 그 형태를 통해서도 그 글자의 자의가 무엇에 근거하는가를 똑똑히 알 수 있을 것이다. 왼손과 오른손을 펼쳐서 소매를 뒤집으면서 춤을 추어, 좌우의 소매가 삽삽(颯颯, 펄럭펄럭함)한 위용은 신의 강림을 구하려는 것이었다.

64 『서경(書經)』 우서(虞書)편의 순전(舜典)에 보면, "공공(共工)을 유주(幽洲)로 귀양보내고, 환도(驩兜)를 숭산(崇山)에 가두고, 삼묘(三苗)를 삼위(三危)로 쫓아내고, 곤(鯀)을 우산(羽山)에 가두어 죽을 때까지 곤고(困苦)하게 했다"라고 적혀 있다. 종래에는 이 유(流) · 방(放) · 찬(竄) · 극(殛)은 모두 귀양보내는 것이지만, 거기에는 성질상의 차이가 있다고 보는 데 그쳤다.

65 도철(饕餮)은 호랑이를 모티브로 삼았던 듯하다. 북방에서는 호(虎)라고 하지만 남방에서는 오토(於兎)라고 했다. 도철이나 도올(饕杌)은

탐욕스런 악수의 이름이라고 간주되는데, 그 말도 '오토'와 같은 음에서 나온 것이리라. 이 남방어가 tiger의 어원이었다고 생각된다. 도철 문양의 본래 의미와 기능은 무엇이었을까. 이 물음에 답할 단서라고 여기는 한 가지 예를 들겠다. 이전에 중국 청동기 전람회에, 중국 호남성 영향(寧鄕)에서 출토한 대요(大鐃, 큰 징)가 출품된 일이 있다. 같은 때에 전시된 사양회준(四羊犧尊, 네 마리 양을 희생물로 조각한 술동이)도 영향 땅에서 조금 떨어진 산 중턱에서 출토한 것이다. 대요가 출토된 지역이나 사양회준이 출토된 지역은 모두 남방의 변경 지역으로 서로 가까이 이어져 있다. 대요는 그 산꼭대기에 입 부위를 위로 한 채로 묻혀 있었다. 징 표면의 주된 문양은 도철이고, 그릇의 입 부위에는 코끼리 무늬를 배치했다. 코끼리는 『맹자』 만장상에서 순(舜)의 아우 상(象)을 책봉했다는 남방의 나라 유비(有鼻)를 상징하는 동물이다.

66 『춘추좌씨전(春秋左氏傳)』「소공(昭公) 7년」에 "정(鄭)나라 자산(子産)이 진(晉)나라를 방문했을 때 진나라 평공(平公)이 마침 병이 나 있었으므로 한선자(韓宣子)가 손님을 맞아 사적으로 말하기를 '우리 임금께서 병이 나신 지 3개월이나 되었습니다. 그래서 국내의 모든 산천에 빌었으나 병만 더할 뿐 낫지를 않습니다. 그런데 지금 우리 임금께서 누런 곰이 침문(寢門)으로 들어오는 꿈을 꾸었으니, 이것은 무슨 귀신입니까?'라고 했다. 자산은 대답하기를 '당신네 임금의 그 현명하심에다 당신이 또한 정권을 잡고 있는데, 무슨 귀신이 붙겠습니까? 옛날 요 임금이 곤(鯀)을 우산(羽山)에서 죽이니 그 혼이 변화해서 누런 곰이 되어 우연(羽淵) 속으로 들어갔습니다. 그래서 하(夏)나라 때부터 교외에서 제사를 지내고, 이것을 삼대(三代)를 계속했습니다. 그런데 진나라는 맹주가 되어 혹 제사 지내지 못했습니까?'라고 했다. 그래서 한선자가 하나라 때의 교제(郊祭)를 지내니 평공의 병이 좀 차도가 있었다(鄭子産聘于晉, 晉侯有疾, 韓宣子逆客, 私焉曰:寡君寢疾於今三月矣. 並走羣望, 有加而無瘳. 今夢黃熊入于寢門, 其何厲鬼也? 對曰:以君之明, 子爲大政, 其何厲之有. 昔堯殛鯀于羽山, 其神化爲黃熊, 以入于羽淵. 實爲夏郊, 三代祀之. 晉爲盟主,

其或者未之祀也乎? 韓子祀夏郊, 晉侯有間)"라고 했다.

67 才(재)의 자형은 십자형의 표목에 ㅂ를 묶어둔 형태이다. ㅂ는
축문 그릇을 나타내는데, 주술의 부적이라고 보아도 좋다. 표목에 주
술 부적을 붙인 것이 才이다. 才는 존재의 표지이다. 천지인(天地人)
을 삼재(三才)라고 한다. 才란 본래 존재하는 것으로, 이른바 재질·질
료를 뜻한다. 신에 의하여 존재를 드러내는 것의 성스러운 표지가 才
이다. 한편 存(존)은 그 성스러운 표지에 사람의 형태를 가한 것으로,
생명의 성화를 의미한다고 하겠다. 또 在(재)는 성스러운 도구인 날이
선 기구 士(사)를 더한 것으로, 장소에 있어서의 점유를 의미한다. 存
亡(존망)이란 삶과 죽음을 뜻하니, 存(존)하는 것은 생명이다. 在(재)란
"사물 보기를 분명히 함"이라고 했듯이, 존재하는 것의 위상을 인식하
는 일이다.

68 동중서는 한나라 무제(武帝) 때의 유학자이다. 어려서『춘추공양
전(春秋公羊傳)』을 익히고, 경제(景帝) 때에는 박사가 되었다. 공양학의
사상으로『춘추』를 해석한 저서『춘추번로(春秋繁露)』는 전한 시대 금
문학(今文學) 사상을 엿보게 한다. 인간과 하늘(자연)이 서로 상관을 맺
는다는 사상을 전개하여, 행정 조직을 포함한 모든 정치사상을 그 사
상에 근거하여 설명했다.

69 '살해되는 왕'의 개념은 프레이져의『금지편(金枝篇)』에서 차용한
것이다. 한발(가뭄)이 계속되면 서둘러 기우제를 거행했다. 신령 靈
(영)의 글자는 기우제를 거행하는 무녀를 표시하는 글자이다. 기우제
의 효과가 없으면 무녀를 태워서 비를 구했다. 艱의 왼쪽은 무녀가 기
도 올리는 축문 그릇을 받들고 태워져 죽어가는 형태를 말한다. 堇
(근, 진흙)이다. 간이나 堇(근) 계통의 글자들은 모두 기근(饑饉)과 무녀
의 풍속을 표시하며, 그 두 글자의 성의(聲義)를 계승한다. 難(난)도 자
형과 자의에서 그 글자들과 관계가 있다.

70 또한 누실선(魯實先) 撰,『은력보규교(殷曆譜糾譑)』(臺中, 中央書局,
1954.3)와 엄일평(嚴一萍) 著,『속 은력보(續殷曆譜)』(台北, 藝文印書館,

1955.10)가 있다.

71   요시노(吉野)에 행행(行幸, 나들이)한 유게노미코(弓削皇子)가 누카타
노오키미(額田王)에게 보낸 노래로, 원문은 "み吉野の玉松が枝(え)は
愛(いと)しきかも君が御言(みこと)を持ちて通(かよ)はく"이다.

72   고(告)한다는 것은 신에게 고하여 호소하는 일이다. 은나라 무정
(武丁)은 산서 지방의 고방(苦方)을 토벌하러 나가면서, "임오 날에 점
복하여 원(亘)이 묻는다. 고방을 상갑(上甲, 선조 왕의 이름)에게 고할 것
인가?"라고 점복하고, 또 "묻는다. 하(河)에게 고방을 고할 것인가?"라
고 점복했다. 조상신령이나 산천 신들에게 전쟁의 승리를 기도한 내
용이다. 이 의례는 산천에 제사 지내는 것이었는데, 뒷날에 造(조)라
고 일컬었다. 산천의 성소(聖所)에 이르러(造) 제사한다는 뜻이다. 造
는 또 사당(廟) 속에 배 舟(소반 盤의 형태)를 그려서, 제물을 올리고 고
하여 호소하는 형태를 표시한 것이 있다. 아무리 신(神)이라고 해도
아뢰는 축문만으로는 효과가 적다고 여겼기 때문일 것이다.

73   갑골복사에 보면 "대을(大乙, 조상 이름)에게 史(제사)하나니, 왕은
그것을 흠향할 것인가"와 같은 말이 있다. 史는 조상신령을 받드는
제사 이름이었다. 하지만 산천의 성소로 가서 제사 지낼 때는 축문 그
릇을 커다란 나무에 달고 천 가닥을 늘어뜨려 장식하고 그것을 받들
고 떠났다. 그것이 使(사)와 事(사)이다. 산악의 신에게 제사를 받드는
사자를 낼 때에는 "묻는다. 사람을 산악에 사(使, 사신으로 부리다)할 것
인가?"라고 했다.

74   신을 부르는 일을 겸(召)라고 한다. 신에 대한 신호는 축문 그릇
ㅂ를 통해서 온다. 召 글자에 사람의 모습이 들어 있는 것은 그 축문
그릇에 내려오는 신령을 표시한 듯하다. 태보(太保) 소공(召公)의 집안
은 신령 초빙의 일을 맡아보는 성직자 집안이었다. 그 집안의 호(號)
인 召(소)는 아랫부분에 술동이를 두고 위로부터 두 손을 뻗고 있는
복잡한 글자체로 적은 것이 많다. 아득한 하늘로부터 내려오는 신은
하강하는 발(足)의 형상으로 표시했다.

75 축문의 연주로 부름을 받은 신령은 강림하여 사당(묘)에 나타난
다. 그것이 客(객)이다. 객이란 객신(客神)을 말한다. 왕조의 제사에는
지난 왕조의 3대 자손까지를 객(客)으로 영접했는데, 그것을 삼각(三
恪)이라 했다. 그것은 반드시 이민족의 신만을 가리킨 것은 아니었다.
붕우빈객(朋友賓客)이란 말은 백성혼구(百姓婚媾, 동성의 일족과 인척)에
대하여 사용했으니, 사당 안에 초빙된 신이나 사람을 모두 객이라고
일컬었던 것이다.

76 『시경』주송(周頌)에 있는 시로 "객이여 객이여, 흰 말을 타고 왔네
(有客有客, 亦白其馬)"로 시작한다. 주나라가 상(商)나라를 멸망시킨 다
음, 상나라 왕손 미자(微子)를 송(宋)에 봉하여 그의 선왕을 제사 지내
도록 했는데, 뒤에 미자가 백마를 타고 주나라에 조회하러 오자 이를
칭송하는 내용이라고 한다.

77 영접을 받은 조상신령들은 방불하게 그 모습(容)을 드러낸다. 容
(용)은 사당 안에 公(공) 즉 宏(용)으로 적는 것이 본래의 글자이다. 公
(공)은 제사 지내는 곳의 형태이니, 신령은 거기에 등장했던 것이리
라. 이 容(용)이란 글자는 용모(容貌)·용의(容儀)라는 뜻으로 사용했
다. 본래는 사당 안에 나타난 조상신령의 모습이다. 그 조상신령을
제사 지내는 노래를 송(頌)이라고 했다. 또 씨족의 곤란한 문제를 조
상신령에게 호소하는 것을 訟(송)이라고 했다. 頌(송)과 訟(송) 두 글자
의 자형에 포함되어 있는 公은 제사 장소를 그린 것이다. 즉 신령을
제사 지내고 씨족의 곤란한 문제를 호소하는 일은 모두 조상신령의
앞에서 거행했던 것이다.

78 「진로」편은 하나라와 은나라의 후손이 주나라에 와서 주나라의
제사를 돕는 것을 읊은 시이다. 시구에 "떼 지어서 백로가 날아가니,
저 서쪽 못에서 날아가도다. 우리 손님이 이르니, 이 또한 어엿한 위
의가 있도다(振鷺于飛, 于彼西雝. 我客戻止, 亦有斯容)"라는 말이 있다.

79 国栖·国樔·国巢라고 표기한다. 『일본서기』와 『고사기』에 야마
토노쿠니(大和国) 요시노가와(吉野川) 상류의 산지에 살았다고 하는 부

족. 나라(奈良)・헤이안(平安) 시대에 조정의 절회(節会) 등에 참가하여 가적(歌笛)을 연주했다.

80   옛날 규슈(九州) 남부의 사쓰마(薩摩)・오스미(大隅)에 살던 종족을 말한다.

81   카시러는 마르부르크대학에서 신칸트주의를 표방한 마르부르크 학파의 창시자 헤르만 코헨의 영향을 받아, 인간의 개념들이 자연세계를 구성하는 방법에 관한 칸트의 기본원리를 확장했다. 1919년 함부르크대학의 철학교수가 되었으며 1930년부터 총장을 역임했다. 히틀러가 권력을 잡자 독일을 떠나 옥스퍼드대학, 스웨덴의 예테보리대학, 미국의 예일대학・컬럼비아대학에서 가르쳤다. 칸트의 연구에 기반을 두고, 『상징 형식의 철학(Die Philosophie der symbolischen Formen)』 3권(1923~29)은 인간 문화의 모든 표현양식 밑에 깔린 정신적 표상과 기능을 검토했다. 『언어와 신화(Sprache und Mythos)』(1925), 『국가의 신화(The Myth of the State)』(1946) 등을 저술했다.

82   고대 정치예제에서 '속빈례(屬賓禮)'의 하나이다. 역대 왕조는 전대 왕조의 후예에게 작위를 주어 이왕후(二王后)나 삼각(三恪)이라 칭하고 그들에게 왕후(王侯)의 명호를 주고 봉읍을 내려주었으며, 종묘에 제사 지내게 하여 존경의 뜻을 보이고, 지금 왕조가 계승한 통서(統緖)를 분명하게 제시했다. 두우(杜佑)가 『통전(通典)』에서 삼각이왕후(三恪二王后)를 고증하여, 앞 2대의 후예를 이왕후로 삼고 앞 3대의 후예를 봉하여 삼각이라 칭했다고 논했다.

83   『한자 백 가지 이야기』에서는 '신에게 바치는 희생을 또한 臣(신)이라고 한다'라고 했다. 臣(신)은 커다란 눈의 형상인데, 그 한 눈에 상처를 입은 듯하다. 그 눈 위에 손 수(手)를 가한 글자가 견(見)으로, 賢(현)의 처음 글자이다. 고대의 현자(賢者)는 노예 출신의 사람들이 많았다. 豎(세울 수)도 또한 그 형태를 구성부분으로 하고 있다. 군주를 가까이 모시는 노예를 말한다.

84   『춘추좌씨전』 장공(莊公) 10년에 보면, 제(齊)나라가 노(魯)나라를

공격해왔는데, 장공이 응전하려 하자 조귀(曹劌)가 알현을 청했다. 마을 사람이 묻기를 "고기 먹는 자들이 잘 알아서 할 텐데, 또 무엇 때문에 끼어드는가?(肉食者謀之, 又何間焉)"라고 하자, 조귀(曹劌)가 "고기 먹는 높은 분들은 식견이 낮아서 멀리 꾀하지 못하니까(肉食者鄙, 未能遠謀)"라고 대답한 말이 있다.

85   斿(유)는 遊(유) 자의 본래 글자로, 깃발을 지닌 사람의 모습이다. 그 깃발은 씨족의 표지를 가한 족휘(族徽)였다. 고대의 사람들은 자기가 사는 고향을 떠날 때, 즉 그 수호정령이 수호하는 범위로부터 바깥으로 나갈 때에는, 그 수호정령을 옮겨둔 씨족의 깃발을 들고서 나갔다. 遊(유)란 고향으로부터 떠나는 것, 旅(여, 여행)에 나서는 것을 의미한다. 旅(여)에 나설 때에는 그 깃발을 받들었던 것이다. 깃발은 말하자면, 재계한 뒤에 씨족의 수호정령을 모셔다가 넣어둔 것이다. 그러므로 씨족 집단이 출행할 때에는 그 깃발 아래에서 서약을 하는 군례(軍禮)를 행했다. 그것이 族(족)이다. 즉, 族이란 군사적 공동체였다.

86   『서경』「반경(盤庚) 하」 8절에 "嗚呼(오호)라 邦伯師長百執事之人(방백사장백집사지인)은 尙皆隱哉(상개은재)어다"라고 나온다. "아아 방백(方伯, 諸侯)과 사장(師長, 公卿)과 백집사(百執事)의 사람들은 부디 모두 아파하는 마음을 간직할지어다"라는 뜻이다.

87   『시경』「대명(大明)」에 "이때 태사 상보가 마치 매가 날 듯하여, 저 무왕 도와서 상나라를 정벌하니, 회전한 그날 아침 청명했도다(維師尙父, 時維鷹揚, 涼彼武王, 肆伐大商, 會朝淸明)"라고 했다. 상보는 강태공의 존호이다.

88   『시경(詩經)』「절남산(節南山)」의 "윤씨대사는 주나라의 근본이라. 나라의 공평함을 잡고 있을진대 사방을 유지하며 천자를 도와 백성들을 혼미하지 않게 해야 하거늘(尹氏大師, 維周之氏, 秉國之均, 四方是維, 天子是毗, 卑民不迷)"이라는 말에서 나왔다.

89   『시경』「상무(常武)」에 "혁혁하고 명명하게 왕께서 경사 중에 남중을 태조로 하는 태사 황보를 명하사 우리 육군을 정돈하여 우리 병기

를 수선해서 이미 공경하고 이미 경계하여 이 남국을 은혜롭게 하시다(赫赫明明, 王命卿士, 南仲大祖, 大師皇父. 整我六師, 以修我戎. 旣敬旣戒, 惠此南國)"라고 했다. 이 시는 주나라 선왕(宣王)이 군대를 거느리고 회수(淮水) 북쪽의 오랑캐를 정벌할 때 황보를 시켜 군대를 다스려 병사(兵事)를 닦게 했는데, 이에 황보가 회이(淮夷)의 난을 제거하여 나라를 평안케 하니 시인이 이 노래를 지어서 찬미한 것이다. 황보는 주 선왕(周宣王) 때 사람으로 공이 있는 남중(南仲)이 시조였다. 선왕이 회북(淮北)의 오랑캐를 토벌할 때 경사 황보를 명하면서 그의 선조 남중 태조를 일컬은 것은 세공(世功)을 중시했다.

90   『춘추좌전(春秋左傳)』 민공(閔公) 2년에 "장수가 된 자는 사(社)에서 진(脤, 날고기)을 받는다(帥師者, 受脤于社)"라고 했다.

91   군사 행동이 끝나 개선(凱旋)할 때에 제육을 받들고 돌아와 그것을 조상 사당이나 군사(軍社)에 보고하는 의례를 행했다. 제육은 脤(신)이라고 부르므로, 그렇게 개선하여 보고하는 의례를 귀신(歸脤)의 예식이라고 했다. 출행할 때 받아 갔던 제육을 다시 봉납하는데, 이때 사당 안은 속모(束茅)라 불리는 빗자루 추(帚) 모양의 것에 술을 뿌려서 제단을 정화하고 亯肉(퇴육)을 안치했다. 歸(귀)란 귀신(歸脤)의 예식이란 뜻이 본의(本義)이다. 歸는 곧 亯와 帚로 이루어져 있으며, 뒷날 止를 덧붙였다. 歸에 '시집간다'는 뜻이 생겨난 것은 뒷날의 일이다.

92   임종은 후한(後漢)의 고사(高士) 곽태(郭泰)의 자(字)이다. 환제(桓帝) 때 당고(黨錮)의 사건이 일어나 천하의 명현들이 구당(鉤黨)으로 지목받고 멸절당하는 때에도 벼슬길에 나아가지 않고 말을 겸손히 하여 환관들의 중상을 면함으로써 화를 당하지 않았다. 『후한서』에 「곽태열전(郭泰列傳)」이 있다.

93   후한 환제(桓帝) 때 환관이 정권을 장악하자, 사대부 이응(李膺)·진번(陳蕃) 등이 태학생(太學生) 곽태(郭泰)·가표(賈彪) 등과 연합하여 환관 집단을 비판했다. 환관들이 '이응 등이 붕당을 결성하여 조정을 비방한다'라고 무고해서, 이응 등 2백여 인이 체포되었다. 진번 등은

석방되기는 했으나 종신토록 벼슬하지 못하도록 금고령을 내렸다. 영제(靈帝) 때 이응 등이 다시 기용되어 대장군 두무(竇武) 등과 같이 환관을 주살하기로 모의했다가 실패하여 이응 등 1백여 인이 피살되었다. 『후한서』「당고전(黨錮傳)」에 자세히 나와 있다.

94   자산은 춘추시대 정(鄭)나라의 공손교(公孫僑)로, 간공(簡公)·정공(定公)·헌공(獻公)·성공(聲公) 등 네 조정에서 재상으로 있었다. 당시 진(晉)나라와 초(楚)나라 사이에 처한 정나라를 무사하게 보전할 수 있게 했다. 자산이 죽자 공자가 눈물을 흘리며 "옛날 사랑을 끼친 분이다(古之遺愛)"라고 칭송했다. 『춘추좌씨전』소공(昭公) 20년에 나온다.

95   한나라 애제(哀帝) 때, 강직한 사례(司隷) 포선(鮑宣)이 죄를 입어 옥에 갇히자, 박사제자(博士弟子) 왕함(王咸)이 태학 아래에서 깃대를 들고 외치기를 "포 사례(鮑司隷)를 구하려는 자는 이 밑에 모이라"라고 하자, 제생 1천여 명이 모여서 대궐 문을 지키고 상소하여 포선의 죄를 경감시켰다고 한다.

96   전한(서한)의 공승(龔勝, 기원전 68~기원전 11)은 지방관을 거쳐 간대부(諫大夫)가 되고 나중에는 광록대부(光祿大夫)에 올랐으나, 왕망(王莽)이 정권을 잡자 벼슬을 그만두고 귀향했다. 왕망이 결국 한나라를 멸망시키고 신(新)나라를 세우면서 그를 높은 벼슬로써 불렀으나 끝내 거절하고 굶어서 죽었다.

97   궤(殷)는 문헌에서 말하는 궤(簋)에 해당한다. 금문에서는 모두 殷로 적었다. 조상을 제사할 때 서직(黍稷) 따위를 담는 식기이다. 청동기시대를 통하여, 가장 널리 사용된 것이다. 주공궤(周公殷)는 주나라 초기의 주공(周公)의 아들이 주공을 제사 지내기 위해서 만든 기물인데, 그릇의 배 부분에 화려한 코끼리 무늬를 장식했다. 그런데 『설문해자』는 簋(궤)의 고문으로, 匚(방) 속에 飢(기)를 가한 것, 匚(방) 속에 軌(궤)를 가한 것, 杫(구)의 세 글자체를 들었다. 첫째 글자는 금문에 나오는 廏(구)의 잘못이니, 殷를 飢로 잘못 쓴 것이다. 둘째 글자는 더욱 잘못되어, 匚(방) 속의 것을 음부(音符)로 보아 軌(궤)로 적은 것이

다. 세 번째 글자는 𣪊(궤)를 나무로 만들어 명기(明器)로 삼는 일이 있었기 때문에 杚(궤)로 적은 것인 듯하다. 簋(궤)는 훨씬 뒷날에 나온 글자이다. 그릇의 몸체를 대나무로 만들게 되자, 역시 대나무로 몸체를 만들었던 簠(보, 바닥이 얕은 장방형의 곡물 상자)와 같이 대 竹 부에 소속시킨 것이다. 𣪊(궤)는 그릇 속의 것을 국자로 푸는 모양이다. 𣪊(구)에 뚜껑을 덮은 형태가 食(식)이다. 𣪊(궤)를 앞에 둔 자리에 착석하는 것을 卽(즉)이라고 한다. 𣪊(궤)를 사이에 두고 두 사람이 마주 앉게 되면 卿(경)이 된다. 공경(公卿)이란 궁정의 향연 의례 때 그러한 자리를 부여받는 고관 귀족을 가리킨다. 그 향연의 자리를 饗(향)이라고 한다. 卿(경)과 鄕(향)은 본래 같은 글자이다. 그런데 卿(경)이 공경 벼슬의 뜻으로 사용되자, 향연을 나타내는 글자에는 鄕에다가 다시 食(식)을 더했다. 따라서 饗(향)은 중복의 글자이다. 마주 앉는 것을 鄕(향)이라고 하므로, 마주할 嚮(향)도 또한 중복의 글자이다. 이미 다 먹어버린 것을 표시하는 것이 旣(기)이다. 다 먹고 나서 입을 헹구는 것을 漑(개)라고 하고, 숨을 뱉어서 쉬는 것을 嘅(개)라고 한다. 嘅(개)는 또한 탄식하는(慨) 때에도 쓴다. 𣪊(궤)에 대해 어떻게 행동하느냐에 따라서 卽(즉), 卿(경), 旣(기) 등의 글자가 파생했다. 鄕(향)과 旣(기)는 그 음계의 글자를 파생시켜 나간 것이다.

98   후한 때 초중경(焦仲卿)의 처 유씨(劉氏)가 시어머니의 학대에 못 이겨 집을 나간 뒤 재가를 하지 않고 물에 빠져 죽자 중경 역시 이 말을 듣고 정원의 나무에 목을 매달아 죽었다는 고사를 노래했다.

99   왕융(王戎)은 진(晉)나라 때 죽림칠현(竹林七賢)의 한 사람이다. 치산(治産)에 밝아 그가 소유한 장원과 전답이 천하에 두루 널려 있었으므로 노부부가 상아로 만든 산가지를 가지고 밤낮으로 가산(家産)을 헤아려보곤 했다고 한다.

100   『시경』「간혜(簡兮)」에 "석인은 환하고 훤칠한데, 궁전 앞뜰에서 만무를 추누나(碩人俁俁, 公庭萬舞)"라고 했다.

101   『시경』「소성(小星)」에 "재빨리 밤길을 감이여, 이른 새벽부터 밤

까지 공소(公所)에 있으니, 분수가 후비(后妃)와 같지 않기 때문이로다
(肅肅宵征, 夙夜在公, 寔命不同)"라는 말이 있다.

102　오자서와 범여의 이야기는『사기』에 나온다.

103　『논어』「계씨(季氏)」에서 공자가 "선함을 보고는 미치지 못할 듯
이 하며, 불선(不善)을 보고는 끓는 물을 만지는 것처럼 하는 자를 나
는 보았고, 그러한 말을 들었노라(見善如不及, 見不善如探湯, 吾見其人矣,
吾聞其語矣)"라고 했다.

104　야도(夜刀)는 일본어의 '야치' 곧 습지(濕地)를 말하며, 그 방언은
아이치(愛知) 현과 시즈오카(靜岡) 현 동쪽에 분포하므로, 본래는 동북
이민족의 신앙인 듯하다. 일본 이바라키(茨城) 현(行方郡 玉造町 天龍甲)
에 야도신사(夜刀神社)가 있다. 그곳에는 야토노카미(夜刀神)와 시이노
이케(椎の池)의 전설이 있다. 뱀의 몸에 뿔이 달린 야토노카미가 골짜
기를 지배했으나, 미부노무라지마로(壬生連麿呂)가 그 신을 대지(台地)
로 추방하고 아와라(芦原)를 좋은 밭으로 바꾸었으므로, 사람들이 신
사를 세워 야토노카미를 제사하고 벼농사를 시작하는 것을 선언했다
고 한다. 『히타치노쿠니 풍토기(常陸國風土記)』에 나온다.

105　일본 신화에 보면, 스사노오(スサノオ)는 오오나무지(オオナムジ,
大国主)에게 '뱀의 방'에 들어가라고 명했다. 오오나무지는 명령에 따
르지 않았다. 그러자 스세리히메(スセリ姫)는 남편(ひこじ)에게 몰래
'뱀의 히레(領巾)'를 주면서 "뱀이 잡아먹으려고 하면 이 히레를 세 번
흔드십시오"라고 했다. 오오나무지는 아내의 말대로 하여 뱀의 방에
서 하룻밤을 지내고 나왔다.

106　法(법)의 처음 글자는 灋이다. 고대법에서는 해치(獬廌)라 일컫는
羊(양)을 사용하여 신판(神判)을 행하고, 패소한 자를 해치와 함께 물
에 흘려보냈다. 去(거)는 大(대)와 厶(사)인데, 大는 패소자, 厶는 ㅂ의
뚜껑을 파기한 것이다. 즉, 패소자가 신판에서 행한 자기맹서가 거짓
으로 판정되자, 신을 모독했다고 해서 그 맹세를 버리고 재액을 떨쳐
버리는(祛) 것이다. 해치만 가죽 주머니에 싸서 버리는 형태의 글자도

있다. 그 가죽 주머니를 치이(鴟夷)라고 불렀다. 월나라 왕 구천(句踐)을 섬기던 범여(范蠡)가 망명할 때에 이름을 치이자피(鴟夷子皮)라고 고친 것은 자기를 추방하는 형식을 취한 것이다. 지금의 法(법)이란 글자에는 고대의 양 신판(羊神判)의 흔적이 전혀 없다.

107　인도의 고대 법전인 『마누 법전』이나 『나라다 법전』에 의하면, 신판에는 불 신판, 쌀 신판, 저울 신판, 독 신판, 신수(神水)물 신판, 작수(嚼水) 신판, 비유(沸油) 신판, 뽑기(籤) 신판, 독사 신판 등이 있었다. 중국의 기록에서는 페르시아의 철화(鐵火) 신판, 베트남의 악어 신판, 작미(嚼米) 신판, 캄보디아의 물 신판, 비유(沸油) 신판, 작미(嚼米) 신판, 말라이의 물 신판, 비유(沸油) 신판, 결투 신판이나 인도의 신판의 예가 기록되어 있다. 중국에서도 선진(先秦) 시대에 양 신판(羊神判), 청나라 때 뱀 신판, 비유(沸油) 신판, 배복(杯卜) 신판 등이 있었다고 전한다.

108　주나라 때 사약(司約)이 신약, 민약(民約), 지약(地約), 공약(功約), 기약(器約), 지약(摯約)의 여섯 가지 약조에 관한 일을 주관하고, 이를 어기는 자는 묵형에 처했다고 한다.

109　言(언)의 자형은 "신에게 맹세하여 기도하는 일에 만일 조금이라도 허위나 불순이 있다면 나는 신이 내린 형벌로서 문신을 당하는 벌을 받을 것이다"라고 하는 자기 맹세를 하는 것을 뜻한다. 言에 의한 자기 맹세는 신과 서약해서 바람을 실현하고자 하는 것이므로 적극적이고 공격적인 행위이다. 이에 비해 방어적 성격을 지닌 것이 語(어)이다. 㿌(오)는 ㅂ 위에 성스러운 그릇을 덮어서 축문의 기능을 보존한다는 뜻을 지닌 글자인데, 言語(언어)라는 식으로 연결하여 말이란 뜻을 나타낸다. 誓(서)는 言 위에 折(절)을 더했다. 초목을 베는 행위를 맹세의 표시로 간주한 것이리라. 서약에 화살을 사용하는 일도 있었다. 그래서 화살 矢(시)는 또한 '맹세하다'라고 풀이된다. 고대의 재판에서는 당사자에게 화살 다발을 바치게 한 뒤에 심리를 시작했다.

110　원문은 "荒塩之塩(あらしほのしほ)の八百道(やほじ)の, 八塩道(やしおじ)塩(しほ)の八百会(やほあひ)"이다.

111 氏(씨)는 굽은 칼의 형태이다. 그 칼날의 부분 刃(인)은 가늘고 굴곡져 있어서, 고기를 발라내는 데 적합하다. 이것이 혈연체인 氏(씨)를 의미하는 이유는, 아마도 씨족이 함께 식사를 할 때 이 氏라는 굽은 칼을 사용했기 때문일 것이다. 굽은 칼을 박아서 세워둔 형태가 氐(저)로, 근저(根底)를 의미하는 글자이다. 族(족)은 드리워진 깃발의 아랫부분에 화살을 그린 모습이다. 즉, 그런 것들을 모아 만든 회의자이다. 속설에 따르면, 전투할 때 화살이 군진의 깃발 쪽으로 모여들기 때문에 族(족)을 모여든다는 뜻이라고 설명한다. 하지만 族(족)은 氏族(씨족)의 휘호(徽號)이며, 화살 矢(시)는 그 깃발 아래서 행해지는 족맹(族盟)을 의미한다. 氏(씨)도 族(족)도 둘 다 씨족의 혈연적 유대를 확실히 하기 위한 의식인 씨족의 공찬(共餐)이나 족맹을 자형으로 나타내었다고 보아야 할 것이다.

112 「여형」은 『서경』 주서(周書)의 편명이다. 인용문의 원문은 "兩造具備, 師聽五辭"인데, 흔히 "원고와 피고가 모두 법정에 나오고 말과 증거가 구비되었으면 법관이 오사를 듣는다"로 풀이한다. 이어서 "사심 없이 깨끗한 마음으로 단사를 들으라(明淸單辭)"라고 했다. 공영달(孔穎達)의 소(疏)에 따르면, 오사는 원고와 피고 양측의 말이고, 단사는 증거가 없는 한쪽의 말이다.

113 傳(전)은 커다란 주머니(橐=東)를 등에 짊어진 모습으로, 범죄자를 구역 밖으로 내쫓는 추방 의례를 집행한 직분을 표지했을 것이다. 추방 의례를 전기(傳棄)라고 했다.

114 달기(妲己)는 은나라 주(紂)가 유소씨(有蘇氏)를 정벌하고 얻은 미인이다. 주는 달기를 총애하여 그녀가 하자는 대로 조세를 많이 거둬들이고 주지육림(酒池肉林)을 벌였으며, 자기 뜻을 거스르는 제후들에게 포락형(炮烙刑)을 시행하여 민심을 이반시켜 무왕(武王)에 의해 멸망당했다. 『사략(史略)』에 실려 널리 알려져 있다.

115 제나라 경공(景公)이 월형(刖刑)을 많이 시행하여 목발인 용(踊)을 파는 자가 있었다고 한다. 『춘추좌씨전』 소공(昭公) 3년에 보면, 안자

(晏子)가 숙향(叔向)에게 제(齊)나라의 상황을 얘기하면서 "나라의 시장에서 신발값은 싸고 목발값은 비쌉니다(國之諸市, 屨賤踊)"라고 했다.

116 妾(첩)은 여자의 이마에 辛(신), 즉 입묵(入墨)하는 바늘을 그렸다. 노예가 된 여인을 말하는 것이다. 하지만 본래는 신에게 희생으로 바쳐진 여자를 말하며, 입묵은 일종의 성스러운 기호였던 듯하다. 남자의 경우에는 동(童)이라고 한다. 눈 위에 입묵의 표시를 붙였다. 아랫부분의 東(동)은 성부(聲符)이다.

117 원문은 "崧高維嶽, 駿極于天. 維嶽降神, 生甫及申"이다.

118 『시경』주남(周南) 「한광(漢廣)」에, "남쪽에 교목이 있으니, 가서 쉴 수가 없도다. 한수에 놀러 나온 여자가 있으니, 구할 수 없도다. 한수가 넓어 헤엄쳐 갈 수 없으며, 강수가 길어 뗏목으로 갈 수 없도다 (南有喬木, 不可休息. 漢有游女, 不可求思. 漢之廣矣, 不可泳思. 江之永矣, 不可方思)"라고 했다. 주자(朱子)는 "문왕의 교화가 가까운 곳에서부터 먼 데까지 이르러 먼저 강수와 한수의 사이에 미쳐서 그 음란한 풍속을 변하게 했다. 그러므로 놀러 나온 여자들을 바라보고는 단장(端莊)하고 정일(靜一)하여 다시 전날처럼 구할 수 없음을 알았다"라고 풀이했다.

119 『시경』소아(小雅) 「남유가어(南有嘉魚)」에 "남녘 강물에 가어가 있으니, 수많은 통발로 잡아내도다. 군자가 술이 있어, 훌륭한 손님과 잔치하여 즐기도다(南有嘉魚, 烝然罩罩. 君子有酒, 嘉賓式燕以樂)"라고 했다.

120 사람의 기도에 대하여 신이 내리는 뜻이 곧 命(명)이다. 살아가는 것의 의미는 이 命을 자각함으로써 부여된다. 이른바 천명(天命)이다. 命(명)은 처음에 令(령)이라고 적었다. 예관(禮冠)을 머리에 쓴 사람이 무릎을 꿇고 조용히 신의 계시를 받고 있는 모습이다. 아마도 성직에 있는 사람일 것이다. 그 계시는 신이 그 사람을 통해서 실현을 하려고 하는 신의 뜻이다. 뒷날 ㅂ를 가하게 되어, 令에서 命으로 되었다.

121 원문은 "あめつつ ちどりましとと など黥ける利目"이다.

122 德(덕)은 省(성)과 형의(形義)의 면에서 관계가 있다. 德(덕)도 省(성)도 눈(眼)의 주술능력에 의하여 압도하고 누르는 행위를 뜻한다.

그 두 글자가 모두 눈(眼) 위에 주술 장식을 꾸민 모양이다. 미고(媚蠱)의 술(術)을 행하는 媚女(미녀:무녀)와 마찬가지다.

123 대우정(大盂鼎)은 섬서(陝西)성 보계(寶鷄)시 기산(岐山)현에서 출토되어 현재 중국 국가박물관에서 보관 중이다.

124 맹자가 제 선왕(齊宣王)에게 왕정(王政)을 설명하면서 "관문(關門)과 시장을 기찰(譏察)하기만 하고 세금을 징수하지 않는다(關市譏而不征)"라고 했다. 『맹자』「양혜왕(梁惠王) 하」에 나온다.

125 禾는 곡물의 벼가 아니다. 和에서 禾는 군문을 뜻한다. 그것은 윗부분에 수목(袖木)을 붙인 높다란 신간(神桿, 솟대)이다. 옛날 중국에는 도시의 대로에 화표(華表)들이 잔뜩 늘어서 있었는데, 그것이 바로 이 신간의 흔적이 남아 있는 모습이었다. 옛날에는 환표(桓表)나 화표(和表)라고도 부르던 것이다. 신간을 군문에 세운 것은, 그것이 바로 신이 강림하는 신목이었기 때문일 것이다. 좌우의 두 禾를 군문으로 삼았으니, 금문의 도상에도 그런 형태의 것이 있다.

126 休(휴)의 본의는 군공(軍功)으로 정표(旌表)를 받는다는 뜻이다. 공적에 의해 천자로부터 상을 받고 그 은총에 감사하는 일을 "천자의 휴(休, 은사품)에 대해 대양한다(對揚王休)"라고 했다.

127 군사에 관계되는 중요한 의례는 두 개의 禾(화)를 세운 군문 앞에서 거행했다. 媾和(구화)의 일도 물론 그러했다. 군문의 禾 앞에, 신에게 맹세하는 축문을 두고 자기 맹세를 행했다. 그것은 패자가 행하는 일이었다. 和(화)라는 것은 곧 항복의 의례였던 것이다. 구화(媾和)라는 말은 오래된 문헌에는 그리 나타나지 않는다. 하지만 이 말에는 항복한 자의 고뇌에 가득한 탄식이 깃들어 있는 듯하다.

128 才(재)의 자형은 십자형의 표목에 ㅂ를 묶어둔 형태이다. ㅂ는 축문 그릇을 나타내는데, 주술의 부적이라고 보아도 좋다. 표목에 주술 부적을 붙인 것이 才이다. 才는 존재의 표지이다. 천지인(天地人)을 삼재(三才)라고 한다. 才란 본래 존재하는 것으로, 이른바 재질·질료를 뜻한다. 신에 의하여 존재를 드러내는 것의 성스러운 표지가 才이

다. 存(존)은 그 성스러운 표지에 사람의 형태를 가한 것으로, 생명의 성화를 의미한다고 하겠다. 또 在(재)는 성스러운 도구인 날 선 기구 士(사)를 더한 것으로, 장소에 있어서의 점유를 의미한다.

129 才(재)는 재질(材質)이란 뜻이고, 성스러운 기호이며, 내적인 것의 드러남으로서의 재덕(才德)이며, 모든 사물의 근원이고 시작이다. 자형학(字形學)의 성전(聖典)이라고 일컬어지는 후한 때 허신(許愼)의 『설문해자』에 보면, "才(재)는 초목의 처음이다"라고 했다. 곧, 존재자가 처음으로 형상을 드러내는 것을 才라고 한 것이다. 哉(재)와 載(재)는 모두 '처음'이라는 뜻으로 사용되는 글자들이다. 哉(재)는 ㅂ를 구성부분으로 하며, 기도 의례의 시작을 나타낸다. 裁(재)는 衣를 구성부분으로 하고 있으니, 아마도 신의(神衣)를 재단하기 시작함을 뜻할 것이다. 載(재)는 수레를 처음 움직이는 의례를 뜻하는 듯하다. 아마도 지금 자동차의 경우처럼 부적으로 장식했을 것이다.

130 원문은 "言靈の幸ふ国"이다. 『만엽집』 제894가에 "神代(かむよ)より 言い伝て来らく そらみつ 倭国(やまとのくに)は 皇神(すめかみ)の 厳しき国 言靈(ことだま)の 幸(さき)はふ国と語り継ぎ 言い継かひけり 今の世の 人もことごと 目の当たりに 見たり知りたり"라고 했다. 번역하면, "신대(神代)로부터 전승되어오는 말에, '야마토의 나라는 신들의 위령이 장엄한 나라이며, 말의 정령이 행복을 가져오는 나라이다'라고 한다. 이것은 지금 세상의 사람도 모두 눈앞에서 보고 있고 알고 있다"라고 정리할 수 있다.

131 ㅂ는 신에 대한 기도를 표시하는 축문 그릇인데, 그 기도를 실현하려고 축문 그릇을 나뭇가지로 때리기도 했다. 그 글자가 可(가)이다. 가(呵, 위협)하여 신의 허가(許可)를 요구함으로써 기도의 일들이 가능하게 된다. 그 외쳐대는 소리가 呵(가)인데, 그것이 訶(가)로 되고 歌(가)가 된다. 억양을 붙이고 리듬을 맞추어서 축문을 외듯 저절로 성조(聲調)를 이루었던 것이리라. 區(구)란 많은 ㅂ를 감추어둔 특정한 장소이다. 거기서 可와 마찬가지로, 그 많은 축문에 대하여 주술능력

을 꾸짖는 가책(呵責) 행위를 했다. 그것이 毆(구, 때리다)이다. 그때 주문을 외는 것을 謳(구, 노래)라고 했다. 구가(謳歌)란 본래 신에게 기도의 실현을 요구하여 꾸짖어대는 분노의 소리였다. 歌(가)의 어원을 '호소한다(訴)'라는 뜻으로 보는 어원설도 있다. 歌(가)와 謳(구)는 바로 그 어원에 부합하는 글자들이다.

132   이 시는 예량부(芮良夫)라는 인물이 포학무도한 주려왕(周厲王)이 망녕된 신하를 등용하여 결국은 나라를 멸망의 구렁텅이로 몰고 간 것을 보고 슬퍼하며 지었다고 했다. 왕부(王符)의 『잠부론(潛夫論)』「알리편(遏利篇)」에 "이익을 독차지하려는 주나라 여왕이 영이공(榮夷公)을 등용하자 예량부가 간했으나 듣지 않았으므로 「상유」의 시를 지어 풍자했다"라고 했다. 예량부라는 인물은 기내(畿內)의 제후국인 예(芮)나라의 군주 예백(芮伯)으로서 주나라의 왕도로 들어가 경사(卿士)가 되었다. 양부(良夫)는 그의 자이다. 예나라는 『한서』「지리지」에 의하면 좌풍익(左馮翊) 관하의 임진(臨晉)에 있는 예향(芮鄕)이 그곳이다. 『사기』「주본기(周本紀)」에 관련 기사가 있다.

133   『히타치 풍토기』에 다음 기록이 있다. "야마토타케루(倭武) 천황이 동쪽 에미시(夷)의 나라를 순방할 때 니히바리(新治, にひばり) 현을 지나게 되었다. 국조(国造, 구니노미얏코) 히나라스노미코토(比奈良珠命, ひならすのみこと)에게 새로운 우물을 파게 하자 새로운 맑은 샘이 흘러 나왔으므로 수레를 멈추고 물을 마셨다. 그리고 손을 씻으려고 하자 옷소매가 늘어져 샘물에 젖었으므로, 소매를 손으로 털었기(ひたち) 때문에 '히타치'라는 나라 이름으로 되었다고 한다." 이 뒤에 諺(언)에 "筑波嶺(つくばね)に黑雲かかり、衣手(ころもで)ひたちの国"라고 한다는 말이 덧붙어 있다. 이하, 원서 해당 본문에서 시라카와는 "그 밖에 '白遠(しらとほふ)新治の国'라든가 '薦枕(こもまくら)多珂(たが)の国'라든가 하는 말을 모두 국속의 고토와자로서 들고 있다"라고 뒤에 덧붙였으나, 이 책 본문에서는 생략한다.

134   『일본서기(日本書紀)』3권 「신무기(神武記) 31권」(神武天皇 31년 夏四

月). "この国を目(なづ)けて日(い)はく、日本(やまと)は浦安の国(ウラヤスノクニ)、細戈(くわしほこ)の千足る国, 磯輪上の秀真国(しわかみのほつまくに)."

135   이하, 원서 해당 본문에서 시라카와는 아마테라스오미카미(天照大神)가 야마토히메노미코토(倭姫命, ヤマトヒメノミコト)에게 신탁으로 알려준 고토와자를 열거했다. 『일본서기』 「수인기(垂仁記) 25권」(垂仁天皇25年3月丙申) "この神風(かむかぜ)の伊勢の国は常世の浪の重浪(しきなみ)帰(よ)する国なり. 傍国(かたくに)の可怜(うまし)国なり. この国に居(を)らむと欲(おも)ふ." 이 책 본문에서는 생략한다.

136   古(고)는 盾(순)을, 咸(함)은 戈(과)를 각각 ㅂ 위에 얹은 모양이다. 吉(길)에는 주술능력을 봉쇄해둔다는 뜻이 있고, 古(고)에는 주술능력을 영구하게 보존시킨다는 뜻이 있으며, 咸(함)에는 완전하게 끝낸다는 뜻이 있다. 모두가 축문의 주술능력을 보전하기 위한 방어적 방법이다. 대명사로 사용되는 吾(오)도 본래는 커다란 뚜껑으로 ㅂ를 덮은 형태이며, 지킬 敔(어)의 뜻을 지닌 글자였다. 축문 그릇을 보존하는 것이 곧 주술능력으로 하여금 효과를 발휘하게 하는 일이었다.

137   요부예현(妖夫曳衒)은 미친 듯한 황홀경에 빠져 있는 상태를 나타낸 모습이다.

138   이보다 앞은 주(周) 선왕(宣王)의 치세였다. 때마침 계집아이들이 이상한 동요(童謠)를 불렀다. "산뽕나무로 만든 활과 기(箕)나무로 만든 활 통 때문에 진실로 주(周)나라가 망하리라(壓弧箕服, 實亡周國)." 마침 산뽕나무 활과 기목(箕木) 활 통을 팔러 다니는 행상(行商)부부가 있었다. 선왕이 그들을 잡아 죽이라고 하자 그들은 도망쳤다. 도망가는 길에서 전에 후궁의 계집종이 내다버린 예쁜 계집아이를 발견했다. 부부는 포(褒)나라로 도망쳤고 그 계집아이는 자라나 포사(褒姒)가 되었다.

139   若(약)은 신령이 빙의하여 젊은 무녀가 머리를 풀어헤치고 두 손을 위로 쳐들며 광란하고 있고, 그 앞에 축문 담은 그릇 ㅂ를 둔 자형이다. 따라서 若(약)은 신에게 기도하면서 춤추는, 광란하는 무녀이

다. 이 글자를 2인칭 대명사로 사용하는 것은 가차의 용법이다. 하지만 갑골복사와 금문에는 그렇게 사용한 예가 아직 없었다. 복사에서는 다음과 같이 사용했다. "묻는다. 왕은 읍을 만들 때, 제(帝)는 좋다(若=諾)고 하는가"라든가 "왕이 점을 쳐서 말하길, 길하다. 제(帝)는 좋다(若)고 한다"라는 식으로 사용했다. 곧, 若(약)이란 신이 승낙의 뜻을 표시하는 것을 말한다. 뒷날의 諾(낙)이란 글자에 해당한다. 신탁을 받는 무녀의 모습을 그린 그 글자가 그대로 신탁의 결과를 가리키는 글자로 간주된 것이다. 若(약)에는 또한 따르다, 미치다, 같다, 만일, 어찌하랴 따위의 뜻이 있고, 한편으로는 젊다, 약하다 따위의 뜻도 있다. 이러한 여러 의미들은 글자의 본래 뜻인 신탁이란 의미에서, 또 신탁을 받는 무녀의 상태로부터 연역해 나올 수 있다.

140   笑(소)의 본래 글자는 芺(요)였다. 그 글자의 윗부분에는 초두(艸頭)가 붙어 있는데, 그것은 若(약)의 처음 글자의 윗부분이 초두(艸頭)의 형태로 되어 있는 것과 같다. 芺에서는 그 모양이 초두로 되고 笑(소)에서는 대 竹(죽) 머리로 된 것이다. 둘 다 뒷날 필기체로 고칠 때 바뀐 것이다. 필기체는 진·한의 예서에서 시작되었는데, 문자를 곧은 선으로 고치기 위해서 본래의 짜임에서 벗어나는 일이 많았다. 『설문해자』에는 笑란 글자가 없다. 당나라의 이양빙(李陽冰)은 『설문해자』를 함부로 개정하여 笑 글자를 끼워 넣고, 대나무가 바람에 흔들리는 모습과 비슷하다는 억설(臆說)을 부기했다.

141   『시경』「주남(周南) 도요(桃夭)」에 야들야들 복사꽃, 열매가 주렁주렁. 이분 시집감이여, 집안을 화순케 하리로다(桃之夭夭, 有蕡其實. 之子于歸, 宜其家室)"라고 했다.

142   다카마가하라(高天原)는 천손(天孫)이 강림한 곳으로 일본 개국의 신들이 등장하는 신비로운 장소로 알려져 있다. 일본 개국 신화에 등장하는 신(神)들의 활동무대로서 일본건국의 새로운 역사의 장을 열어가는 관문이다. 일본 고대사에 의하면 시코쿠(四国) 다카마가하라(高天原)의 산상(山上)에 야마타이코쿠(耶馬台国)라는 고대 왕국이 건설

되었다고 한다.

143　스사노오미코토(須佐之男命)의 난동으로 태양신 아마테라스오미카미(天照大神)가 아메노이와야라는 동굴에 숨어버려서 세상에 빛이 사라져 깜깜해지자, 모든 신들이 모여 아마테라스를 동굴 밖으로 꺼내기 위해 이런저런 준비를 했다. 아메노우즈메노미코토(天鈿女命)는 아메노이와야 앞으로 가서 가구야마 산의 히카게(넝쿨 식물의 일종)를 다스키(소매를 걷어올리기 위해 어깨에서 옆구리에 걸쳐 묶는 끈)삼아 묶고, 머리에 하늘의 미사키(역시 넝쿨 식물의 일종)를 꽂고, 손에 가구야마 산의 작은 대나무 잎을 쥔 뒤, 통을 뒤집어 그 위에 올라가 신이 들렸다. 이때 앞섶을 풀어헤치고 음부를 드러낸 채 춤을 추었는데, 이를 본 신들이 크게 웃었다.

144　동굴 속에서 신들의 큰 웃음소리를 듣고 이상하게 여긴 아마테라스가 무슨 일인가 물었는데, 아메노우즈메가 말하길, "당신보다 더 높은 신이 있기 때문"이라고 대답했다. 더욱 이상하게 여긴 아마테라스가 급기야 동굴 문을 열고 고개를 내밀었는데, 이때를 놓치지 않고 문 앞에서 대기하고 있던 아메노타지카라오노가미(天手力雄神)가 아마테라스를 잡아끌어 동굴 밖으로 꺼내고, 후토다마노미코토(布刀玉命)가 동굴 입구에 금줄(注連繩, 주련승)을 쳐서 아마테라스가 다시 들어가지 못하게 막았다. 이로 인해 세상에 다시 광명이 찾아왔다. 스사노오는 수염이 잘리고 손톱 발톱이 뽑혀 다카마가하라(高天原)에서 추방되었다.

145　아메노우즈메는 가구야마(香山) 밑자락의 마사카기(眞賢木) 가지에 갖가지 주문을 걸어, 한 손에는 다구사(手草)를 쥐고 다른 한 손에는 마나기(鐸)를 매단 창(矛)을 쥐고서, 앞쪽을 열면서 우케후네(誓槽)를 밟아 소리를 울리면서 춤을 추었다. 『고어습유(古語拾遺)』에서는 그것을 배우(俳優)의 행동이라고 했다. 笑(소)란 이상함을 위주로 하여 배(俳)에 가까운 행위이고, 우(優)는 탄식하며 호소하는 일이다. 비희극(悲喜劇)이라는 이상한 말이 배우란 말의 원래 뜻에 가장 가깝다.

146 두 발을 좌우로 벌린 형태는 舛(천)이다. 서로 어긋나 있는 상태를 뜻한다. 舞(무)는 본래 無로 적었다. 無(무)는 춤추는 모습이니, 소매에 장식을 붙였다. 그 글자를 有無(유무)의 無(무)로만 사용하게 되자, 無(무)에 舛(천)을 더하여 舞(무)라는 글자를 만들었다. 중복한 글자다.

147 『주례(周禮)』「춘관(春官)」「여무(女巫)」에 "女巫掌歲時祓除釁浴"이라 했고, 정현(鄭玄)의 주(注)에 "歲時祓除, 如今三月上巳, 如水上之類"라고 했다.

148 원문은 "筑波峰(つくばね)の会(つどひ)に, 娉(つまどひ)の財(た)を得(え)ざれば, 児女(こ)と爲(せ)ずといへり"이다.

149 원문은 "左手執籥, 右手秉翟. 赫如渥赭, 公言錫爵"이다. 주희(朱熹)의 『시집전』에 따르면, 이 시는 위나라의 어떤 현자가 뜻을 얻지 못하여 악관(樂官)으로 벼슬하면서 임금 앞에 나아가 춤을 추자, 임금이 악공에게 술잔을 내려주는 예로 총애함을 표하므로, 이 시를 지어 세상을 우습게 여기는 뜻을 나타낸 것이다.

150 원문은 "山有榛, 隰有苓. 云誰之思, 西方美人"이다. 주희는 "서방의 미인은 서주(西周)의 훌륭한 왕을 가리켜 말한 것이니, 현자(賢者)가 나쁜 세상의 하국(下國)에서 태어나 서주의 왕을 그리워하여 지은 것이다"라고 했다

151 일본의 고대에 구메베(久米部)가 행했던 가무(歌舞)를 말한다. 구메우타(久米歌)를 부르고, 샤크뵤시(笏拍子), 와곤(和琴), 료데키(竜笛), 히치리키(篳篥)를 사용했다. 춤추는 사람 4명, 노래 부르는 사람 4명으로 구성됐다. 천황의 연회 등에 쓰였지만, 헤이안(平安) 이후로는 다이쇼에(大嘗会)・도요노아카리노세치에(豊明節会)에서만 행했다. 무로마치(室町) 때 폐지되었다가, 에도(江戸) 후기 1818년(文政 1) 부흥하여, 이후 다이쇼에(大嘗会)에서 행해졌다. 1878년(明治 11)부터 1945년까지 기겐세츠(紀元節)에도 연주되었다.

152 "疋는 '소'와 '아'의 두 음이 있다. 『설문해자』에 疋(소)는 足(족)이라고 했으며, 또 대아(大雅)의 아(疋)에 사용한다고 했다. 우선 疋(소)는

금문에서는 발 足의 형태로, 보좌(補佐)한다는 胥(서)로 되었다. 후세에 서기(書記)를 서리(胥吏)라 하게 되었다. 疋(소)의 소리가 전화하여 迹(적)으로 되었다. 창힐(倉詰)이 새 짐승의 자취를 보고서 글씨를 만들었다고 한다. 疋(소)는 疏(소)라고도 적는다. 한편 疋(아)는 夏(하)의 가차로, 大雅(대아)의 雅(아)로 사용한다. 雅(아)는 새인데, 이것을 아송(雅頌)의 뜻에 사용한다.

153 夏(하)는 춤추는 모습을 가리킨다. 아마 음악소리에 맞춰 사당 안에서 무악(舞樂)을 추는 모습을 표현한 것이리라. 그래서 고대의 악장에는 구하(九夏)나 소하(韶夏)처럼 夏(하)란 글자가 들어 있는 이름이 많다. 그 춤추는 모습은 위의(威儀)가 당당(堂堂)했던 듯하여, 夏(하)에는 또 클 大(대)의 뜻이 있다. 夏冬(하동)의 夏(하)로 된 것은 상당히 뒷날의 일이다. 夏(하)가 춤추는 모습을 나타내는 글자라는 사실은 그 글자와 夔(기)와의 관계에서 살필 수 있다. 夔(기)는 음악의 조상이라고 하는데, 외다리로 춤을 추는 신이었다. 夔(기)가 음악을 연주하여 석경을 두드리자 온갖 짐승들이 모두 일어나(起) 춤을 추었다고 한다. 미개사회에서 벌어지는 수렵축제의 모습을 연상시키는 광경이다. 夔(기)도 또한 사슴 뿔 장식을 머리에 쓴 신이었던 듯하다.

154 구가(九歌)는 『초사』의 일부이다. 『초사』는 중국 전국시대 초(楚)나라의 굴원(屈原)·송옥(宋玉) 등에 의하여 시작된 운문으로, 남방문학의 대표라고 할 수 있다. 천지구조와 역사에 대한 의문을 제시한 천문(天問), 산천의 신들에 대한 제사의 노래인 구가(九歌), 몸에서 벗어난 영혼을 불러들이는 초혼(招魂) 등 종교의례를 반영한 작품들이 생겼고, 이러한 기반 위에서 지상(地上)에 들어오지 못하고 천상이나 신화적인 이역(異域)을 떠도는 주인공의 자서(自敍)를 다룬 이소가 완성되었다. 구가는 『초사』 가운데에서 가장 오래되고 어려운 가사로, 동황태일(東皇太一)·운중군(雲中君)·상군(湘君)·상부인(湘夫人)·대사명(大司命)·소사명(少司命)·동군(東君)·하백(河伯)·산귀(山鬼)·국상·예혼(禮魂) 등 11편으로 되어 있다.

155 협곡(夾谷)은 춘추시대 제나라 경공(齊景公)이 노나라 정공(魯定公)
과 수호(修好)하기 위하여 회합한 곳이다. 이 모임에 공자가 재상의 사
무를 섭행하여 따라갔는데, 제나라 유사(有司)가 청하여 오랑캐 풍악
을 울리므로 공자가 물리칠 것을 청했고, 다시 창우(優倡)가 희롱하며
나오므로 공자가 "필부(匹夫)로 제후를 현혹한 자는 죄가 마땅히 참수
하여야 된다"라고 하며 유사를 처형했다. 『사기』「공자세가(孔子世家)」
에 나온다.

156 『시경(詩經)』「진풍(陳風) 형문(衡門)」에 "작은 집의 아래에서 쉬면
서 놀 수 있고, 샘물이 졸졸 흘러 굶주림을 즐길 수 있네(衡門之下, 可以
棲遲, 泌之洋洋, 可以樂飢)"라고 했다.

157 양암불언(諒闇不言)이라고 한다. 『논어』「헌문(憲問)」편에 "고종이
양음에 처하여 3년 동안 말을 하지 않았다(高宗諒陰, 三年不言)"라고 했
다. 또 『예기』「상복사제(喪服四制)」에 "『서경』에 말하길 고종이 양암하
여 3년 동안 말을 하지 않았다고 했다(書曰, 高宗諒闇, 三年不言)"라고 했
다. 곧 '諒陰'은 '諒闇'으로도 표기한다. 이것을 두고, 천자가 상중에
있을 때의 집을 가리킨다고도 하고, 상중에 있을 때 신묵(愼黙)하여 말
을 하지 않는다는 뜻이라고도 한다. 『한자 백 가지 이야기』에서는 "천
자의 상례(喪禮)를 '양암(諒闇)하여 말하지 않음'이라고 하는데, '양암'은
본래 신의 소리 냄을 감득하는 상태이다. 곧 무성(無聲)에서 신의 목소
리를 듣는 것을 의미한다"라고 했다.

158 御(어)는 탈(재앙)을 막기 위해서 행한 제사였다. "부서(婦鼠)를 비기
(妣己)에게 제사 지낼 것인가"라든가, "부서(婦鼠)의 아들을 비기(妣己)에
게 제사 지낼 것인가"라는 식으로 적혀 있는 갑골복사를 보면, 제사
지낸다는 말이 御(어)로 되어 있다. 이것은 죽은 어머니 비기가 부서나
그 아들에게까지 탈(재앙)을 부리지 않도록 막기 위해 거행하는 제사
였다. 그것이 御(어)의 원래 뜻일 것이다. 御(어)의 자형은 비단실 묶음
을 제단에 두고 절하는 형태이다. 그것을 옥(玉)에 매달아 절하는 글자
가 顯(현)이다. 거기에 제사 지내는 신령이 현현(顯現)하는 것이다. 이

러한 글자의 입의(立意)를 통해서도, 御는 "제사 지내다, 막다"를 원래 뜻으로 하는 글자라는 사실을 확인할 수가 있다. 그렇거늘 갑골복사에서는 또, 왕이 점복의 조짐을 보고 판단을 내릴 때, "茲御(자어, 이것을 쓰라)"라는 말을 했다. 이것은 수렵의 일을 점복하여 길(吉)을 얻었을 때 사용한다. 즉 수렵에 나가도 좋다고 하는 뜻이다. 이 용법에 의하면, "수레를 쓰다, 사용한다"라는 두 가지 뜻을 끄집어낼 수 있다. 글자의 형상은 禦(어)를 원래 뜻으로 한다. 그 원래 뜻을 유지하기 위해 禦라는 글자가 파생되었다. 御를 '쓴다'는 뜻으로 사용하는 용법으로부터 '섬긴다, 다스린다'라는 의미를 연역했다. 금문에서는 집정(執政)을 '御事(어사)'라 하고, "천자에게 섬긴다"를 '御天子(어천자)'라고 한다. 또, "그로써 빈객을 맞는다"를 '御賓客(어빈객)'이라 하고, "그로써 천자의 일에 써라"를 '用御天子事(용어천자사)'라 했으며, "스스로 거울을 만들라"를 '自作御監'이라고 했다. 御(어)를 존칭으로 사용한 것은 존귀한 사람이 스스로 쓴다(御)는 의미에서이다. 모셔서 섬기는 일을 금문에서는 "날(사람 이름)이 섬기다(剌御)와 같은 식으로 말했다. "휼(사람 이름)이 모셔서 견책이 없다"라는 뜻일 때는 "遹御亡遣(휼어망견)"이라고 했다. 이 예에서의 御(어)는 함께 수레를 타고 수레 위에서 모신다는 뜻인 듯하다. 이것들은 서주 중기의 예들이다. 그런데 같은 무렵에 "왕의 어자 염중이 종복으로 되었다"라는 뜻을 "王馭濂仲爲僕(왕어혐중위복)"이라고 한 것이 있다. 말을 제어할 때에는 僕馭(복어)라는 표현을 썼다. 馭는 본래 별개의 글자인데, 음과 뜻이 御(어)와 비슷하여 용례상 일부 겹치는 면이 있다. 『설문해자』에서 馭(어)를 御(어)의 고문이라고 한 것이 그 사실을 말해준다.

159   갑골복사에 보면, 비기(妣己)라는 조상신령이 시집 온 부서(婦鼠)에게 탈을 내리므로 그것을 막기 위해 희생물을 바쳐 제사 지낼 일을 점복하여, "甲申卜, 御婦鼠妣己, 二牝牡(갑신에 점복한다. 부서를 비기에게 제사 지내는데 두 암컷과 수컷을 사용할 것인가)"라고 하고는, 유사한 문장을 같은 점복 판 위에서 "一牛一羊, 御婦鼠妣己(소 한 마리, 양 한 마리를

가지고 부서를 비기에게 제사 지낼 것인가)"와 같은 식으로 말했다. 또 달리 "御婦鼠子于妣己(부서의 아들을 비기에게 어 제사를 지낼 것인가)"라고 한 예도 있다. 여기서는 전치사 于(우)를 첨가했다. 또 "王又歲于且乙(왕은 조을에게 又歲 제사를 지낼 것인가)"를, 같은 점복 판에서, "于父丁又歲(부정에게 우세 제사를 지낼 것인가)"라고 하여 어순을 바꾼 것도 있다. 어느 것이나 모두 고대어에서 예가 많이 보인다.

160 병(病)의 경우도, 무병이라고 일컫듯 원인을 알 수 없는 것은 주술로 떨쳐버릴 수밖에 없었다. 醫(의)의 가장 오래된 자형은 医(의)이다. 이것은 區(구)나 마찬가지로 은닉된 비밀의 장소에 주술도구인 화살을 두고 그 주술능력으로 사악한 기를 떨쳐버린다는 이미지를 지녔다. 의술(醫術)은 당시, 주술사나 무의(巫醫)가 맡아 했으므로, 아래에 巫(무)를 붙여서 毉(의)로 적었다. 뒷날 술을 백약의 으뜸이라고 여기게 되어, 아래의 글자를 술 주(酒)로 바꾸어 醫(의)라는 글자가 나왔다.

161 彝(이)는 갑골문과 금문에서도 사용된 글자로, 제기를 이기(彝器)라고 했다. 彝(이)의 자형은 닭 날개를 서로 엇갈리게 꺾어서 피를 토하게 만들고 있는 형태로, 닭 입의 언저리에 서너 점의 핏방울을 가하여 두었다. 제기를 만들면 우선 그것을 정화시키는 釁(흔)이라는 의례를 행했는데, 그것에 닭 피를 사용했던 것이다. 흔(釁)은 정화 의례로, 글자의 아랫부분 반쪽은 寡(과)나 마찬가지로 사당 안에서 의례를 거행하는 사람의 모습이다. 흔(釁)은 사당 안에서 의례를 행하는 사람의 머리 위에서 술그릇을 거꾸로 하여 술을 쏟아 부어서 관(祼)이라는 정화 의례를 거행하고 있는 모습을 나타내는 글자이다. 아랫부분의 사람 모습 부분이 없는 글자가 興(흥)으로, 의례에 앞서 식장의 한 구석 성토(盛土)에 술을 쏟아 지령(地靈)을 제사 지내는 뜻이다. 지신을 불러서 일으키는(興) 의미였다고 생각된다. 彝(이)의 자형은 본래 닭의 피를 사용하는 모습이다. 하지만 뒷날에는 米와 糸를 포함하는 것으로 간주되었다. 『설문해자』도 그 자형을 그렇게 보고 해설했으나, 그것은 이미 본래의 자형이 아니다.

162 嘉(가)는 加(가)에서 나온 글자이다. 그 글자 속의 力(력)은 호미의 형태이다. 그것에 기도한다는 뜻의 ㅂ를 첨부한 것이 加란 글자이므로, 加란 호미를 정화시키는 의례를 말한다. 금문의 도상에는 호미에 冊(책)을 더한 자형이 있다. 冊(책)은 희생짐승을 기르는 곳의 문짝 형태로, 희생을 사용한다는 의미를 보여주는 일이 있다. 농기구에 더러움이 있으면 가을철에 병충해를 일으키므로, 경작할 때 농기구를 정화해두는 것이다. 加에 북 鼓(고)의 형태를 첨부한 것이 嘉(가)이다. 농기구 따위에 깃드는 사악한 정령을 쫓아버리기 위해서는, 북을 계속해서 울리는 것이 효과가 있다고 믿었다. 엄청난 진동음을, 고대인들은 효과가 높다고 좋아했던 것이다. 그 밖에도 주술방법이 여러 가지 있었다. 이를테면 단청(丹靑) 따위를 가하여 신성하게 만들기도 했다. 그것이 靜(정)이다. 호미에 ㅂ를 가하고 단청을 칠하면, 사악한 기운이 접근하기 어려웠다.

163 '스키(すき)'는 '다음'이라는 뜻이다. 다이조사이(大嘗祭)에서 서쪽에 설치되어 제사 드리는 곳이다. 유키(悠紀)에 이어 여기에서 천황이 제사를 드린다.

164 小島祐馬,『古代支那研究』, 東京 : 弘文堂書房, 1943. 3.

165 주자(朱子)의 주에 "고신씨(高辛氏)의 비(妃)이자 유융씨(有娀氏)의 딸인 간적(簡狄)이 교매(郊禖)에 기도할 적에 현조가 알을 떨어뜨려 주었다. 간적(簡狄)이 이를 삼키고 설(契)을 낳았는데, 그 후세에 유상씨(有商氏)가 되어 천하를 소유했으니, 이 사실이 『사기』에 나온다"라고 했다.

166 임신한 사람을 구타한다는 뜻의 殷(은)은 '주은(朱殷)'이라는 숙어로 사용했다. 주은이란 붉은 피로 범벅된 것을 말한다. 단, 그렇게 구타하는 주술적 목적이 무엇이었는지는 확실하지 않다. 고대 왕조인 상(商)나라를 은(殷)이라고도 하는 것은 그들을 멸시하여 부르는 칭호였다고 생각된다.

167 맹자가 든 알묘조장(揠苗助長)의 예화이다. 『맹자』「공손추(公孫丑) 상」에 나온다.

168 『한비자(韓非子)』「오두(五蠹)」에 나오는 수주대토(守株待兎)의 고
사이다. 이로 보건대, 은나라 후손을 그렇게 바보로 취급하면서 은나
라 사람들이 자신들을 자랑스럽게 불렀던 이름인 상이란 국호로 은나
라를 불렀을 리가 없다.

169 춘추 시대에 진(晉)나라의 한기(韓起)가 옥환(玉環)을 가지고 있었
는데, 그 다른 한 짝이 정(鄭)나라 상인의 수중에 있었다. 정나라를 예
방한 한기가 그 다른 한 짝을 얻고자 하여 자산에게 부탁했으나, 하자
산은 거절했다. 나중에 한기가 그 상인과 가격을 정하기까지 했으나
자산이 선군(先君)과 상인들과의 약속을 이유로 완곡히 타이르자 한기
가 감동을 받고 그만두었다. 『춘추좌씨전』 소공(昭公) 16년의 기사에
나온다.

170 『시경』「생민(生民)」에 "맨 처음 사람을 낳은 분은 바로 강원이시
니, 어떻게 사람을 낳았는가 하면, 정결히 제사하고 교매에 제사하여
자식이 없음을 제액하시고, 제의 발자국을 밟아, 크게 여기고 멈춘 바
에 흠동하여, 임신하고 몸조심하여, 낳고 키우시니, 이가 후직이시다
(厥初生民, 時維姜嫄. 生民如何, 克禋克祀, 以弗無子, 履帝武敏, 歆攸介攸止. 載震
載夙, 載生載育, 時維后稷)"라고 했다.

171 고케시(小芥子) 인형은 팔과 다리가 따로 없이 여자 아이 모양의
몸통과 머리만으로 이루어진 인형이다. 일본 북부 도호쿠(東北) 지방
에서 유래했다. 에도 시대(1600~1868) 중반부터 만들어져 왔던 것을
19세기 초반부터 도호쿠 지역 온천을 찾던 사람들에게 기념품으로
만들어 팔기 시작하면서 널리 알려졌다. 신에게 제물로 바치거나 식
량이 모자라 유기한 아이들의 혼령을 위로하기 위해 만들기 시작했다
는 설도 있고, 건강한 아이를 기원하는 의미로 여겨지고 있다. 인형의
얼굴 부분은 '미즈키(水木, 층층나무)'로 만든다. 나무의 이름에 물 '수(水)'
자가 있어 고케시 인형을 두면 집에 불이 나는 것을 막아준다고 믿기
도 한다.

172 마토코오후스마(眞床覆衾)는 『신대기(神代記)』에 나온다. 마토코

(眞床)는 침상의 미칭이다. 오후스마(覆衾)는 追衾으로 적는다.

173   大祓詞(오오하라히노코토바)는 사람들의 죄나 더러움을 정화하여 없애는 신사(神事). 중고 이래 6월과 12월의 그믐에 거행해왔으며, 대상제(천황 즉위 후 최초에 행하는 제사)의 전후, 질병과 재해의 때에도 행하고 있다. 오오하라이를 오오하라에로 읽기도 한다.

174   아야츠코(綾つ子)는 일본의 관서·동해·동북의 풍습이다. 갓 태어난 아이가 처음 외출할 때 이마에 ×, 大, 犬, 丶 등의 표시를 하는 것을 말한다.

175   『논어』「팔일(八佾)」에 "주나라는 하나라와 은나라의 두 왕조를 본받았으니 그 문화가 찬란하구나. 나는 주나라의 예법을 따르겠다(周監於二代, 郁郁乎文哉. 吾從周)"라는 공자의 말이 있다.

176   『논어』「자한(子罕)」에, 공자가 광(匡) 지방에서 위협을 당할 때 "문왕이 이미 돌아가셨으니 문이 나에게 있지 않겠는가. 하늘이 우리 유교의 도를 없애버리려 했다면 뒷사람인 내가 유교의 도를 듣지 못했을 것이다(文王旣沒, 文不在玆乎. 天之將喪斯文也, 後死者不得與於斯文也)"라고 했다.

177   춘추 때에 오(烏)나라의 숙손씨(叔孫氏)가 적(狄)의 침략을 당했는데, 적(狄) 사람 중에 굉장한 거인이 있어 그를 장적교여(長狄僑如)라고 불렀다. 그 장적교여를 숙손씨가 싸워 이기고 적군을 멀리 쫓아낸 후에 마침 아들을 낳았으므로 그 아들 이름을 교여(僑如)라고 했다.

178   영윤자문(令尹子文)의 일을 말한다. 영윤(令尹)은 초(楚)나라 관직으로 다른 나라의 재상이나 상국에 해당한다. 자문(子文)의 성(姓)은 투씨(鬪氏)로, 이름이 穀於兎(누오도)이다. 성왕(成王) 때의 초나라 영윤이다.

179   문후(文侯)는 서주시대 진(晉)의 군주로, 성은 희(姬), 이름은 구(仇)이며, 목후(穆侯)의 아들이다. 문후에게는 성사(成師)라는 아우가 있었다. 성사는 군사에서 성공한다는 뜻이다. 죽은 뒤 환숙(桓叔)의 시호를 받았다. 성사는 이름이 훌륭하고, 문후의 이름은 원수 구(仇)라

는 불길한 이름이므로, 가신 중에는 문후보다도 성사를 기대하는 자가 많았다. 문후는 주나라 평왕(平王)의 동천(東遷)을 도와서 서백(西伯)의 칭호를 받을 만큼 진나라의 국위를 크게 했지만, 아우 성사를 경계하여 성사에게 봉지를 주지 않았다. 성사는 문후가 죽은 후 곡옥(曲沃)의 땅을 받아, 이 곡옥의 분가가 성사의 손자 무공(武公)의 대에 종가를 멸망시키고 진후(晉侯)가 되었다.

180 『산해경(山海經)』「공산경(孔山經)」에 의하면, 염제(炎帝)의 딸이 동해에서 물놀이를 하다 빠져 죽은 뒤에 정위(精衛)라는 작은 새로 화했는데, 자기를 삼켜버린 동해바다를 메우려고 매일 서산(西山)에 있는 나무와 돌을 물어다가 동해에 떨어뜨렸다고 한다.

181 원문은 "籠(こ)もよ み籠(こ)持ち 掘串(ふくし)もよ み掘串(ぶくし)持ち この丘に 菜摘(なつ)ます児(こ) 家聞かな 名告(なの)らさね そらみつ 大和(やまと)の国は おしなべて われこそ居(お)れ しきなべてわれこそ座(ま)せ われこそは 告(の)らめ 家をも名をも"이다. 『일본서기』권1에 나온다. "광주리여, 아름다운 광주리를 지니고, 참빗이여, 아름다운 참빗을 손에 들고, 이 언덕에서 나물을 뜯는 처녀여. 그대는 어느 집의 낭자인가? 이름은 무어라 하는가? 이, 드넓은 야마토의 나라는, 모두 내가 다스리고 있단다. 나야말로 이름을 대리라, 집안도 이름도"라는 정도의 뜻이다.

182 작자 미상으로, 원문은 "紫は 灰さすものぞ 海石榴市(つばいち)の 八十(やそ)の街(ちまた)に 逢へる子や誰れ"(『만엽집』권12-3101)이다.

183 작자 미상으로, 원문은 "たらちねの母が呼ぶ名を 申さめど 道行く人を 誰れと知りてか"(『만엽집』권12-3102)이다.

184 작자 미상으로, 원문은 "隼人の 名負(なお)ふ夜声の いちしろく我が名は告(の)りつ 妻と頼ませ"(『만엽집』권11-2497)이다.

185 두보(杜甫)의 「음중팔선가(飮中八仙歌)」에 "장욱은 석 잔 술에 초성으로 전해지는데, 왕공의 앞에서도 모자 벗어 이마를 드러내고, 종이에 붓 대고 휘두르면 구름 연기 같았네(張旭三杯草聖傳, 脫帽露頂王公前,

揮毫落紙如雲煙)"라고 했다.

186 大(대)는 사람이 정면을 향해 서 있는 모습이다. 夫(부)는 머리 부
분에 머리카락을 묶어서 동곳이나 비녀를 꽂은 형태이다. 부처(夫妻)
라는 글자는 곧 남녀가 혼례 의식을 치를 때의 모습이다.

187 무로마치(室町) 전기에 오가사와라나가히데(小笠原長秀)가 창시했다.

188 '酒は憂いの玉箒'라는 일본 속담이며, 옥추(玉箒)의 玉은 아름다
움을 나타내는 접두어이다. 소식(蘇軾)의 「동정춘색(洞庭春色)」 시에,
"응당 불려야 하리라, 시는 낚시의 바늘이라고. 또 부르리라, 술은 근
심을 쓸어버리는 빗자루라고(應呼釣詩鉤, 亦號掃愁帚)"라고 한 데서 나온
말이다.

189 비쭈기 나뭇가지에 헝겊이나 종이오리를 달아서 신전에 바치도
록 된 것이다.

190 『시경』 제풍(齊風)「폐구(敝筍)」는 문강의 음행(淫行)을 풍자한 시
라고 알려져 있다. 거기에 "해진 통발을 어살에 대어 놓으니, 물고기
들이 마음대로 들락날락거리누나. 제나라 임금의 딸이 돌아가니, 따
르는 무리가 물처럼 많기도 하네(敝筍在梁 其魚唯唯 齊子歸止 其從如水)"라
는 구절이 나온다. 주희(朱熹)는 이 시를 문강이 양공을 만나러 제나라
로 오는 모양을 읊은 것이라고 했다. 모서(毛序)에는, "폐구는 문강을
풍자한 것이다. 노나라 환공이 미약해서 문강을 막아 제어하지 못한
나머지 음란한 짓을 행하게까지 한 결과 두 나라의 환란을 빚어낸 것
을 제나라 사람들이 미워해서 노래한 것이다(敝筍刺文姜也 齊人惡魯桓公
微弱 不能防閑文康 使至淫亂 爲二國患焉)"라고 했다.

191 『시경』의 시편 가운데 결혼을 축하하는 노래는 늘 물고기 이름
이 열거되었고, 또 고기를 낚는다는 표현으로 남녀의 결합을 표시했
다. 여자가 시집 갈 때 지참하던 잉기(媵器)로 사용하던 청동기 쟁반에
도 물고기 문양을 그려 넣는 것이 항례였다. 2차 세계대전 직후 국민
당 특무(特務)에게 암살당한 문일다(聞一多)는, 생전에 쓴 「설어(說魚)」
라는 글에서, 물고기를 성적 표현으로 삼은 중국문학의 예들을 풍부

하게 수집하였다.

192 노멘(能面)에 야세온나(瘦女)라는 것이 있다. 곤파루젠치쿠(金
春禅竹)가 만든 『데이카(定家)』에서 쇼쿠시나이신노(式子内親王)를 연
기하는 시테(シテ, 주역)가 이 면을 쓴다. 요곡(謠曲) 『데이카』에 관련
된 이야기가 있다. 여행승이 도성의 센본(千本)에서 소낙비(時雨, し
ぐれ)를 만나 아즈마야(四阿)에서 비를 피하고 있을 때 젊은 여인이
나타나 여기는 후지와라노테이카(藤原定家)가 지은 '時雨の亭(ちん)'
이라고 알려주고 승려를 쇼쿠시나이신노의 묘로 안내한다. 여인은
나이신노와 데이카의 금지된 사랑을 이야기하고, 데이카는 죽어서도
나이신노의 묘에 칡(葛, かずら)이 되고 말았다고 알려주고는 사라진
다. 묘 앞에서 승려가 독경하고 있을 때 야세온나의 모습을 하고 나이
신노의 혼령이 나타나, 지옥의 고통 속에서 이렇게 야위게 되었다고
알려준다.

193 微(미)는 긴 머리칼의 사람을 길에서 구타하는 모습이다. 긴 머
리칼의 사람은 미녀(媚女)일 것이다. 저주를 행하는 미녀를 구타함으
로써 그 힘을 미약(微弱)하게 하고 무효로 하고자 한 것이다. 殺(살)이
나 蔑(멸)과 통하는 면이 있다. 徵(징)도 같은 이미지의 글자이다. 微
(미)와 徵(징)의 山 모습은 긴 머리칼의 형상이다.

194 한자의 짜임에서, 상형·지사·회의·형성·전주·가차를 아울
러 육서(六書)라고 한다. 앞의 셋은 표의(表意)의 짜임, 뒤의 셋은 표음(
表音) 방법이다. 이 가운데 전주에 대해서는 정설이 없었다. 일본에서
는 가리야 에키사이(狩谷棭齋, 1775~1835)의 「전주설(轉注說)」이 있고, 요
사노 히로시(与謝野寬)가 그 설을 해제하여 「전주설대개(轉注說大槪)」를
작성해서 종래의 전주설로 수십 가지를 거론했다. 하지만 시라카와
는 어느 설도 수긍하지 않았다. 전주라는 것은 허신의 「설문해자서」
에 의하면, "부류마다 하나의 부를 세워, 같은 의미의 글자를 서로 이
어받는다(建類一首, 同意相承)"라고 풀이된다. 이 규정을, 하나의 형체소
가 성의(聲義)의 면에서 계열을 이루는 것이라고 해석할 수 있다면, 역

성(亦聲)의 글자가 이에 해당한다. 다만 「설문해자서」는 전주의 예로 "孝(효)와 노(老)가 이것이다"라고, 소리가 다른 글자를 거론했는데, 이 것은 뒷사람이 부가한 것이라는 설이 있다. 문자의 구성에서 보더라도 부수 계열은 편(偏)을 중심으로 삼지만 전주는 방(旁) 중심의 계열을 이 룬다. 따라서 자형학상 원리적인 통일을 얻었다. 역성의 관계에 있는 글자들은 상당히 많다.

195   三番叟(さんばそう)는 일본의 전통예능이다. 시키산바(式三番)에 서 翁(옹)의 舞(무)에 이어서 춤을 추는 역, 혹은 그 무사(舞事)를 말한 다. 노가쿠(能楽)에서는 교겐(狂言) 야쿠샤(役者)가 연기한다.

196   두보(杜甫)의 「등악양루(登岳陽樓)」에 나오는 구절이다. 전문은 다 음과 같다. "지난날 동정호에 대해 많이 들었건만, 오늘에야 악양루에 오른다. 오나라와 촉나라는 동남으로 나뉘어 있고, 하늘과 땅은 밤낮 으로 동정호에 떠 있구나. 친척과 친구로부터는 한 글자 소식도 없고, 늙고 병들은 나는 외로운 배에 남아 있네. 전쟁의 말이 관산 북쪽 중원 땅에 횡행하니, 난간에 기대어 눈물 줄줄 흘리노라(昔聞洞庭水, 今上岳陽 樓. 吳楚東南坼, 乾坤日夜浮. 親朋無一字, 老病有孤舟. 戎馬關山北, 憑軒涕泗流)."

197   鰥(환)은 魚와 눈물 眔(체)로 이루어진 회의자이다. 眔(체)는 눈물 涙(누)의 상형이다. 褱(회=懷)는 사별하여 옷깃에 눈물을 흘리는 모양 을 그린 글자이다.

198   마쓰오 바쇼(松尾芭蕉, 1644~1694)의 『오쿠노 호소미치(奧の細道)』에 서 "行春や鳥啼魚の目は泪(ゆくはるや とりなきうおの めはなみだ)"라 고 했다. "가는 봄이여, 새는 울고, 물고기의 눈에는 눈물" 정도로 옮 길 수 있다.

199   寡(과)는 사당 안에서 수심에 잠겨 있는 사람의 모습이다. 비통 하게 울부짖으며 호소하는 상대방은 나를 남기고 먼저 떠난 지아비이 다. 憂(우)는 그렇게 울부짖는 사람의 모습에 마음 心자를 더한 글자 이다.

200   『시경』패풍(邶風) 「곡풍(谷風)」에 나온다. 이 시는 위(衛)나라의 풍

속이 문란하여 부부 간에 서로 도리를 잃었음을 풍자한 시라고 해석
되어왔다.

201 『시경』소아「소반(小弁)」은 주나라 유왕(幽王)이 처음에 신후(申后)
를 취하여 태자 의구(宜臼)를 낳고 또 포사(褒姒)를 얻어 백복(伯服)을
낳아 신후를 내치고 의구를 폐하자, 의구의 스승(傅)이 이 시를 지어
그 애통박절한 정을 서술한 것이라고 해석되어왔다.

202 『맹자』「양혜왕(梁惠王) 하」에 "늙어서 아내 없는 것을 환(鰥), 늙어
서 남편 없는 것을 과(寡), 어려서 아버지 없는 것을 고(孤), 늙어서 자
식 없는 것을 독(獨)이라 한다. 이 네 가지에 해당된 사람은 천하의 궁
한 백성으로 아무 데도 호소할 곳이 없는데 문왕(文王)이 어진 정사를
베풀어 이 네 가지 환경에 처한 백성을 우선 보살폈다"라고 했다.

203 器(기)는 제기(祭器)를 뜻하는 글자이다. 犬은 희생짐승으로서 정
화되었다. 제기를 만들 때에는 많은 축문을 나열하고 희생의 개로 정
화할 필요가 있었다. 그것은 상례 때의 명기(明器)였을 것이다. 그래
서 두 개의 ㅂ에 개를 첨가한 것이 울 哭(곡) 자이다. 애곡(哀哭)의 의
례를 말한다.

204 단옥재(段玉裁, 1735~1815)는 중국 청나라 때 학자. 자는 약응(若膺),
호는 무당(懋堂). 강소성(江蘇省) 출생. 1760년의 거인(擧人)으로 사천성
(四川省) 무산(巫山)현의 지현(知縣)이 되었으나, 곧 그만두고 학문에 전
념했다. 대진(戴震)의 제자가 되었고, 소학(小學)·음운(音韻)에 정통했
다. 저서로『고문상서찬이(古文尙書撰異)』·『모시고훈전(毛詩故訓傳)』·
『시경소학(詩經小學)』등을 남겼다.

205 亡(망)은 乏(핍)과 성의(聲義)가 가까운 글자로, 몸을 굽히고 죽어
있는 사람의 형상이다.

206 상을 당했을 때 죽은 이의 이름을 부르면서 초혼하는 것을 고복
(皐復)이라고 한다. 고(皐)는 길게 빼어 부르는 소리를 뜻하고, 복(復)은
초혼하는 것을 뜻한다. 『예기』「예운(禮運)」에 사람이 죽었을 경우 "지
붕 위에 올라가 혼을 불러 말하기를, 아아, 아무개여 돌아오라 하고

소리친다(升屋而號告曰, 臯某復)"라고 했다.

207　이즈미 시키부(和泉式部, 976경~1036경)는 헤이안 시대 중기의 와카(和歌) 시인이다. 20세 전후에 이즈미 지방의 수령 다치바나 미치사다(橘道貞)와 결혼하여 고시키부 나이시(小式部内侍)를 낳았지만, 레이제이의 아들 다메타카(爲尊惟) 왕자와 가까이 지내면서 미치사다와는 이혼했다. 1002년 다메타카 왕자과 사별하고, 이듬해 여름 무렵부터 그의 동생 아쓰미치(敦道) 왕자와 정을 나누다가 1007년 그와도 사별했다. 1009년경부터 이치조(一條) 덴노의 비 쇼시(彰子)의 시녀로 다시 입궐했다. 그 후 후지와라 야스마사(藤原保昌)와 재혼했다.『슈이슈(拾遺集)』이하의 칙찬집에 250수 가까이 수록되었고, 개인 시집도 있다.『이즈미 시키부 일기(和泉式部日記)』는 아쓰미치 왕자와의 애틋한 사연을 술회한 것이다.

208　원문은"もの思へば沢の蛍もわが身よりあくがれ出づる魂かとぞ見る"이다. "당신을 생각하여 상념에 빠져 있자니, 문득 본 연못의 반딧불이조차도, 나의 몸으로부터 훨훨 떠나가 떠도는 혼이 아닐까 생각됩니다"라는 정도의 뜻이다.

209　천보(天寶) 14년(755) 11월에 안록산의 난이 시작되고, 그 사실을 봉선현(奉先縣)에서 들은 두보는 가족들을 그보다 북쪽으로 데리고 피난했다. 천보 15년 6월, 팽아(彭衙)를 경유하여 북쪽으로 향하면서 빗길에 고생을 했다. 그 사실을 회상체로 노래한 시가 「팽아행(彭衙行)」이다.

210　사노노치가미오토메(狭野茅上娘子)의 작이다. 원문은"白妙の我(あ)が衣手を取り持ちて斎(いは)へ我が背子ただに逢ふまでに"(『만엽집』권15-3778)이다.

211　원문은 "魂兮歸來, 去君之恒幹, 何爲四方些, 舍君之樂處而離彼不祥些"이다.

212　経帷子(きょうかたびら)는 사자에게 입히는 옷으로, 불경의 어구나 부처의 이름, 불교의 주문, 부처나 보살의 상징인 범자(梵字) 따위

를 기록한다.

213 월나라 왕이 초나라 사람으로 활 잘 쏘는 진음(陳音)에게 '효자가 탄궁을 만들었다 함은 어째서인가?'라고 물었다. 진음이 이 월나라 왕에게 말했다. '옛날 백성들은 소학한 생활을 해서, 굶주리면 새와 짐승을 먹었고, 목이 마르면 이슬을 마셨으며, 죽으면 흰 띠풀로 싸서 들판 가운데 던져버렸습니다. 부모가 짐승에게 먹히는 것을 본 한 효자가 차마 보지 못해, 탄궁을 만들어서 부모의 시신을 지켜 짐승이 상하게 하는 것을 막았습니다. 그래서 옛날 사람이 "대나무를 절단해 이어서, 흙덩이를 쏘아 금수를 쫓네"라고 노래했습니다. 그래서 마침내 사망자가 새나 여우의 해를 당하지 않도록 되었던 것입니다'라고 했다(曰:孝子彈者奈何? 音曰:古者人民朴質, 饑食鳥獸, 渴飲霧露. 死則裹以白茅, 投於中野. 孝子不忍見父母爲禽獸所食, 故作彈以守之, 絶鳥獸之害. 故歌曰: 斷竹續竹, 飛土逐害, 之謂也).

214 오대징(吳大澂)의 자는 청경(淸卿), 호는 항헌(恒軒)·각재(殼齋). 강소성(江蘇省) 오현(吳縣) 출생. 조선의 동학농민운동과 길림(吉林) 경계선 의정(議定)에 간여하여 호남순무(湖南巡撫)를 지냈다. 청일전쟁 때 산해관(山海關)에서 패하여 실각하고, 용문서원(龍門書院)의 주강(主講)이 되었다.『설문고주보(說文古籀補)』·『항헌길금록(恒軒吉金錄)』·『고옥도고(古玉圖考)』등을 저술했다. 자필의『전문논어(篆文論語)』·『효경(孝經)』은 저명하다.

215 광천왕(廣川王) 유거질(劉去疾)은 한나라 제후 왕으로서 무뢰한 소년들을 불러 모아 영내의 무덤에 있는 소장품을 모두 파헤쳤다.『서경잡기』에 따르면, 위나라 양왕의 무덤, 위나라 애왕의 무덤, 위나라 왕자 저거의 무덤, 원왕의 무덤, 진나라 영공의 무덤, 유왕의 무덤, 난서의 무덤을 파헤친 사실을 기록해두었다.

216 新(신)은 새로운 나무이다. 도끼 斤(근)으로 잘라낸 나무인데, 그 나무 위에는 바늘 辛(신)을 박아두었다. 辛(신)은 바늘이다. 아마 잘라내는 나무를 정해두려고 바늘을 꽂아 표시했던 듯하다. 신사(神事)에

사용하는 입목(立木, 솟대)을 고를 때 바늘을 꽂아두는 방법을 사용한 것이리라. 나무에 바늘을 꽂아두는 일은 신사(神事)에 관한 것이었다. 薪(신)도 그 해의 첫 입산 때 베어낸 나무로, 문 장식이나 풍흉 점복이나, 그 밖에 갖가지 민속에 사용했다. 親은 이 신목(新木)을 보고 있는 형상이다. 見(견)은 시각적으로 보는 것만이 아니라, 절을 한다고 하는 행위라든가, 대상의 내면과 교감하게 되는 관계를 의미한다. 금문의 親(친)의 자형에는 사당 안에 親 글자를 적은 것이 있다. 따라서 그것이 사당 안에서 행한 의례였음을 알 수 있다. 親(친)의 글자에 포함되어 있는 신목은 새 신위를 만들 나무일 것이다. 이 위패를 정면으로 마주하고 있는 사람은 親(친)을 잃고서 제사를 지내는 자식일 터이다.

217 뱀 蛇(사) 형태의 것을 제사 지내는 것이 祀(사)이다. 일본에서는 야도(夜刀)의 신이라고 불리는 것이다. 중국에서는 남방에 그 습속이 성했던 듯, 虫(충)을 사육하여 저주를 행하는 미고(媚蠱)의 풍속은 묘족(苗族) 사이에 성했다고 한다. 하지만 미고의 풍속은 은나라 때부터 있어서, 갑골복사에 그 말이 나온다. 풍고(風蠱)와 매고(埋蠱)도 당시 널리 알려져 있었다는 것은, 은나라 왕의 능묘에 복예(伏瘞)가 이루어진 사실을 통해서도 추측할 수 있다.

218 갑골문에서는 시(示) 편방을 붙이는 글자는 축(祝), 복(福), 사(祀) 등, 아무래도 제단의 형태를 나타낼 필요가 있는 몇몇 글자밖에 없었다. 갑골문에서 제(祭)는 그저 제육을 손에 들고 바치는 형태였으며, 조상 조(祖)도 조두(俎豆)의 조(俎)를 의미하는 且(차) 형태 그대로였다. 어느 경우에도 示(시)를 더하지 않았다. 곽말약(郭沫若)은 且(차)를 남근의 형태로 보아, 그 문자들이 부계(父系)의 시대에 성립했다고 논증한 바 있다. 하지만, 실은 且(차)는 제육을 바치는 도마인 조(俎)의 상형자이다. 도마 且(차) 위에 고기를 두는 형태가 의(宜)이다. 제육을 도마 且(차)의 곁에 첨가한 형태가 俎(조)이다. 그런데 이 且(차)도 뒷날 여러 가지 뜻으로 쓰이게 되었다. 즉, 租(조), 組(조)의 뜻으로도 사용하게 되자, 각각 禾(화)나 糸(사) 등, 그 말이 속하는 범주를 나타내는

한정부호를 더한 글자들이 성립했다. 마찬가지로 조(祖)라는 글자도 만들어졌다. 본래의 글자는 이제 '또'라고 풀이하는 용법만 있을 뿐이다.

219　『한자 백 가지 이야기』에서 시라카와는 "尸(시)는 사람이 옆으로 누워 있는 형태로, 곧 주검 屍(시)이다"라고 했다.

220　遷(천)이란 영혼을 옮기는 일이다. 그래서 조상신령을 옮기는 일을 천좌(遷座)라고 한다. 僊(선)이란 신령으로 화한 것을 말한다. 『설문해자』에 "遷(선)은 登(등, 높은 곳에 오름)이다"라고 했고, "僊(선)은 장생하여 僊去(선거, 신선으로 됨)함이다"라고 했다. 장주(莊周)의 학은 뒷날 도가(道家)로 발전했는데, 도가는 장생하여 신선이 되는 것을 이상으로 삼았다. 진(晉)나라 갈홍(葛洪)은 『포박자(抱朴子)』를 지어, 장생의 법을 구하여 시해선(尸解仙)이 되었다고 한다. 그것은 영혼이 시체를 벗어나 자유를 얻음을 뜻한다. 眞(진)과 僊(선)이란 글자가 보여주듯이, 죽음이야말로 영원한 삶 그 자체다.

221　같은 음계의 말들은 같은 의미를 지닌다고 보는 어원설을 음의설(音義說)이라고 한다. 『설문해자』에는 같은 음을 가지고 풀이한 예가 많다. "日(일)은 實(실)이다", "월(月)은 궐(闕)이다"라고 풀이한 것이, 그 어원설의 대표적인 예이다. 태양은 늘 차 있고 달은 차고 기욺을 반복한다는 현상을 두고, 즉 하나는 실(實)하고 하나는 결(缺)한다는 현상을 근거로 삼아, 日과 月이라고 이름 붙였다고 본 것이다. 존재도 현상도 모두 사람의 인식과 감각을 통해서 이름이 붙여진다고 보는 것이 천인상관설의 자연관을 근거로 하는 어원설이었다. 『설문해자』의 글자 풀이에는 음의 관계를 설명하는 것이 많다. 즉, 日·月·天의 예처럼 같은 어두음을 지닌 말, 즉 쌍성(雙聲)을 가지고 설명하는 것과, 같은 어미음을 지닌 말, 즉 첩운(疊韻)을 가지고 설명하는 것이 아주 많다. 이 경향은 같은 후한 시대의 유희(劉熙)의 『석명(釋名)』에 이르러 한층 더 심하게 되었다.

참고문헌

문자 자료

『갑골문편(甲骨文編)』손해파(孫海波) 편, 1934년

『속 갑골문편(續甲骨文編)』금상항(金祥恒) 편, 1959년

『갑골문편(甲骨文編)』중국과학원 고고연구소(中國科學院 考古研究所), 1965년

『금문편(金文編)』용경(容庚) 편, 1955년

갑골문 · 금문 고석

『서도전집(書道全集)』제1권, 헤이본샤(平凡社), 1954년

『정본 서도전집(定本書道全集)』1, 가와데쇼보(河出書房), 1956년

『갑골문집(甲骨文集)』1책, 시라카와 시즈카(白川靜) 편, 니겐샤(二玄社), 1963년

『금문집(金文集)』4책, 시라카와 시즈카(白川靜) 편, 니겐샤(二玄社), 1963년

『금문통석(金文通釋)』시라카와 시즈카(白川靜) 저, 하쿠쓰루미술관(白鶴美術館), 1962년, 속간 중

『갑골문자집석(甲骨文字集釋)』이효정(李孝定) 편, 중앙연구원 역사언어연구소(中央研究院 歷史語言研究所), 민국 54년

『갑골금문학논총(甲骨金文學論叢)』전10집, 시라카와 시즈카(白川靜) 저, 리쓰메이칸대학 연구실(立命館大学 研究室), 1955~1962년

설문 연구서

『설문해자 고림(說文解字詁林)』 정복보(丁福保) 편, 민국 17년

——『설문해자주(說文解字注)』 단옥재(段玉裁), 『설문해자 주전(說文解字注箋)』 서호(徐灝), 『설문통훈 정성(說文通訓定聲)』 주준성(朱駿聲), 『설문해자 의증(說文解字義証)』 계복(桂復) 등을 수록

『설문신의(說文新義)』 전15권 별권 1, 시라카와 시즈카(白川靜) 저, 고텐서원(五典書院)・하쿠쓰루미술관(白鶴美術館), 1959~1969년

자원(字源) 연구

『고주편(古籀編)』 다카다 다다치카(高田忠周) 저, 동간행회(同刊行会), 1925년

『서계연원(書契淵源)』 나카지마 쇼(中島竦) 저, 분큐도(文求堂), 1937년

『한자의 기원(漢字ノ起源)』 가토 죠켄(加藤常賢) 저, 시분카이(斯文会), 1959년(가도카와쇼텐(角川書店) 속간 중, 1970년)

『한자어원사전(漢字語源辞典)』 도도 아키야스(藤堂明保) 저, 가쿠토샤(學燈社), 1965년

중국어 관계

『지나언어학개론(支那言語學槪論)』 Karlgren 저, 이와무라 시노부(岩村忍)・오가에리 요시오(魚返善雄) 역, 분큐도(文求堂), 1937년

문자 일반

『문자의 역사(文字の歷史)』 A. C. Moorhouse 저, 네즈 마사시(禰津正志) 역, 이와나미신서(岩波新書), 1956년

『문자(文字)』 Charles Higounet 저, 야지마 후미오(矢島文夫) 역, 하쿠스이샤문고 크세주(白水社 文庫クセジュ), 1956년

『상형문자입문(象形文字入門)』 가토 이치로(加藤一郞) 저, 주코신서(中公

新書), 1962년

『고대문자의 해독(古代文字の解読)』고즈 하루시게(高津春繁)·세키네
마사오(関根正雄) 저, 이와나미서점(岩波書店), 1964년

『한자의 운명(漢字の運命)』구라이시 다케시로(倉石武四郎) 저, 이와나미
신서(岩波新書), 1952년

문화사 일반

『고대 은제국(古代殷帝国)』가이즈카 시게키(貝塚茂樹) 편, 미스즈쇼보
(みすず書房), 1957년

『세계 고고학 대계(世界考古学大系)』6, 미즈노 세이이치(水野清一) 편,
헤이본샤(平凡社), 1958년

『도설 세계문화사 대계(図説世界文化史大系)』15, 가이즈카 시게키(貝塚
茂樹) 편, 가도카와쇼텐(角川書店), 1958년

한자
—기원과 그 배경—

초판 1쇄 인쇄 2017년 12월 10일
초판 2쇄 발행 2022년 5월 30일

저자 : 시라카와 시즈카
번역 : 심경호

펴낸이 : 이동섭
편집 : 이민규, 탁승규
디자인 : 조세연, 김형주
영업 · 마케팅 : 송정환, 조정훈
e-BOOK : 홍인표, 서찬웅, 최정수, 김은혜, 이홍비, 김영은
관리 : 이윤미

㈜에이케이커뮤니케이션즈
등록 1996년 7월 9일(제302-1996-00026호)
주소 : 04002 서울 마포구 동교로 17안길 28, 2층
TEL : 02-702-7963~5   FAX : 02-702-7988
http://www.amusementkorea.co.kr

ISBN 979-11-274-1166-4 04700
ISBN 979-11-7024-600-8 04080

KANJI -OITACHI TO SONO HAIKEI-
by Shizuka Shirakawa
Copyright ⓒ 1970, 2006 by Fumi Tsuzaki, Miyako Fukada, and Setsuko Hada
First published 1970 by Iwanami Shoten, Publishers, Tokyo.
This Korean edition published 2017
by AK Communications, Inc., Seoul
by arrangement with the Proprietor c/o Iwanami Shoten, Publishers, Tokyo.

이 도서의 국립중앙도서관 출판예정도서목록(CIP)은 서지정보유통지원시스템 홈페
이지(http://seoji.nl.go.kr)와 국가자료공동목록시스템(http://www.nl.go.kr/kolisnet)
에서 이용하실 수 있습니다. (CIP제어번호: CIP2017031760)

*잘못된 책은 구입한 곳에서 무료로 바꿔드립니다.